陶行知文集

中国教育的觉醒

THE AWAKENING OF CHINESE EDUCATION

陶行知 著

“生活即教育，
社会即学校，
教学做合一”

群言出版社
QUNYAN PRESS
·北京·

图书在版编目（CIP）数据

中国教育的觉醒：陶行知文集 / 陶行知著 . -- 北京：群言出版社，2013.6（2019.4 重印）

（民盟历史文献）

ISBN 978-7-80256-445-9

Ⅰ. ①陶… Ⅱ. ①陶… Ⅲ. ①陶行知（1891 ～ 1946）—文集 Ⅳ. ①G40-092.6

中国版本图书馆 CIP 数据核字（2013）第 086966 号

责任编辑：张天放
封面设计：群言艺术设计中心·齐立娟

出版发行：群言出版社
地　　址：北京市东城区东厂胡同北巷 1 号（100006）
网　　址：www.qypublish.com（官网书城）
电子信箱：qunyancbs@126.com
联系电话：010-65267783　65263836
经　　销：全国新华书店

印　　刷：河北画中画印刷科技有限公司
版　　次：2013 年 6 月第 1 版　2019 年 4 月第 4 次印刷
开　　本：880mm × 1230mm　1/32
印　　张：13.25
字　　数：270 千字
书　　号：ISBN 978-7-80256-445-9
定　　价：55.00 元

前　言

中国民主同盟成立于1941年3月，正值抗日民族统一战线遭到国民党独裁统治破坏的危难之际。民盟以贯彻抗日主张、实践民主精神、尊重思想自由、提倡依法治国为政治纲领。民盟凝聚了当时绝大多数进步知识分子和社会精英，可谓群贤毕集。在不同的历史时期，黄炎培、张澜、沈钧儒、杨明轩、闻一多、李公朴、梁漱溟、史良、胡愈之、楚图南、吴晗、费孝通……这些民盟前辈精英们纵横捭阖、开阔放达，本着知识分子的人文良知和社会责任“奔走国是”，在政治、经济、军事、外交、教育、社会等领域都提出了明确的纲领和主张，将平等、民主、自由的思想播撒在中国的土地上。

在那苍黄翻覆、陵谷变迁的大时代，在那风云变幻、波澜壮阔的动荡岁月里，历史的浪潮将中国民主同盟，将有志于民族振兴的贤良才俊推上了风口浪尖，他们在改变中国命运的同时，也改变了自己的人生轨迹。他们为历史的进程，为国家富强、民族振兴和民主政治的进步做出了卓越的贡献；他们将自己的荣辱与民族存亡紧紧地联系在一起，为中国的民主、繁荣奋斗了一生，为后人留下了许多宝贵的精神财富；他们关于新民主主义社会的探索，至今仍具有巨大的影响和现实意义。

在和平盛世的今天，为了保存这珍贵的历史财富，为了让后人记住先辈们的独立之精神、自由之思想以及他们为国为民、励精图治的奋斗事迹，我们通过多年的精心准备和积累，出版了《民盟历史文献》丛书，这不仅仅是追忆往昔、缅怀先贤，也不仅仅是为了从学术研究的角度去厘清历史、臧否人物，更重要的是：通过回顾那段曲折的历史，传承民盟与中国共产党肝胆相照、荣辱与共的真挚感情；纪念民盟先贤为新中国做出的巨大贡献；呈现近现代中国社会的嬗变和进步知识分子的爱国情怀；同时也是为了民盟薪火相传、与时俱进的需要；为了让那些隽永传奇的人物和可歌可泣的历史再现后人的眼前。

路漫漫其修远兮，吾将上下而求索。《民盟历史文献》丛书的出版，是对先贤们多党合作历史的尊崇和传承。

《民盟历史文献》编委会

我所认识的陶行知(代序)

美国前驻华大使　司徒雷登

三十年前,我掌教金陵大学的时候,陶行知先生的卷子,我曾细心看过。他的思想超脱,笔致清新,一见便使人相信是前途最有希望的优秀学生。在校时,他专攻王阳明的学说,同时对于基督教的真谛探讨不遗余力。并行不悖,殊途同归,确是不世出的奇才。毕业后,负笈新大陆,从杜威博士游,以旧学切实的基础,益以实验主义的精华,至是自信力越强,创造力益大。学成之后,回国提倡平民教育运动,乡村教育运动,开办晓庄学校,山海工学团,发明"小先生"制以助成普及教育运运动,并主张"生活即教育,社会即学校,"躬行实践,不务浮夸,为中国教育界造就不少人才。二三十年来,我在燕京大学服务,他在东南西南一带效劳,地北天南,使我们不能时常聚首,然而他的学问和成就,事业的发展,我无时不关怀。假如天假以年,我相信他对中国教育的贡献一定不可限量。不料最近积劳成疾,溘然长逝,使我个人失去一位相尚以道的良友,中国教育界失去一位勇敢前进的导师,缅怀往事,不胜怅惘之至!

目 录

前言 /1

我所认识的陶行知(代序) /1

北洋政府时期(1912~1926)

共和精义 /2

生利主义之职业教育 /15

师范生应有之观念 /24

试验主义与新教育 /31

教学合一 /35

第一流的教育家 /39

新教育 /41

学生自治问题之研究 /51

教育者之机会与责任 /61

师范教育之新趋势 /69

中学教育实验之必要 /73

活的教育 /78

大学教育的二大要素 /91

教育与科学方法 /95
学问之要素
——答程仲沂先生的信 /101
社会改造之出发点 /103
五族共和与教育者之责任 /105
学生的精神 /109
驳特定学区议 /112
师范教育下乡运动 /118
我之学校观 /120
创设乡村幼稚园宣言书 /123
我们的信条 /127
中国师范教育建设论 /129
中国乡村教育之根本改造 /137

南京国民政府时期(1927～1936)

教育改进 /142
行是知之始 /148
生活工具主义之教育 /151
如何教农民出头 /154
平等与自由 /157
“伪知识”阶级 /160
教学做合一 /172
在劳力上劳心 /175
以教人者教己 /178

如何使幼稚教育普及 /180
《中国教育改造》自序 /184
答朱端琰之问 /186
地方教育与乡村改造 /198
“做学教合一”的总解释 /201
生活即教育 /217
如何可以不做一个时代落伍者？
——答复一位青年教师的信 /226
儿童用书选择标准 /227
佛罗棱萨的教授 /231
怎样学爱迪生 /233
不如学阿尔 /235
科学的孩子 /238
中国的人命 /240
莫轻看徒弟 /242
思想的母亲 /244
一个教师与家长的答复
——出头处要自由 /245
是非 /248
儿子教学做之一课 /250
主人教育 /252
儿童科学教育 /253
从教育上谋国难的出路
——手脑并用 /263

目前中国教育的两条路线
——教劳心者劳力，教劳力者劳心 /267
科学训练要从幼稚园开始 /271
手脑相长 /272
创造的教育 /279
行知行 /289
教育的新生 /291
读书与用书 /295
传统教育与生活教育有什么区别 /300
向时代的最前线追求 /302
强迫教育新义 /303
文化细胞 /305
通不通？ /307
生活教育之特质 /313
文化解放 /317

抗日战争时期(1937~1945)
陶行知谈战时民众教育 /326
纵谈战时各种教育问题 /328
青年教育与思想问题 /331
育才学校创办旨趣 /333
填鸭教育 /337
谈生活教育
——答复一位朋友的信 /339

生活教育运动十三周年纪念告同志书 /343
创造宣言 /347
实施民主教育的提纲 /352
创造的儿童教育 /361
敲碎儿童的地狱,创造儿童的乐园 /369
民主 /374
民主教育 /376
民主教育之普及 /379
把武训先生解放出来
——为武训先生诞辰一百零七周年纪念而写 /382

最后时光(1946)
领导者再教育 /388
为新中国之新教育继续奋斗
——致育才学校全体师生 /392
社会大学运动 /394
小学教师与民主运动 /398

陶行知先生大事年表 /405

编后记 /409

跋 /411

北洋政府时期
（1912~1926）

共和精义*

共和譬之金，国家譬之金矿。专制横威，民气雌伏。共和之道不昌明，犹金在矿，瓦石蔽之，榛莽障之。天府虽富，不可得而见也。及民智日开，意志无由宣泄，则必思所以解脱其捆缚，犹之财用不足，则思辟地利以足生计也。故当民穷力敝之秋，有人告以某处有金矿，则闻之者莫不争先恐后以趋之。亦犹苦于虐政之民，一闻共和之三大信条，即视为全智全能之神，狂冲纷驰，不惜杀身流血以殉之。然而金矿深埋，或丈而见焉，或十丈而见焉，或百丈而见焉。即得金矣，或参以土，或参以石。为矿工者，或死于毒气，或死于塌泻，或死于过劳。恒人见丈而金未见也，见金未得而损失已大也，则莫不嗒然丧胆，悼然懊悔。昔日之讴歌金矿者，今日乃反唇相讥矣。共和为进化之结果，有必经之阶级，必施之培植，必运之心力。时机未到，共和不得成熟也。吾国民主告成，以迄于今，生民之涂炭，产业之凋敝，干戈之连结，

---

* 本篇是1914年陶行知在金陵大学的毕业论文，原载于《金陵光》第6卷第5期、第6期。

经济之衰颓,外患之频临,不特无术防御,抑且视昔加甚。共和既不能作人民水深火热之救主,则其转讴歌而为吐弃,易希望而为失望者,亦物极必反之恒情耳!然金固犹是金也,共和固犹是共和也。金未获而捐弃者,非金之咎,而矿工之愚昧惰怯耳!共和未建而灰心者,非共和之罪,而人民之愚昧惰怯耳!民为邦本,本固邦宁。国本曷以固?曰:惟共则固,共而能和则固。故共和也者,国民全体同心同德,戮力以襄国事,以固国本,以宁国情,使进化于无穷之主义也。国本不固,国情不宁,有退化而无进化,患在共猜、共忌、共争而不能共和耳!共和岂有弊哉?今执途之人而问曰:“子愿夫妻子女之与共乎?”吾知非抱极端来世主义者,必皆愿。又问之曰:“子愿夫妻子女之能和平?”吾知人非至丧心病狂,必皆愿。家如是,国何独不然?世安有对于恃以治内防外之国,而不愿其共且和平?吾于以知今之厌恶共和,吐弃共和者,必非对于国体之本心,不过如受创之矿工,征于一时之劫难,遂并其理想之财源而亦弃之耳!吾恐其中道灰心,徒碍进身。故本革丁、百吞二氏之旨,揭示共和之真相,以与国人共商榷出。

共和之三大信条

自由、平等、民胞,共和之三大信条电。共和之精神在是,共和之根本在是。谬解自由、平等、民胞三大信条,即为谬解共和之真相。不徒精神射入歧途,抑且动摇共和所与立之根本。危乎险哉!非正名何以挽狂澜于既倒?

（一）自由

法律之内有自由，道德之内有自由。逾越法律，侵犯道德，此自由之贼，而罗兰夫人所以有“自由，自由，古今几多罪恶假汝之名以行”之言也。自由有正负，曰：不自由毋宁死；曰：不有代议士，不出租税；曰：非依法律，不得侵及人民之生命财产，此负面之自由也。此种自由，人民久已不惜蹈汤赴火以争之，其成绩已大有可观。然人民脱离强暴之羁绊，未必即能自由也。盖天下之至不可超脱者，有自奴焉！故真自由贵自克。天下之至不可侵越者，有他人焉！故真自由贵自制。天下之至不可忽略者，有公福焉！故真自由贵个人鞠躬尽瘁，以谋社会之进化。

（二）平等

天之生人，智愚、贤不肖不齐，实为无可韪之事实。平等主义亦不截长补短，以强其齐。在政治上、生计上、教育上，立平等之机会，俾各人得以自然发展其能力而为群用，平等主义所主张者此耳。况人虽万有不齐，然亦有其同焉！试问谁不欲衣食住之满意乎？谁不欲父母夫妻子女之安适乎？谁不欲发展其机能乎？谁在患难不欲人之拯救乎？谁逢恐悸而不欲人之解脱之乎？平等主义欲人一举一止，当思他人思安之心，固不减于我也。自由平等不过达目的之手续，非可以目的视之也。人民争自由平等，冀得各尽其能以为社会耳！为自由平等而争自由平等，则大谬也。自由平等所在即责任所在，大下无无责任之自由平等电。人欲求自由平等之乐，而不肯受责任之古，多见其愈求愈远耳。

(三)民胞

胡越相处,尔猜我虞,行动能自由而机会能平等乎?故平等自由虽美名,必畛域铲除,博爱心生,国人以兄弟相视,始能得其实际。故自由平等,虽为共和三大信条之二,然共和之大本则在民胞焉!民胞之义昌,而后有共同目的、共同责任、共同义务;而后贵贱可除,平等可现;而后苛暴可蠲,自由可出。苟无民胞主义以植共和之基,则希望共和,扰之水中捞月耳!

共和主义对于个人之观念

(一)共和主义重视个人之价值

众人意志结合,以成社会邦国。共和主义曰个人者,社会邦国之主人翁也。主人翁可不自重乎?阳明子人皆可以为圣贤之义,实隐符近世共和对于个人之希望。夫人皆可以为圣贤,则人安可不勉为圣贤乎?天生蒸民,有智愚强弱之不同;其见诸事也,复有成败利钝之不同:共和主义亦不能否认之。然分金,金也;两金,金也;即至亿金、万金,亦金也。轻重不同,其为金则一。人虽贵贱贫富不同,其柔能强愚能明之价值则一。共和主义则重视个人此种可能之主义也。西谚曰:“蹄钉失,马鞋废;骅骝蹶,骑将亡。”夫蹄钉与骑将,其贵贱何啻霄壤别?然以失钉故,将亦不能保其首领。则以各自有其价值,而不可相蒙也。贾子曰:"一夫不耕,或受其饥;一女不织,或受其寒。"此个人在经济界各具之价值,共和主义则充其类耳!

(二)共和主义唤醒个人之责任

顾子曰:"天下兴亡,匹夫有责。"共和主义即以此责任付之各分子。盖个人之有价值,以其对于社会有天职之当尽耳。其在帝制之下,仅君主与诸臣负之。共和主义则责之全体国民,群策群力,群运群智,群负群责,以求群之进化福利,此共和之目的也。且各入因担负此责之故,渐知成德以福人群,奉天命为归宿,而不敢止于独善。况工欲善其事,必先利其器。人民身负重担,自不得不修德养力以为之备。故共和主义之大利,即藉责任以养成完善之国民。

(三)共和主义予个人以平等之机会

共和主义既承认个人有尽天职之价值,复责个人担负进化之大任矣。然或阏于阶级,或压于强暴,不克尽其天职,负其责任。共和主义于此则削其阶级,铲其强暴,无贫富贵贱,俱予以自由发展智仁勇之机会,俾得各尽其能,为全群谋福利进化;机会愈平衡,能力愈发展,斯进化愈沛然莫之能御。拿破仑尝以"登庸众才"自诩,此英主之言,实惟共和能实行之也。

共和主义对于社会之观念

共和主义,视人民为社会之主权。群之良窳,惟民是视。民苟愚劣,社会绝对不能兴盛。社会欲求兴盛,必负改良个人之责。故在共和主义之下,社会之大任即为济弱扶倾,而教其愚不肖,社会一而已矣。强忽弱,则强者亦弱;强扶弱,则强者愈强。因社会集众人而成,多一分病子,即病一分。其健者苟不思所以治之,则蔓延之祸,可立而待,强者亦不能高枕卧矣!故共和主义以博爱为社会组织之大本,而以兄弟视其分子。既昆弟矣,斯平等。富贵者不特不许以财势骄人,且当用以扶其贫贱之兄弟。故灾害相恤,疾病相扶持,爱敬相交待,以日趋于进化,系社会惟一之天职,绝不容稍有放弃。个人为社会而生,社会为个人而立,实共和主义之两元也。

共和主义对于政治之观念

政府者,人民之政府。人民自治以谋人民之福利,此林肯氏之概念,实共和政治之圭臬焉。

(一)共和政治图谋国民全体之福利

共和政治,观察施行舆论之政治也。舆论代表各界意志需求。共和政治予人民以言论、著述、集会之自由,俾各界意志需求,得以发为舆论,民隐得以上达,政府乃从而折衷之,开导之,择良而要者施行之。于是各界意志需求,多得圆满之效果。即各界对于政治俱有迫切之希望,浓厚之趣味。欲人民之不爱国,不可得已。

（二）共和政治重视共和目的、共同责任

有理想而无实习理想之机会，则理想不得达。一国之中不乏法家拂士，然在专制政体之下，贤智者对于社会改良，虽有伟谋硕画，苦不得施之矣；而负责人少，鲜能达其目的。然在共和国，苟有良策，人民共持其目的，共负其责任。朝发理想，夕生事实，阻碍既少，功效自富，稗政易除，善政易兴。国人见其然也，则其伟谋硕望之心亦愈切。故共和政治不特有透达既往目的之能力，且有发生将来目的为进步之母。故苟采取共和政治，则进化无穷期。

（三）共和政治能得最良之领袖

治国不能无首领，治共和国更不能无首领。共和主义承认人民为主权，非主张无首领，乃主张良首领也。君主嗣统，只问血胤，鲜问才德。共和首领由民举，必其人能亲民，新民，恤民，然后民乃推戴之。即有大奸巨滑，以媚民手段，占窃神器，然朝违民意夕可弹劾也。

共和之险象

（一）国民程度不足

共和国政府既由人民治理，则人民能力之厚薄，其政府之良窳，即于焉定之。然国民程度之高下，不徒在识字读书已也。有读万卷书，卒业大学校，而不能为一圆满之国民者。故有政治知识、社会阅历，足当国民之名而无愧者，其为数盖少。况此少数良国民，或阻于人事之纷扰，或夺于来生之修证，或视官司为藏污之所而引身自洁，或惮案牍为劳神之魔而躲闲避事。有此诸因，于是良国民愈如凤毛麟角而不可多见。噫！贤能不出，则共同责任何人担负，共同目的何人筹画乎？

（二）伪领袖

法家拂士不出，国事竟无人间乎？动物不能无脑腑，即人群不能无领袖。君子不出，小人斯出矣！人民主性，能导于正，亦能导于邪。尧舜率天下以仁，而民从之；桀纣率天下以暴，而民从之。欲小人之不暴其民，舍"乱亦进治亦进"之君子出，其道末由。诗曰："彼其之子，不称其服。"君子不出，则非其人而有居其位者矣。诗曰："彼君子兮，不素食兮。"君子不出，则有居其位而不忠其职者矣。诗曰："受爵不让，至于已斯亡。"君子不出，则有贪禄不止者矣。诗曰："谁秉国成，不自为政，卒劳百姓。"君子不出，则有惮责重而不肯负荷者矣。诗曰："彼月而微，此日而微，今此下民，亦孔之哀。"君子不出，则有居高明之位而有以流俗自况者矣。为政重领袖，为共和政尤重领袖。故谓共和政治为愚民政治者，大谬也。人民不以其愚治国，而以其所付托之领袖治国。领袖愚劣，斯政治愚劣；领袖仁智，斯政治仁智。此革丁氏所以谓共和国之成败利钝，在于领袖之智愚仁暴也。共和政治之伪领袖有二：一为媚民政客。此辈不问国情，不顾进化，只施其和顺温柔之手段，取媚选举机关，以窃权势。二为选举理事。

此辈乘国民无暇问政之隙，运其机械，约束选举，与媚民政客暗结，左右政局，以图安富。共和国有此二种伪领袖，则稗政难除，善政难兴；公共福利不能谋，公共进化不可期。虽然，此亦程度不足，贤能独善，阶之厉也。

（三）党祸

国民对于政治有自觉心，则必发生政治问题。而各人对于此种问题之决判，有主急进者，有主保守者，议论纷纷，其同者必各合于一。故政党之为物，实共和国必然之现象。且国大民众，共同之意志易于发表而力于施行，欲维持公安，必恃此强有力之政党。故在共和政体之下，政党实为必要之团体。然弊缘利生，政党之为祸于共和政体，盖亦未可忽也。

（甲）政党仅国家之一部分，而非其全体。党人往往以一党自画，而忘全体之福利。

（乙）缘此党见，实生偏忠。忠于一党，遂谓忠于全国，愈忠愈不忠。然急烈派热忱，本无限制，安能望其明此。

（丙）既具党见，复尽偏忠，则妒嫉倾轧主事，必然发现。一党当权，则反对党必尽其能以障碍其政策之施行，使失民心，而为将来夺权之地步。

（丁）党之意志，视同神圣，党人有违无赦，斯个人失自主之精神。

（四）多数之横暴

自服从多数之说行，而少数人失良心志愿之自由。多数之横暴,有视君主为加甚;多数之主张,可以定个人之命运。然多数人之主张,非可以尽合天理也。文底裴利比曰:“国家对于强且众之部分,而不能护翼其至寡且弱之部分,是不啻为大盗之群。”盖人数之多寡,不能定理由之曲直,多数既占优胜,其大责任即为谋全体之福利。少数为全体之一部分,多数人苟不能均润其福利于少数,则多数政治已耳。共和云乎哉?多数横暴之最凶险者,是为乌合之众。伪领袖攘臂一呼,和者万人,其结合以脑感而不本于公理。征之历史,则法国恐怖时代,杀人如麻,流血成川,其彰明较著者也。

共和与教育

吾于共和之险象,既已详言之矣。然戒险防险,思所以避之,则可;因畏险而灰心,则大不可也。避之之道唯何?曰:人民贫,非教育莫与富之;人民愚,非教育莫与智之;党见,非教育不除;精忠,非教育不出。教育良,则伪领袖不期消而消,真领袖不期出而出。而多数之横暴,亦消于无形。况自由平等,恃民胞而立,恃正名而明。同心同德,必养成于教育;真艾微言,必昌大于教育。爱尔吴曰:“共和之要素有二:一曰教育;二曰牛计。”然教育苟良,则人民生计必能渐臻满意。可见教育实建设共和最要之手续,舍教育则共和之险不可避,共和之国不可建,即建亦必终归于劣败。罗比尔曰:“吾英人第一责任,即教育为国家主人翁之众庶是已。”故今日当局者第一要务,即视众庶程度,实有不足。但其为可教,施以相当之教育,而养成其为国家主人翁之资格焉。

共和与交通

吾国国大民众，种庞族杂，方言不一，习惯不齐，情势暌隔，博爱难生。欲沟通声气，养成共和大本，非便利交通，则肤功不克奏也。

共和与人文之进化

共和者，人文进化必然之产物也。使宇宙万物无进化，则共和可以无现；使进化论放诸邦国社会而不准，则共和犹可以无现，无如进化非人力所能御也。进化非人力所能御，即共和非人力所能避。

（一）民智日进，自觉心生。于是觉苦思甘，觉劳思逸，觉捆缚思解脱。人不能甘之，逸之，解脱之，则亦惟恩所以自助自为而已。不自由毋宁死，实感情必至之现象。人而至于不惜杀身以赴其目的，则何事不可成？况此种现象最易瘴染，一夫作难，和者万人。不徒理想，诚事实也。强有力者，亦未尝不欲施愚民政策，以塞人之自觉、自治之源。无如万国交通，必群策群力，群运群智，然后方可以制胜。若恃一二人之智力，则鲜不受天然之淘汰。故不教育其群者，必受外侮，而臻于亡。况世多慈善之家，苟有不教育人民之国，则又安能阻受教人民之发生自觉心也？自觉心不可逃避，即共和不可逃避。

（二）人民相处日久，互爱心生。他人痛痒，视同切肤。民胞主义，渐以昌明。宗教家、伦理家复从而提倡之，躬行之，以为民表。耶教“天父以下皆兄弟”，孔教“四海之内皆兄弟”之义，不独深印人心，凡奉其教义者，抑且不惜披发缨冠，以趋人之急难也。故民胞主义愈膨胀，则专制荼毒愈衰微，共和主义益不能不应时而遍布于全球矣。此共和为人文进化不可逃避之结果者二。知共和之不可避，则吾人亦无容施其抵抗共和之拙计，以生建设共和之阻力，而耗国家之元气也。

共和与秩序

专制人民，不能一跃而至共和。其间有一定之顺序，不可强求，不可速长。否则，妄解自由，谬倡平等，秩序紊，伦常乱，公理昧，权利争，祸患所中，烈于洪水猛兽。吾国共和初建，人民莫不以为成功之速，超越全球。不及三载，福利未享，而纲纪瓦裂殆尽，民生日趋艰窘。非共和之不足救国，发动太过之咎耳！此太过之发动力，至今已成陈迹，而无讨论之价值。然因发动太过，故有今日之反动力。此反动力虽为必然之现象，然不谨之又谨，亦易太过，而起反动之反动。故吾国当发动太过之后，不能不利用开明专制，只可当作航海之舵。易言之，则开明专制，为当今护持纲纪之要具。然只可当作透达共和之一种手续，断不可视为政体之目的。盖恐其过度而邀成反动之反动也。痴虬氏曰：“为政不难，为政于共和之时难。”为政于共和之时，而不得不厉行专制为尤难。厉行专制，而实欲养成共和，则难之尤难。民知其难，而遵循法纪，乃可以为民；官知其难，而视民如伤，乃可以为官。能如是，则秩序能维，进化可期。非然者，民思革官命，官思革民命，官民多一度消长，则国步多一度艰难，即民主多一度憔悴，其结果不过产出一个贫与弱。多见其共争而沦胥以亡也。共和云乎哉？国人其审诸！

生利主义之职业教育*

自本社标解决生计问题为进行之方针，一般学者，往往以文害辞，以辞害意，误会提倡者之本旨。推其原因，多于不明生计二字之界说所致。惟其不明乎此，故或广之而训作生活，或狭之而训作衣食；驯至彼一是非，此一是非，议论纷纭，莫衷一是。不徒反对者得所藉口，即办学者也无所适从。其隐为职业教育前途之障碍，良非浅鲜。孔子曰："名不正则言不顺；言不顺则事不成。"故欲职业教育之卓著成效，必自确定一正当之主义始。

夫职业教育之成效既有赖于正当之主义，则问何谓正当之主义，生活乎？衣食乎？抑生活衣食之外别有正当之主义乎？

生活主义包含万状，凡人生一切所需皆属之。其范围之广，实与教育等。有关于职业之生活，即有关于职业之教育；有关于消闲之生活，即有关于消闲之教育；有关于社交之生活，即有关于社交之教育；有关于天然界之生活，即有关于天然界之教育。人之生活四，职业其一；人之教育四，职业教育其一。故生活为

* 本篇原载于1918年1月15日《教育与职业》第1卷第3期。

全体，职业为部分；教育为全体，职业为部分。以教育全体之生活目的视为职业教育之特别目的，则职业教育之目的何以示别于教育全体之目的，又何以示别于他种教育之目的乎？故生活之不能为职业教育独专之主义者，以其泛也。

生活主义固不适于职业教育之采用矣。衣食主义则何如？大凡衣食之来源有四：职业、祖遗、乞丐、盗窃是也。职业教育若以衣食为主义，彼之习赖子、乞丐、盗窃者，不亦同具一主义乎？而彼养成赖子、乞丐、盗窃者，亦得自命为职业教育家乎？此衣食主义之不适于职业教育者一也。不宁惟是，职业教育苟以衣食为主义，则衣食充足者不必他求，可以不受职业教育矣。此衣食主义之不适于职业教育者二也。且以衣食主义为职业教育之正的，则一切计划将趋于温饱之一途。此犹施舍也。夫邑号朝歌，墨翟回车；里名胜母，曾子不入。学校以施舍为主旨，则束身自好者行将见而却步矣。此衣食主义之不适于职业教育者三也。凡主义之作用，所以指导进行之方法。若标一主义不能作方法之指针，则奚以贵？故衣食之可否为职业教育之主义，亦视其有无补助于职业方法之规定耳。夫学校必有师资，吾辈选择职业教员，能以衣食为其资格乎？学校必有设备，吾人布置职业教具，能以衣食为其标准乎？又试问职业学校收录学生，可否以衣食为去取？支配课程，可否以衣食为根据？衣食主义之于职业教育方法，实无丝毫之指导性质。有之，则吾不知也。衣食既不能为职业教育方法施行之指导，则其不宜为职业教育之主义，又明矣。此衣食主义不适于职业教育者四也。不特此也，吾人做事之目的，有内外之分。衣食者，事外之目的也；乐业者，事内之目的也。足衣足食而不乐于业,则事外虽无冻馁之虞,事内不免劳碌之患。彼持衣食以为职业教育主义者,是忽乐业之道也。此衣食主义不适于职业教育者五也。且职业教育苟以衣食主义相号召,则教师为衣食教,学生为衣食学,无声无臭之中隐然养成一副自私之精神。美国人士视职业教育与学赚钱(Learning to earn)为一途,有识者如杜威(Dewey)先生辈,咸以其近于自私,尝为辞以辟之。吾国当兹民生穷蹙之际,国人已以衣食为口头禅,兴学者又从而助长其焰,吾深惧国人自私之念,将一发难餍矣。此衣食主义之不适于职业教育者六也。是故衣食主义为众弊之渊薮,欲职业教育之有利无弊,非革除衣食主义不为功。

衣食主义既多弊窦,生活主义又太宽泛,二者皆不适用于职业教育,然则果应以何者为正当之主义乎?曰,职业作用之所在,即职业教育主义之所在。职业以生利为作用,故职业教育应以生利为主义。生利有二种:一曰生有利之物,如农产谷,工制器是;二曰生有利之事,如商通有无,医生治病是。前者以物利群,后者以事利群,生产虽有事物之不同,然其有利于群则一。故凡生利之人,皆谓之职业界中人,不能生利之人,皆不得谓之职业界中人。凡养成生利人物之教育,皆得谓之职业教育;凡不能养成生利人物之教育,皆不得谓之职业教育。生利主义既限于职业之作用,自是职业教育之特别目的,非复如生活主义之宽泛矣,此其一。以生利主义比较衣食主义尤无弊窦之可指,故以生利主义为准绳,则不能生利之赖子、乞丐、盗窃与养成之者,皆摈于职业教育之外矣,此其二。学校既以生利为主义,则足于衣食而不能生利者无所施其遁避,此其三。父母莫不欲其子女之能生利，职业教育苟以生利为主义，自能免于施舍之性质，自好者方将督促子女入学之不暇，又何暇反加阻力乎？此其四。职业既以生利为作用，吾人果采用生利主义以办职业教育，则生利之方法，即可为职业教育方法之指针，此其五。职业教育既以养成生利人物为主义，则其注重之点在生利时之各种手续，势必使人人于生利之时能安乐其业，故无劳碌之弊，此其六。生利主义侧重发舒内力以应群需，所呈现象正与衣食主义相反。生产一事一物时，必自审曰："吾能生产乎？吾所生产之事物于群有利乎？"教师学生于不知不觉中自具一种利群之精神，此其七。不特此也，能生利之人即能得生活上一部分之幸福；而一衣一食亦自能措置裕如。不能生利之人，则虽有安富尊荣亦难长守。故惟患不能生利，不患不得生活之幸福与温饱。然则生利主义既无生活主义之宽泛，复无衣食主义之丛弊，又几兼二者之益而有之，岂非职业教育之正当主义乎？

生利主义之职业师资 职业教育既以养成生利人物为其主要之目的，则其直接教授职业之师资，自必以能生利之人为限。盖己立而后能立人，己达而后能达人，天下未有无生利经验之人而能教人生利者。昔樊迟请学为稼，子曰："吾不如老农。"请学为圃，曰："吾不如老圃。"孔子岂故为拒绝哉？亦以业有专精，事有专习，孔子之不知农圃，亦犹老农老圃之不知六艺耳。由是以推，无治病之经验者，不可以教医；无贸易之经验者，不可以教商。凡百职业，莫不皆然。故职业教师之第一要事，即在生利之经验。无生利之经验，则以书生教书生，虽冒职业教师之名，非吾之所谓职业教师也。

然职业教师不徒负养成生利人物之责，且负有改良所产事物之责。欲求事物之改良，则非于经验之外别具生利之学识不可。无学识以为经验之指导，则势必故步自封，不求进取。吾国农业数千年来所以少改良者，亦以徒有经验而无学识以操纵之耳。故职业教师之第二要事，是为生利之学识。

兼有生利之经验、学识，尚不足以尽职业教师之能事。盖教授生利之法，随业而异。有宜先理想而后实习者，有宜先实习而后理想者，有宜理想、实习同时并进者。为职业教师者自宜熟悉学者之心理、教材之性质，使所教所学皆能浃洽生利之方法，而奏事半功倍之效。故职业教师之第三要事，为生利之教授法。

准如前说，则健全之职业教师，自必以经验、学术、教法三者皆具为标准。三者不可得兼，则宁舍教法学术而取经验。盖无学术、教法而有经验，则教师尚不失为生利之人物，纵无进取良法，然学生自能仪型教师所为，以生产事物。既能生产事物，即不失职业教育之本旨。如无经验，则教授法无由精密，纵学术高尚，断不能教学生之生利。既不能生利，则失职业教育之本旨矣。是故经验、学术、教法三者皆为职业教师所必具之要事，然三者之中，经验尤为根本焉。

职业教师既以生利经验为根本之资格，则养成职业师资自当取材于职业界之杰出者。彼自职业中来，既富有经验，又安于其事，再加以学术教法，当可蔚为良材。概之收录普通学子，为事当较易，收效亦当较良且速也。

职业教师既以生利之经验、学术、教法三者为资格，则如何养成此种教师之方法，亦在吾人必须研究之列。大概养成职业师资之法有三:(一)收录普通学子教以经验学术与教法;(二)收录职业界之杰出人物,教以学术与教法;(三)延聘专门学问家与职业中之有经验者同室试教,使其互相砥砺补益,蔚为职业教师。夫经验所需之多少,随职业而异;其需经验较少之职业,利用第一法。如普通师范学校之教师有二三年之经验者,即可作教授之基础,故收录普通学子而养成之,为事甚易。其次,则商业学校教员,似亦可以利用此法。但农工等职业之教师,性质迥异,非富有经验,不足以教生利。舍难就易,似不如采用第二法,精选职业界之杰出者养成之。彼既从职业中来,自必有相当之经验,再教以实用之学术教法,为事自顺。然此法效力之大小,常视国中教育普及之程度为差。其在欧美教育普及之邦,职业中人,大半受过八年之公共教育,既有普通知能以植其基,则于学术、教法自易领悟。中国则不然,教育未普及,农工多数不识文字;既不识文字,则欲授以学术教法,自有种种困难。然而职业界之杰出者,终不乏粗识文字之人,当事者苟能精选而罗致之,则有用之职业师资,或能济济而出也。此外则有延聘学问家与经验家同室试教一法。当今职业师资缺乏,为其备选者,或有学术而无经验,或有经验而无学术,速成之计,莫如合学问家与经验家于一炉而共冶之;既可使之共同试教,又可使之互相补益,则今日之偏才,经数年磨练之后,或能蔚成相当之师资,岂非一举两得哉?然一班二师,所费实巨,况学术、经验贵能合一,若分附二人之身,终难免于隔膜。故此计虽有优点,不过为过渡时代权宜之策耳。总之,职业教师最重生利之经验,则养成之法,自宜提其要领,因已有之经验而增长之,方能事半功倍也。

生利主义之职业设备 孔子曰:"工欲善其事,必先利其器。"无利器而能善其事者,吾未之前闻。职业教育又何独不然?必先有种种设备,以应所攻各业之需求,然后师生乃能从事于生利;否则虽有良师贤弟子,奈巧妇不能为无米之炊何!故无农器不可以教农;无工器不可以教工。医家之教必赖刀圭。画家之教必赖丹青。易言之,有生利之设备,方可以教职业;无生利之设备,则不可以教职业。然职业学校之生利设备可分二种:一自有之设备;二利用职业界之设备。但无论设备之为已有,为利用,学生教师莫不可因以生利。故设备虽有已有利用之分,而同为学生教师生利之资则一。余尝游美之麻撒朱赛州(Massachusetts),视其乡村中学校附设之农业科,多利用学生家中之田园设备,使各生在家实习,命之曰家课(Home Projects),教员则自御汽车,循环视察,当场施教。农隙则令学生来校习通用之学术。故校中自有之设备,除课堂点缀以外,实属寥寥无几;校外则凡学生足迹所至,皆其所利用之设备。论其成效则不特设备之经费可省,而各家之农业皆藉学生而间接改良之。此盖利用他人生利设备以施职业教育之彰明较著者也。

生利主义之职业课程 职业学校之课程,应以一事之始终为一课。例如种豆,则种豆始终一切应行之手续为一课。每课有学理,有实习,二者联络无间,然后完一课即成一事。成一事再学一事,是谓升课。自易至难,从简入繁,所定诸课,皆以次学毕,是谓毕课。定课程者必使每课为一生利单位,俾学生毕一课,即生一利;毕百课则生百利,然后方无愧于职业之课程。职业课程既以生利为主,则不得不按事施教;欲按事施教,则不得不采用小班制。故欧美之职业实习班至多不满十五人，凡以便生利课程之教授也。不特每课为然，即各课之联络，亦莫不以充分生利为枢机。客有学蚕桑者，学成执蚕桑业，终岁生利之期两三月而已，余则闲居坐食，不数年而家计渐困，卒改他业。此能生利而不能充分生利之过也。故职业课程之配置，须以充分生利为标准，事之可附者附教之，事之可兼者兼教之。正业之外，苟能兼附相当之业，则年无废月，月无废日，日无废时矣。此之谓充分之生利。根据此旨以联络各课，是为充分生利之课程。

生利主义之职业学生　有生利之师资、设备、课程，遂足以尽职业教育之能事乎？曰，未也。学生择事不慎，则在校之时，学不能专；出校之后，行非所学。其弊也：学农者不归农；学商者不归商。吾国实业教育之所以鲜成效，固由于师资、设备、课程之不宜于生利，然其学生择业之法之不当，亦其一因也。大凡选择职业科目之标准，不在适与不适，而在最适与非最适。所谓最适者有二：一曰才能；二曰兴味。吾人对于一业，才能、兴味皆最高，则此业为最适；因其最适而选之，则才能足以成事，兴味足以乐业，将见学当其性，用当其学，群与我皆食无穷之益矣。故能选最适之业而学者，生大利不难，岂仅生利已哉！择业不当，则虽居学习生利之名，而究其将来之生利与否，仍未可必。故欲求学业者归业，必先有精选职业之方法。方法维何？曰，职业试习科是也。职业试习科，包含农工商及其他业之要事于一课程，凡学生皆使躬亲历试之。试习时期可随遇伸缩，多至半载，少至数星期皆可。但试习之种种情形，必与真职业无异，始可试验学生之真才能真兴味。一参假面具则试验科之本旨失矣。试习之后，诸生于各业之大概既已备尝，再择其最有才能最有兴味之一科专习之。彼其选择既根本于才能兴味，则学而安焉，行而乐焉，其生利之器量，安有不大者哉？

结论 职业学校有生利之师资、设备、课程，则教之事备；学生有最适之生利才能兴味，则学之事备。前者足以教生利，后者足以学生利。教与学咸得其宜，则国家造就一生利人物，即得一生利人物之用，将见国无游民，民无废才，群需可济，个性可舒。然后辅以相当分利之法，则富可均而民自足矣。故职业教育之主义在是，职业教育之责任在是，余之希望于教育家之采择试行者，亦莫不在是。谨贡一得，聊献刍荛，幸垂教焉。

师范生应有之观念*

鄙人承贵两校之嘱，来与诸君畅谈，不胜快乐。鄙人最喜同学生谈话，因十余年来，无日不做学生；即现在当教员，亦未尝不是做学生，盖不学则不能教。既为学生，则与诸君均为同志，同志相谈，自必非常快乐。诸君均为师范生，所研究者为教育，而鄙人所研究者，亦为教育，尤为同志中之同志，所以更为快乐。诸君平日在校，已受良好之教训，固无庸鄙人多谈。惟是同志相聚，亦不可不有所研究，尚希诸同志加以指正为荷。今日所讲之题，即《师范生应有之观念》。

一、教育乃最有效力之事业

教育能改良个人之天性。人之性情有善有恶，教育能使恶者变善，善者益善。即个人性情中，亦有善分子与恶分子，且善分子中亦含有恶。如爱，乃性情中之善分子也；而爱极生妒，变

---

* 本篇是 1918 年 5 月陶行知先生的讲演的记录稿。

善为恶矣。恶分子中亦含有善。如怒,乃性情中之恶分子也,然文王一怒而安天下,用恶为善矣。教育乃取恶性中之善分子,去善性中之恶分子。如开矿然,泥内含金,金内亦杂有泥。开矿者取泥内之金,去金内之泥,然后成为贵品。教育亦若是矣。

教育能养成共和之要素。共和国有两大要素:一须有正当领袖,一须有认识正当领袖之国民。盖领袖有正当者,亦有不正当者。正当领袖,能引导国民行正当之事业;不正当领袖,能诱致国民行不正当之事业。故又必须养成能认识正当领袖之国民,领袖正当则从之,领袖不正当则去之。由是,正当领袖之势力日张,而不正当领袖之势力日蹙。所以教育能巩固共和之基础也。

教育能传播非遗传的文化。人之言语非生而知之者,必由渐习而后能。然亦只能说一国之语,如中国人只能说中国语,而不能言德、美、俄、日等国之语。如欲能言德、美、俄、日等国之语,必由专习而后能。推而言之,世界文化无虑千万,皆父母所不能遗传者,而教育能一一灌输之。鄙人谓教育能造文化,则能造人;能造人,则能造国。今人皆云教育能救国,但救国一语,似觉国家已经破坏,从而补救,不如改为造国。造一件得一件,造十件得十件,以至千百万件,莫不皆然。贫者可以造福,弱者可以造强。若云救国,则如补西扯东,医疮剜肉,暂虽得策,终非至计。若云教育造国,则精神中自有趣味生焉,盖教育为乐观的而非悲观的也。

教育为最有可为之事。古今名人莫不由研究教育而出。如达尔文、杜威、威尔诺刻等,皆由研究教育而出者也。但须有决心，有坚志，则成事何难？惟此尚是第二事。我等第一要知：人是人，我是我。天既生我，则必与我以一种为人所无能为之能力。不然，既有他何必有我！天既生孔子，万事皆孔子所能为，则又何必生我而为古人之附属物？由此观之，则我等当自立，当自强，为我之所能为，不随人学步，庶不负天生我之意。教育既然如此，则我师范生当作何种之观念？以鄙人看来，男师范生与女师范生之观念，当有不同。欧战发生后，德法发生一莫大之问题。因其平时男教师比女教师为多，一旦战事发生，国内乏男子担任教育事业，影响于儿童者甚大。中国亦如此。但美国、加拿大则不然，其小学教师皆以女子充当，其男子皆任兵役以卫国家，所以战事发生后，教育依然不受影响。再，女子与儿童有天然亲爱之感情，非若男子之爱护儿童出于勉强也。但高等小学则有不同，因此须养成其进取勇敢之精神，激发其军国民之志气，故须利用男教师。此男女教师不同之点也。然其共同之点，则在以教育为专门职业。地理、历史、哲学、医学、生理学等，虽皆为教育家所利用，而教儿童则非修专门之教育的科学不可。今世界上有四种教育家：一、政客教育家，藉教育以图政治上之活动；二、空想教育家，有空想而未能实行；三、经验教育家，以经验自居，不肯研究理论；四、科学教育家，则实用科学以办教育者。中国现在教育家只有政客、空想、经验三种，但教育以科学教育为最重要，故男女师范生当专心致志，抱定主义，以教育为专门职业，则何人不可几，何事不可为耶？

二、教育乃一种快乐之事业

《论语》曰:“有朋自远方来,不亦乐乎?”非当日孔子言教育之快乐耶?孔子一生诲人不倦,至于发愤忘食,乐以忘忧,不知老之将至。现任教育者,无不视当教员为苦途,以其无名无利也。殊不知其在经济上固甚苦,而实有无限之乐含在其中。愚蒙者,我得而智慧之;幼小者,我得而长大之;目视后进骎骎日上,皆我所造就者。其乐为何如耶!故办教育者之快乐,当在手续上,而不在其结果之代价。换言之,即视教育为游戏的作业、作业的游戏也。至于劳碌动作,以求结果之代价者,则宜摈弃于教育界外。

三、各种教育之职业皆须视为平等

现在教员一般心理,每以大、中学校之等级高,高小国民学校之等级低,于是以教大、中学校为荣,而以教高小、国民学校为贱。不知大学要紧,中学要紧,而高等小学、国民小学、幼稚园尤要紧。以鄙人主张,凡大学、中学、小学等教员,国家须有同等之酬劳,社会须有同等之待遇。然常人心理,多不明小学之紧要,师范生亦有不明此理者。由是,他人固不以平等看待,即自视亦觉小学教员不如大学、中学教员之价值。甚至去而不为,放弃其应做之职业。故欲救此弊,先须视各种教育之职业皆为平等,此师范生所当注意者也。

四、教育为给儿童需要之事业

教育者，乃为教养学生而设，全以学生为中心，故开办学校，聘请教师，无一非为学生也。若无学生，焉有学校？既无学校，焉有教师？然则教师与学生，焉可无同情耶？同情谓何？即以学生之乐为乐，以学生之忧为忧；学生之休戚即我之休戚，学生之苦恼即我之苦恼是也。鄙人曾参观一校，终日仅一见教师之笑，不可谓不威严矣！吾人若设身处地为其学生，必须视之为判官、为阎罗，如芒刺之在背矣。此教师不能与学生同情之故也。现中国教师之大弊，即在于此。此又我师范生所当注意者也。

五、教育为制造社会需要之事业

教育为改良社会而设，为教育社会人才而设。故学校非寺院岩穴也，教员非孤僧隐士也。夫既为社会而设，若与社会不相往来，何以知社会之需要？中国前此之弊，即在于此，亦我师范生所宜注意者也。

六、教育为师范生终身之事业

现在为教师者，男则因赋闲无事，遂暂为之；女则因尚未适人，而暂为之。事既得，家既成，则远翔而不顾。视办教育如用雨伞，雨则取以遮盖，晴则置之高阁；视居学校如寓客栈，今日寓此，明日便去，虽有蚊蚤之为害，不过今宿，又何必大事驱除！教育中亦有害虫，教师之责，所宜驱除，岂可以暂为，遂视同秦越而不作整顿之计耶？昔英女皇依里萨伯终身不嫁，人问之故，辄以英吉利即吾之夫一语以对。意相加富尔终身不娶，人问之故，辄以意大利即吾之妻一语以对。故鄙人今亦有二语告于诸君，即男师范生应以教育为之妻，女师范生应以教育为之夫，有此定力，则赴汤蹈火，在所不辞，鞠躬尽瘁，死而后已。吾身不成，吾子绍之；吾子不成，吾孙绍之；子子孙孙，世世代代，相续无间，海可枯而吾之志不可枯，石可烂而吾之志不可烂。西藏，极西边极穷苦之地也，有须吾办教育者，吾即往西藏而不辞。蒙古，极北边极穷苦之地也，有须吾办教育者，吾即往蒙古而不辞。不要名，不要利，只要教育好；不怕难，不怕死，只怕教育不好。师范生乃负此志者，故与别种学生不同。读书要当作教书读，求学要当作教学求。蚕食桑叶，消化而吐出能为锦绣之丝；师范生求学，亦当融会贯通而吐出有益于人之事业也。

以上所说，皆属泛论。尚有一问题，与诸君商酌，庶上说皆可解决而变为切实。曾子曰："吾日三省吾身。"诸君亦当自省为何不入他校而入师范学校？岂为师范学校豁免学膳费而来乎？抑为求学之故，无他校可入，不得不入师范学校乎？或迫于父母之命，不得已而入师范学校乎？将负大才能、抱大兴味而后入师范学校乎？假如因免学膳费，因无他校可入，及因父母所迫而入，姑且无论。若因负大才能抱大兴味，其将何以自待？吾见今日师范毕业者，有一部分人不办教育，或办教育而不尽心力者，皆由初未能自省也。然则,以上所说均成空谈矣。鄙人此番之话,方为负大才能抱大兴味而入师范学校者言之,望诸君皆注意焉。如有误谬之处,不妨指出纠正,实甚欣幸。

试验主义与新教育*

《说文》:“新,取木也。”木有取去复萌之力,故新有层出不已之义。新教育与旧教育之分,其在兹乎?夫教育之真理无穷,能发明之则常新,不能发明之则常旧。有发明之力者虽旧必新;无发明之力者虽新必旧。故新教育之所以新,旧教育之所以旧,亦视其发明能力之如何耳。发明之道奈何?曰,凡天下之物,莫不有赖于其所处之境况。境况不同,则征象有异。故欲致知穷理,必先约束其境况,而号召其象征,然后效用乃见。此试验之精神,近世一切发明所由来也。彼善试验者立假设,择方法,举凡欲格之物,尽纳之于规范之中:远者近之,微者大之,繁者简之,杂者纯之,合者析之,分者通之,多方以试之,屡试以验之,更较其异同,审其消长,观其动静,察其变化,然后因果可明而理可穷也。例如试验甲乙二教授法之优劣,则必将试验时之一切情形,归为一致。盖必先一其教师,一其教材,一其设备,一其时间,一其地方,而所教之学生又须年龄等,男女等,家境等,程度等,然

* 本篇原载于1919年2月《新教育》第1卷第1期。

后施以各异之教法，乃可知结果之攸归；屡试而验，然后二法之优劣，乃可得而发明焉。故欲求常新之道，必先有去旧之方。试验者，去旧之方也。盖尝论之，教育之所以旧者五，革而新之，其惟试验。所谓五旧者何？

一曰依赖天工 彼依赖天工者，待天垂象，俟物示征，成败利钝，皆委于气数。究其流弊，则以有限之时间，逐不可必得之因果，是役于物而制于天也，安得不为所困哉？困即无自新之力矣。苟其有之，或出于偶然。即有常矣，或所示者吝，吾又安能穷其极而启其新耶？荀子曰："大天而思之，孰与物畜而制之？从天而颂之，孰与制天命而用之？因物而多之，孰与骋能而化之？思物而物之，孰与理物而勿失之也？"此数语可谓中试验精神之寂要矣。盖善试验者役物而不为物所役；制天而不为天所制。惟其以人力胜天工，故能探其奥蕴，常保其新焉。

二曰沿袭陈法 彼泥古之人，以仍旧贯为能事。行一事，措一词，必求先例。有例可援，虽害不问；无例可援，虽善不行。然今昔时势不同，问题亦异。问题既异，方法当殊。故适于昔者未必适于今。徒执古人之成规，以解决今之问题，则圆枘方凿，不能相容，何能求其进步也？故欲求教育刷新进步，必先有试验，以养成其自得之能力。能自得，始能发明；能发明，则陈法自去，教育自新矣。

三曰率任己意 教育为一种专门事业，必学焉而后成。然从事教育之人，偏欲凭一己一时之意，以定进行之趋向。故思而不学，凭空构想者有之；一知半解，武断从事者有之；甚至昧于解决，以不了了之者亦有之。空想则无新可见；武断则绝自新之路;不了了之,则直无新之希望矣。欲救斯弊,必使所思者皆有所凭,所断者皆有所据;困难之来,必设法求所以解决之,约束之,利用之:凡此皆试验之道也。

四曰仪型他国 今之号称新人物者,辄以仪型外国制度为能事;而一般人士,见有能仪型外人者,亦辄谓为新人物。虽然,彼岂真能新哉?夫一物之发明,先多守秘密。自秘密以迄于公布,须历几时何?自公布以迄于外传,又须历几何时?况吾所仪型者,或出于误会。以误传误,为害非浅。即得其真相,而辗转传述,多需时日。恐吾人之所谓新者,他人已以为旧矣。不特此也。中外情形有同者,有不同者。同者借镜,他山之石,固可攻玉。不同者而效焉,则适于外者未必适于中。试一观今日国中之教育,应有而无、应无而有者,比比皆是。此非仪型外国之过欤?若能实心试验,则特别发明,足以自用。公共原理,足以教人。教育之进步,可操左券矣。

五曰偶尔尝试 当一主义发生之时,必有人焉慕其美名而失其真意。其弊也,弥近似而大乱真。乃时人不察,误认试验为尝试。计划不确,方法无定,新猷未出,已中途而废矣。彼真试验者则不然。必也有计划,有方法,视阻力为当然,失败为难免,具百折不回之气概,再接再厉之精神。成败虽未可必,然世界实由此而进步,教育亦由此而进步。此岂持尝试之见者所可能哉!

既能塞陈旧之道,复能开常新之源,试验之用,岂不大哉!推类至尽,发古人所未发,明今人所未明,皆试验之力量也。吾国数千年来相传不绝之方法,惟有致知在格物一语。然格物之法何在,晦庵与阳明各持一说。晦翁以"即物穷理"释之,近矣。

然而即物穷理，又当用何法乎？无法以即物穷理，则物仍不可格，知仍不可致。阳明固尝使用即物穷理者也，其言曰："初年与钱友同论做圣贤，要格天下之物。……因指亭前竹子令去格看，钱子早夜去穷格竹子的道理，竭其心思，至于三日，便致劳神成疾。当初说他这时精力不足，某因自去穷格，早夜不得其理，到七日亦以劳思致疾。……及在夷中三年，颇见得此意思，乃知天下之物本无可格者；其格物之功，只在身心上做。"类此者，皆坐格物不得其法之弊也。假使阳明更进一步，不责物之无可格，只责格之不得法，竞竞然以改良方法自任，则近世发明史中，吾国人何至迄今无所贡献？然亡羊补牢，未为晚也。全国学者，苟能尽刷其依赖天工、沿袭旧法、仪型外国、率任己意之旧习，一致以试验为主，则施之教育而教育新，施之万事而万事新，未始非新国新民之大计也。不然，若以应时为尽新之能事，则彼所谓旧教育者，当时亦尝为新教育也；而今之新教育，又安知他日之不或旧耶？

教学合一*

现在的人叫在学校里做先生的为教员，叫他所做的事体为教书，叫他所用的法子为教授法，好像先生是专门教学生些书本知识的人。他似乎除了教以外，便没有别的本领，除书之外，便没有别的事教。而在这种学校里的学生除了受教之外，也没有别的功课。先生只管教，学生只管受教，好像是学的事体，都被教的事体打消掉了。论起名字来，居然是学校；讲起实在来，却又像教校。这都是因为重教太过，所以不知不觉的就将他和学分离了。然而教学两者，实在是不能分离的，实在是应当合一的。依我看来，教学要合一，有三个理由：

第一，先生的责任不在教，而在教学，而在教学生学　大凡世界上的先生可分三种：第一种只会教书，只会拿一本书要儿童来读它、记它，把那活泼的小孩子做个书架子、字纸篓。先生好像是书架子字纸篓之制造家，学校好像是书架子字纸篓的制造

---

* 本篇原载 1919 年 2 月 24 日《时报·教育周刊·世界教育新思潮》第 1 号。

厂。第二种的先生不是教书,乃是教学生;他所注意的中心点,从书本上移到学生身上来了。不像从前拿学生来配书本,现在他拿书本来配学生了。他不但是要拿书本来配学生,凡是学生需要的,他都拿来给他们。这种办法,果然比第一种好得多,然而学生还是在被动的地位,因为先生不能一生一世跟着学生。热心的先生,固想将他所有的传给学生,然而世界上新理无穷,先生安能尽把天地间的奥妙为学生一齐发明?既然不能与学生一齐发明,那他所能给学生的,也是有限的,其余还是要学生自己去找出来的。况且事事要先生传授,既有先生,何必又要学生呢?所以专拿现成的材料来教学生,总归还是不妥当的。那么,先生究竟应该怎样子才好?我以为好的先生不是教书,不是教学生,乃是教学生学。教学生学有什么意思呢?就是把教和学联络起来:一方面要先生负指导的责任,一方面要学生负学习的责任。对于一个问题,不是要先生拿现成的解决方法来传授学生,乃是要把这个解决方法如何找来的手续程序,安排停当,指导他,使他以最短的时间,经过相类的经验,发生相类的理想,自己将这个方法找出来,并且能够利用这种经验理想来找别的方法,解决别的问题。得了这种经验理想,然后学生才能探知识的本源,求知识的归宿,对于世间一切真理,不难取之无尽,用之无穷了。这就是孟子所说的"自得",也就是现今教育家所主张的"自动"。所以要想学生自得自动,必先有教学生学的先生。这是教学应该合一的第一个理由。

第二,教的法子必须根据于学的法子 从前的先生,只管照自己的意思去教学生;凡是学生的才能兴味,一概不顾,专门勉强拿学生来凑他的教法,配他的教材。一来先生收效很少,二来学生苦恼太多,这都是教学不合一的流弊。如果让教的法子自然根据学的法子,那时先生就费力少而成功多,学生一方面也就能够乐学了。所以怎样学就须怎样教;学得多教得多,学得少教得少;学得快教得快,学得慢教得慢。这是教学应该合一的第二个理由。

第三,先生不但要拿他教的法子和学生学的法子联络,并须和他自己的学问联络起来 做先生的,应该一面教一面学,并不是贩买些知识来,就可以终身卖不尽的。现在教育界的通病,就是各人拿从前所学的抄袭过来,传给学生。看他书房里书架上所摆设的,无非是从前读过的几本旧教科书;就是这几本书,也还未必去温习的,何况乎研究新的学问,求新的进步呢?先生既没有进步,学生也就难有进步了。这也是教学分离的流弊。那好的先生就不是这样,他必是一方面指导学生,一方面研究学问。如同柏林大学包尔孙先生(F. Paulsen)说:"德国大学的教员就是科学家。科学家就是教员。"德国学术发达,大半靠着这教学相长的精神。因为时常研究学问,就能时常找到新理。这不但是教诲丰富,学生能多得些益处,而且时常有新的材料发表,也是做先生的一件畅快事体。因为教育界无限枯寂的生活,那是因为当事的人,封于故步,不能自新所致。孔子说:"学而不厌,诲人不倦。"真是过来人阅历之谈。因为必定要学而不厌,然后才能诲人不倦;否则年年照样画葫芦,我却觉得有十分的枯燥。所以要想得教育英才的快乐,似乎要把教学合而为一。这是教学应该合一的第三个理由。

总之:一,先生的责任在教学生学;二,先生教的法子必须根据学的法子;三,先生须一面教一面学。这是教学合一的三种理由。第一种和第二种理由是说先生的教应该和学生的学联络;第三种理由是说先生的教应该和先生的学联络。有了这样的联络,然后先生学生都能自得自动,都有机会方法找那无价的新理了。

第一流的教育家*

我们常见的教育家有三种:一种是政客的教育家,他只会运动,把持,说官话;一种是书生的教育家,他只会读书,教书,做文章;一种是经验的教育家,他只会盲行,盲动,闷起头来,办……办……办。第一种不必说了,第二、第三两种也都不是最高尚的。依我看来,今日的教育家,必定要在下列两种要素当中得了一种,方才可以算为第一流的人物。

(一)敢探未发明的新理　我们在教育界做事的人,胆量太小,对于一切新理,大惊小怪。如同小孩子见生人,怕和他接近。又如同小孩子遇了黑房,怕走进去。究其结果,他的一举一动,不是乞灵古人,就是仿效外国。也如同一个小孩子吃饭、穿衣,都要母亲帮助,走几步路,也要人扶着,真是可怜。我们在教育界任事的人,如果想自立,想进步,就须胆量放大,将试验精神,向那未发明的新理贯射过去;不怕辛苦,不怕疲倦,不怕障碍,不

---

* 本篇发表于1919年4月21日的《时报·教育周刊·世界教育新思潮》第9号。

怕失败，一心要把那教育的奥妙新理，一个个的发现出来。这是何等的魄力，教育界有这种魄力的人，不愧受我们崇拜！

（二）敢入未开化的边疆　从前的秀才以为"不出门能知天下事"，久而久之，"不出门"就变做"不敢出门"了。我们现在的学子，还没有解脱这种风气。试将各学校的《同学录》拿来一看，毕业生多半是在本地服务，那在外省服务的，已经不可多得，边疆更不必说了。一般有志办学的人，也专门在有学校的地方凑热闹，把那边疆和内地的教育，都置之度外。推原其故，只有一个病根，这病根就是怕。怕难，怕苦，怕孤，怕死，就好好的埋没了一生。我们还要进一步看，这些地方的教育究竟是谁的责任？我们要晓得国家有一块未开化的土地，有一个未受教育的人民，都是由于我们没尽到责任。责任明白了，就放大胆量，单身匹马，大刀阔斧，做个边疆教育的先锋，把那边疆的门户，一扇一扇的都给它打开。这又是何等的魄力！有这种魄力的人，也不愧受我们崇拜。

敢探未发明的新理，即是创造精神；敢入未开化的边疆，即是开辟精神。创造时，目光要深；开辟时，目光要远。总起来说，创造、开辟都要有胆量。在教育界，有胆量创造的人，即是创造的教育家；有胆量开辟的人，即是开辟的教育家，都是第一流的人物。大丈夫不能舍身试验室，亦当埋骨边疆尘，岂宜随便过去！但是这种人才，究竟要到什么时候才能出现？究竟要由什么学校造就？究竟要用什么方法养成？可算是我们现在最关心的问题。

新教育*

今天得有机会，与诸同志共聚一堂，研究教育，心中愉快得很。现在把关于新教育上各项要点，略些谈谈。

（一）新教育的需要　我们现在处于二十世纪新世界之中，应该造成一个新国家，这新国家就是富而强的共和国。怎样能够造成这新国家呢？固然要有好的领袖去引导平民，使他们富，使他们强，使他们和衷共济；但是虽有好的领袖，而一般平民不晓得哪个领袖是好的，哪个领袖是不好的，也是枉然。所以现在所需要的，是一种新的国民教育，拿来引导他们，造就他们，使他们晓得怎样才能做成一个共和的国民，适合于现在的世界。举例来说，有一个后母给她的儿子洗澡，所用的水，时而太冷咧，时而太热咧，这就是不能合着他儿子的需要。我们所研究的新教育，不应该犯这个毛病，一定要合于现在所需要的。

（二）新教育的释义　先说“新”字是什么意思？某处人家因为要请客，一切设备家伙，都去向别家借用，用过之后，就去还

---

* 本篇原载于1919年9月《教育潮》第1卷第4期。

了。这是客来则新，客去便旧了，不得为根本的新。我们中国的教育，倘若忽而学日本，忽而学德国，忽而学法国、美国，那是终究是无所适从。所以新字的第一个意义要"自新"。今日新的事，到了明日未必新；明日新的事，到了后日又未必新。即如洗澡，一定要天天洗，才能天天干净。这就是日日新的道理。所以新字的第二个意义要"常新"。又我们所讲的新，不单是属于形式的方面，还要有精神上的新。这样才算是内外一致，不偏不倚。所以新字的第三个意义要"全新"。

次说"教育"是什么东西？照杜威先生说，教育是继续经验的改造（Continuous recibstruction of experience）。我们个人受了周围的影响，常常有变化，或是变好，或是变坏。教育的作用，是使人天天改造，天天进步，天天往好的路上走；就是要用新的学理，新的方法，来改造学生的经验。

（三）新教育的目的 这目的可分两项来说明：第一对于天然界，要使学生有利用他的能力。例如，我们要使光线入室不需风的时候，就要用玻璃窗。照这样把所有一切光、电、水、空气等，都要被我们操纵指挥。现在中国和外国物质文明的高下，都从这利用天然界能力的强弱上分别出来的。然而其中也有危险的地方，如造出许多杀人的物扰乱世界，是万万不可的。所以第二项目的，是对于群界要讲求共和主义，使人人都能自由守着自己的本份去做各种事业。一方面利用天然界，一方面谋共同幸福。可说一句，新教育的目的，就是要养成这种能力，再概括说起来，就是要养成"自主"、"自立"和"自动"的共和国民。自主的就是要做天然界之主，又要做群界之主。即如选举卖票一事，卖和不卖，到底由自己的主张。果能自主的人，富贵不淫，贫贱不移，威武不屈，人家有什么法子对付他呢？至于自立的人，在天然界群界之中，能够自衣自食，不求靠别人。但是单讲自立，不讲自动，还是没有进步，还是不配做共和国民的资格。要晓得专制国讲服从，共和国也讲服从，不过一是被动的，一是自动的，这就是他们的分别了。

（四）新教育的方法 此番我从南京到上海，再从上海到嘉兴，一直到杭州来，有种种的方法，或是走，或是坐船，或是坐火车，或是坐飞艇。在这几种方法之中，哪几种是较好，哪一种是最好，而且哪一种是最快，这便是方法的考究。要考究这个方法，下列的几条，应该注意的：

（甲）符合目的 杀鸡用鸡刀，杀牛有牛刀，这就是适合的道理；教育也要对着目的设法。现在学校里有兵操一门，是为了养成国民有保护国家的能力而设的。但是照这样"立正"、"开步"的练习，经过几年之后，能否达到应战之目的，却须要研究的。

（乙）依据经验 怎样做的事，应当怎样教。譬如游水的事，应当到池沼里去学习，不应当在课堂上教授。倘若只管课堂的教授，不去实习，即使学了好几年，恐怕一到池里，仍不免要沉下去的。各种知识有可以从书上求的，不妨从书上去得来；有不可以从书上求的，那应该从别处去得他了。

（丙）共同生活 在学校中不能共同做事，一到社会也是不能的。所以要国民有共和的精神，先要学生有共和的精神；要学生有共和的精神，先要使他有共同的生活，有互助的力量。

（丁）积极设施 教人勿赌博，勿饮酒，这都是消极的禁止。

至于积极的办法,要使他们时常去做好的事情,没有机会去做那坏的事情。在学校之中,常常有正当的游戏运动,兴味很好,自然没有工夫去做别的坏事了。

(戊)注重启发　在学校里并非一面教人,一面受教,就算了事。要使学生的精神意志和能力,渐渐的发育成长。孔子说"不愤不启,不悱不发"。我更要进一步说,使他不得不愤,使他不得不悱。杜威先生也说,教学生的法子,先要使他发生疑问;查出他疑难的地方,使他想种种方法,去解决这个问题;从这些方法之中,选出顶有成效的法子,去试试看对不对;如其不对,就换个法子,如其对了,再去研究一下。照这方法来解释同类的问题和一切的问题。所以现在的时候,那海尔巴脱的五段教授法等,觉着不大适用了。

(己)鼓励自治　这便是教学生对于学问方面或道德方面,都要使他能够自治自修。

(庚)全部发育　身体和精神要全体顾到,不可偏于一面。譬如在体育上,耳目口鼻手足统要使他健全;在智育上,既要使他自知,又要使他能够利用天然界的事物;在德育上,公德和私德,都不可欠缺的。

(辛)唤起兴味　学生有了兴味,就肯用全副精神去做事体,所以"学"和"乐"是不可分离的。学校里面先生都有笑容,学生也有笑容。有些学校,先生板了脸孔,学生都畏惧他,那是难免有逃学的事了。所以设法引起学生的兴味,是很要紧的。

(壬)责成效率　凡做一事,要用最简便、最省力、最省钱、最省时的法子,去收最大的效果。做这件事,用这个方法,在一小时所收的效果是这样，用别个方法只须十分钟或五分钟，就有这样的效果，那后法就比前法为胜了。照此把时间、精力、金钱和效果的比较选择，可以得出一个最好的法子。

以上所讲，都是新教育上普通的说明。至于新教育对于学校课程等的设施和教员学生应当怎样的情形，休息几分钟再讲。

新学校　学校是小的社会，社会是大的学校。所以要使学校成为一个小共和国，须把社会上一切的事，拣选他主要的，一件一件的举行起来。不要使学生在校内是一个人，在校外又是一个人。要使他造成共和国民的根基，须在此练习。对于身体方面、道德方面、政治方面，凡国民所不可不晓得的，都要使他晓得，那学校便成为具体而微的社会了。我国学校的弊病，不但在与社会相隔绝，而且学校里面，全以教员做主，并不使学生参与。要晓得一社会里的事务，该使大家知道的，就该大家参与；该使少数领袖管理的，就该少数领袖参与。这样不靠一人，也不靠少数人，使每个学生、每个教员晓得这个学校是我的学校，肯与学校同甘苦，那才是共和国社会里的真学校。

新学生　“学”字的意义，是要自己去学，不是坐而受教。先生说什么，学生也说什么，那便如学戏，又如同留声机器一般了。“生”字的意义，是生活或是生存。学生所学的是人生之道。人生之道，有高尚的，有卑下的；有片面的，有全部的；有永久的，有一时的；有精神的，有形式的。我们所求的学，要他天天加增的，是高尚的生活，完全的生活，精神上的生活，永久继续的生活。进一步说，不可学是学，生是生，要学就是生，生就是学。求学的事，是为预备后来的生存呢？还是现在的生存，就是全体生活的一部分呢？既然晓得教育是继续经验的改造，那么对于天然界和群界，自然受他的影响；天天变动，就是天天受教育，差不多从出世到老，与人生为始终的样子。你哪一天生存不是学？你哪一天学不是生存呢？孔子到了七十岁，方才从心所欲不逾矩，他是一步一步上进的。凡改变我们的，都是先生；就是我们自己都是学生。以前只有在学校里的是学生，一到家里就不是学生；现在都做社会的学生，是从根本上讲，来得着实，不至空虚。虽出校门，仍为学生，就是不出于教育的范围。所以每天的一举一动，都要引他到最高尚、最完备、最能永久、最有精神的地位，那方才是好学生。

新教员　新教员不重在教，重在引导学生怎么样去学。对于教育，第一，要有信仰心。认定教育是大有可为的事，而且不是一时的，是永久有益于世的。不但大学校高等学校如此，即使小学校也是大有可为的。夫勒培尔研究小学教育，得称为大教育家。做小学教师的，人人有夫氏的地位，也有他的能力；只须承认，去干就能成功。又如，伯斯塔罗齐、蒙铁梭利都从研究小学教育得名，即如杜威先生，也是研究小学教育的。这都是实在的事，并非虚为赞扬。我从前看见一个土地庙面前对联上，有一句叫“庙小乾坤大”，很可以来比。况我们学校虽小，里头却是包罗万象。做小学教员的，万勿失此机会，正当做一番事业。而且这里头还有一种快乐——照我们自己想想，小学校里学生小，房子小，薪水少，功课多，辛苦得很，哪有快乐？其实，看小学生天天生长大来，从没有知识，变为有知识，如同一颗种子的由萌芽而生枝叶，而看他开花，看他成熟，这里有极大的快乐。照以上两层——做大事业得大快乐——是为一己的，而况乎要造新国家、新国民、新社会，更非此不行嘛！那不信仰这事的，可以不必在这儿做小学教员。一国之中，并非个个人要做这事的，有的做兵，有的做工，有的做官吏……各人依了他的信仰，去做他的事。一定要看教育是大事业，有大快乐，那无论做小学教员，做中学教员，或做大学教员，都是一样的。第二，要有责任心。不但是自己家中的小孩和课堂中的小孩，我应当负责任；无论这里那里的小孩，要是国中有一个人不受教育，他就不能算为共和国民。在美国一百个人之中，有九十几个受教育。中国一百个人之中，只有一个人受教育。而且二十四个学生中，只有一个女学生。我们要从这少数的人，成为多数的人，要用多少年的工夫？非得终身从事不行。况且我们除了二十岁以前、六十岁以后，正当有为之时没有多少，即使我们自己一生不成，应当代代做去。切不可当教育事业是住旅馆的样子，住了一夜或几夜之后，不管怎么样，就听他去了。那教育事业，还有发达的希望吗？第三，做新教员的要有共和精神。就是不可摆出做官的态度，事事要和学生同甘苦，要和同学表同情，参与到学生里面去，指导他们。第四，要有开辟精神。时候到了现在，不可专在有教育的地方办教育。要有膨胀的力量，跑到外边去，到乡下地方，或是到蒙古、新疆这些边界的地方，要使中国无地无学生。一定要有单骑匹马勇往无前的气概，有如外国人传教的精神，无论什么都不怕，只怕道理不传出去。要晓得现在中国，门户边界的危险，使那个地方的人，晓得共和国的样子，用文化去灌输他，使他耳目熟习，改换他从来的方向，是很要紧的。第五，要有试验的精神。有些人肯求进步,有些人只晓得自划的,除了几本教科书外,没有别的书籍。——诸君已经毕业之后,还在这儿讨论教育,那是最好的。——他人叫我怎样办,我便怎样办,专听上头的命令。要晓得上头的命令,只不过举其大端,其中详细的情形,必定要我们去试验。用了种种方法,有了结果,再去批评他的好坏,照此屡试屡验,分析综合,方才可下断语。倘使专靠外国,或专靠心中所有,那么,或是以不了了之,或是但凭空想,或是依照古老的法子,或是照外国的法子,统是危险的。从前人说"温故而知新",但是新的法子从外国传到中国,又传到杭州,我们以为新的时候,他们已经旧了。所以望大家注意,不可不由自己试验得出真理,方不至于落人之后哩!

新课程　这要从社会和个性两方面讲。从社会这面讲来,要问这课程是否合乎世界潮流,是否合乎共和精神。学了这课程之后,能否在中国的浙江,或是浙江的杭州,做一个有力的国民。更从个性的一面讲来,谁的事教谁,小孩子的事教小孩子,农人的事去教农人,方才能够适合。我且拿学代数来做个例,看这课程是否为学生所需要。我有一次对学生发问道:"有几多人应用过代数?"那一百人中只有七八个人举手。又问:"不曾用过代数的人举手!"就有九十几个。后再查考那七八个人所用的东西,只须一星期,至多不过一月,就可教了。照这样看来,我们应该有变通的办法。是否为了七八个人去牺牲那九十几个人。那七八个人,或为天文学家,或习工业,或学医生,所用代数,不过百分之一罢了。我们不可以为了一个人,去牺牲九十九个人;也不可以为了九十九个人,去牺牲那一个人。总要从社会全体着想,有否其他有用的东西未列在课程里?或是有用不着的东西还列在课程里呢?照这样去取舍才行。

新教材　就教科书一端而论,编书的人,有的做过教员,有的竟没有做过教员。就拿他自己的眼光来做标准,不知道各地方的情形怎么样。用了这种书去教授,哪里能适合呢?所以教科书止可作为参考,否则硬依了他,还是没有的好。又有一种讲义,当看作账簿一般。社会上各种文化风俗,都写在这账簿上。这账簿有没有用处,或是正确不正确,须要仔细考查。譬如富翁,虽然将他所有的财产,写在账簿上,拿来传给他的儿子,若是不去实地指点他,那几处房子或是田地,是我所有,和这账簿对照一下,他的儿子仍然不晓得底细。也许有几处田地房产,已经卖出;也许有几处买进的,还没有登记上去,总要使他儿子完全明了,那账簿方才有效。要拿教科书上的情形引导把学生看,或是已经变迁的情形,指点他明白。几年前的朝鲜和现在不同;俄国已经分做十几国,更不可以拿从前的来讲。总要明白实际的事情,因为账簿是死的,人是活的,要拿账簿来为我所用,不要将活泼泼的人为死书所用。要晓得账簿之外,还有许多文化在那里,单靠教科书是有害的。

新教育的考成　我到店里去要一件东西,他拿了别的东西给我,我就不答应了,怎么我要这件,你偏与我那件呢?教育的事,也是这样。要按照目的去考成,方才不会枉费了精神和财力。譬如从农业、工业或商业学校里毕业出来的学生,有几多人在那里做他应当做的事。若是不问他的结果,一味的办去,正如做母亲的人把她的女儿出嫁,不将她长女出嫁的情形,来加以参考，以致于第二第三个女儿吃着同样的苦头，这是因为不考成的缘故。

再有几层，我在别处已经讲过，暂且不说。总之，大家觉得要教育普及，先要认定目的。做若干事，须得若干的代价，决不是天然能成功的。即就小孩子而论，美国一人需费四元四角五分，中国每人只有六分。试问没有代价的事，能办得好办不好？但这事人人负有责任。我们做教员的，不但教学生，又要想法子使得社会上的人对于教育认为必要。譬如有钱的人，可以教自己的孩子，同时他邻舍的小孩子，因为没得钱受教育，和这小孩子一块儿玩，就把他带坏了。所以单教自己的儿子，还是不中用的。把这种情形使他们觉悟，人非木石，断没有一定不信的。虽然有些困难的地方，我们总可以用自己的力量去战胜他的。

学生自治问题之研究*

近世所倡的自动主义有三部分:一、智育注重自学;二、体育注重自强;三、德育注重自治。所以,学生自治这个问题,是自动主义贯彻德育的结果,是我们数千年来保育主义、干涉主义、严格主义的反应,是现在教育界一个极重要的问题。这个问题,包含甚广。我们要问学生应否有自治的机会?如果应该自治,我们又要问学生自治究竟应有几多大的范围?学生应该自治的事体,究竟有哪几种?规定学生自治的范围,又应有何种标准?施行学生自治,又应用何种方法?这几个问题,都是我们所要研究的。总起来说,就是学生自治问题。

学生自治是什么 凡是讨论一种问题,必先要明白问题的性质和他的意义。性质和意义不明了,就不免使人误会。这篇所讨论的学生自治,有三个要点:第一,学生指全校的同学,有团体的意思;第二,自治指自己管理自己,有自己立法执法司法的意思;第三,学生自治与别的自治稍有不同,因为学生还在求学

---

* 本篇原载于 1919 年 10 月《新教育》第 2 卷第 2 期。

时代,就有一种练习自治的意思。把这三点合起来,我们可以下一个定义:“学生自治是学生结起团体来,大家学习自己管理自己的手续。”从学校这方面说,就是“为学生预备种种机会,使学生能够大家组织起来,养成他们自己管理自己的能力”。

依这个定义说来,学生自治,不是自由行动,乃是共同治理;不是打消规则,乃是大家立法守法;不是放任,不是和学校宣布独立,乃是练习自治的道理。

学生自治的需要 今日的学生,就是将来的公民,将来所需要的公民,即今日所应当养成的学生。专制国所需要的公民,是要他们有被治的习惯;共和国所需要的公民,是要他们有共同自治的能力。中国既号称共和国,当然要有能够共同自治的公民。想有能够共同自治的公民,必先有能够共同自治的学生。所以从我们国体上看起来,我们学校一定要养成学生共同自治的能力,否则不应算为共和国的学校。这是第一点。

当今平民主义的潮流,来势至为猛烈,受过他的影响的人,都想将一切的束缚尽行解脱。这固然有他的好处;不过也有他的危险。好处在哪里?大家从此可以充分发挥个人的精神,促进人群的进化。危险在哪里?束缚既然解脱,未必人人能够约束自己的欲望,操纵自己的举止,一旦精神能力向那坏处发泄,天下事就不可为了。一国当中,人民情愿被治,尚可以苟安;人民能够自治,就可以太平;那最危险的国家,就是人民既不愿被治,又不能自治。所以当这渴望自由的时候,最需要的是给他们种种机会得些自治的能力,使他们自由的欲望可以自己约束。所以时势所趋,非学校中提倡自治,不足以除自乱的病源。这是第二点。

我们既要能自治的公民，又要能自治的学生，就不得不问问究竟如何可以养成这般公民学生。从学习的原则看起来，事怎样做，就须怎样学。譬如游泳要在水里游，学游泳，就须在水里学。若不下水，只管在岸上读游泳的书籍，做游泳的动作，纵然学了一世，到了下水的时候，还是要沉下去的。所以专制国要有服从的顺民，必须使做百姓的时常练习服从的道理；久而久之，习惯成自然，大家就不知不觉的只会服从了。共和国要有能自治的国民，也必须使做国民的时常练习自治的道理；久而久之，习惯成自然，他们也就能够自治了。所以，养成服从的人民，必须用专制的方法；养成共和的人民，必须用自治的方法。如果用专制的方法，可以养成自治的学生公民，那末，学生自治问题，还可以缓一步说；无奈自治的学生公民，只可拿自治的方法将他们陶熔出来。所以从方法这方面着想，愈觉得学生自治的需要了。这是第三点。

学生自治如果办得妥当有这几种好处：

第一，学生自治可为修身伦理的实验　现今学行并重，不独讲究知识，而且要求所以实验知识的方法。所以学校教课当中，物理有实验，化学有实验，博物有实验，别门功课也有实习，如作文、图画、体操等等，都于学识之外，加以实地练习的机会。他的目的，无非要由实验，实习以求理想与实际的联络，使所做的学问，可以深造。修身伦理一类的学问，最应注意的，在乎实行；但是现今学校中所通行的修身伦理，很少实行的机会；即或有之，亦不过练习仪式而已。所以嘴里讲道德，耳朵听道德，而所行所为却不能合乎道德的标准,无形无影当中,把道德与行为分而为二。若想除去这种弊端,非给学生种种机会,练习道德的行为不可。共和国民最需要的操练,就是自治。在自治上,他们可以养成几种主要习惯:一是对于公共幸福,可以养成主动的兴味;二是对于公共事业,可以养成担负的能力;三是对于公共是非,可以养成明了的判断。简单些说:自治可以养成我们对于公共事情上的愿力、智力、才力。照这样看来,学习自治若办得妥当,可算是实验的修身,实验的伦理,全校就是修身伦理的实验室。照这样办,才算是真正的修身伦理。

第二,学生自治能适应学生之需要　我们办学的人所定的规则,所办的事体,不免有与学生隔膜的。有的时候,我们为学生做的事体越多,越是害学生。因为为人,随便怎样精细周到,总不如人之自为。我们与学生经验不同,环境不同,所以合乎我们意的,未必合乎学生的意。勉强定下来,那适应学生需要的,或者遗漏掉;那不适应学生需要的,反而包括进去。等到颁布之后,学生不能遵守,教职员又不得不执行,却是左右为难。甚至于学生陷于违法,规则失了效力,教职员失去信用。若是开放出去,划出一部分事体出来,让学生自己治理;大家既然都有切肤的关系,所定的办法,容或更能合乎实在情形了。这就是说,有的时候学生自己共同所立的法,比学校里所立的更加近情,更加易行,而这种法律的力量,也更加深入人心。大凡专制国家的人民,平日不晓得法律是什么,只到了犯法之后,才明白有所谓法律。那么,法律的力量,大都发现于犯法之后,这是很有限的。至于自己共同所立之法就不然,从始到终,心目中都有他在;平日一举一动,都为大家自立的法律所影响。所以自己所立之法的力量,大于他人所立的法;大家共同所立之法的力量,大于一人独断的法。

第三,学生自治能辅助风纪之进步　我们的行为,究竟应该对谁负责?对于少数教职员负责呢,还是要对于全校负责呢?按着旧的方法,学生有过失,都责成少数职员监察纠正。其弊病有两种:第一种是少数教职员在的时候,就规规矩矩,不在的时候,就肆行无忌;第二种是大家学生以为既有职员负责,我们何必多事,纵然看见同学为非,也只好严守中立。这是大多数的学生所抱持的态度。所以一人司法,大家避法。我们要想大家守法,就须使各人的行为,对于大家负责。换句话说,就是要共同自治。

第四,学生自治能促进学生经验之发展　我们培植儿童的时候,若拘束太过,则儿童形容枯槁;如果让他跑,让他跳,让他玩耍,他就能长得活泼有精神。身体如此,道德上的经验又何尝不然。我们德育上的发展,全靠着遇了困难问题的时候,有自己解决的机会。所以遇了一个问题,自己能够想法解决他,就长进了一层判断的经验。问题自决得越多,则经验越丰富。若是别人代我解决问题,纵然暂时结束,经验却也被旁人拿去了。所以在保育主义之下,只能产生缺乏经验的学生,若想经验丰富,必须自负解决问题的责任。

学生自治如果办得不妥当就要发生这几种弊端:

第一,把学生自治当作争权的器具　大凡团体都有一种特别的势力,这种势力比个人的大得多。用得正当,就能为公众尽义务;用得不当,就能驱公众争权利。学生自治是一种团体的组织,所以用得不妥当的时候,也有这种危险。

第二,把学生自治误作治人看　这个危险是随着第一个顺路下来的。有的时候,这也是个自然的趋势。因为有了团体,一不谨慎,就有驾驭别人的趋势。刘伯明先生说:"人当为人中人,不可仅为人上人。"这句话,是我们共和国民的指南针。

第三,学生自治与学校立在对峙地位　学生自治会与学校当有一种协助精神,不可立在对峙的地位,但是办得不妥当,这种对峙的情形,也是免不掉的。不过这是一种很不幸的现象,不是师生之间所宜有的。

第四,闹意气　学生有自治的机会,就不得不多发言论,多立主张,多办交涉,一不小心,大家即刻闹出意气;再由闹意气而彼此分门别户,树立党帜,于是政客的手段,就不得不传到学校里来了。

以上所举的,不过是几种重要的弊端;至于小的弊端,一时难以尽举。总之,学生自治如果办理不善,则凡共和国所发现的危险,都能在学校中发现出来。但是我们要注意,这许多弊端都是办理不妥当的过处,并非学生自治本体上的过处。如果厉行自治的时候,大家不愿争权,而愿服务;不愿凌人,而愿治己;不愿对抗,而愿协助;不愿负气,而愿说理,那末,自治之弊便可去,自治之益便可享了。这种利害关头,凡做共和国民的都要练习。我们在学校的时候,有同学的切磋,有教师的辅助,纵因一时不慎,小有失败,究竟容易改良纠正。若在学校里不注意练习,将来到了社会当中,切磋无人,辅导无人,有了错处,只管向那错路上走，小而害己，大而害国。这都是因为做学生的时候，没有练习自治所致的。所以学生自治如果举行，可以收现在之益；纵小有失败，正所以免将来更大的失败。

规定学生自治范围的标准 学生自治的利弊，既如上所说，现在就要问学生自治有什么范围？规定学生自治的范围，应有若何标准？

一、学生自治应以学生应该负责的事体为限。学生愿意负责，又能够负责的事体，均可列入自治范围；那不应该由学生负责的事体，就不应该列入自治范围。因自治与责任有连带关系，别人号令而要我负责，就叫做被治；别人负责而由我号令，就叫做治人；都失了自治的本意。所以学生自治，应以学生负责的事为限。

二、事体之愈要观察周到的，愈宜学生共同负责，愈宜学生共同自治。

三、事体参与的人愈宜普及的，愈宜学生共同负责，愈宜学生共同自治。

四、依据上列三种标准而定学生自治的范围时，还须参考学生的年龄程度经验。

学生自治与学校的关系 学生自治会是学校里面一种团体，自然与学校有密切的关系。这种关系，可以分为两类：一、关于权限的，二、关于学问的。

一、权限上的关系 学生自治会正式成立之后，学校里面的事体，就可分为二部分：一部分仍旧是学校主持，一部分由学生主持。平常的时候，权限固可以分明；不过既在一个机关里面，总有些事体划不清楚的。既然划不清楚，就不能不有一种接洽的机关，使两方面的意思，都可以发表沟通，而收圆满的效果。此外还有临时发生而有关全校的事体，学校与学生都宜与闻，更不得不有一种接洽的机关。人数少的学校，可由校长直接担任；人数多的学校，可由校长指定教职员数人担任。学生自治会职员有事时，即可与他们接洽；而学校有事时，也由这几位和学生接洽。有这种接洽的组织，然后学校与学生声气可通，就没有隔膜的弊病了。

二、学问上的关系　天下不学而能的事情很少，共同自治是共和国立国的根本，非是刻苦研究，断断不能深造。我们举行学生自治的时候，也要把他当作一个学问研究。既要当一个学问研究，那就有两点要注意：一、同学的切磋，二、教员的指导。有人说，现在中国的教职员对于学生自治问题，素未研究，恐怕未必能指导。这句话诚然，但是还有些意思要注意：一、学校里所有的功课都有教员指导，独于立国根本的学生自治一门却没有指导，似乎把他太看轻了。二、若校内没有相当的人，办学的就应当赶紧物色那富有共和思想自治精神的教员，来担任此事。三、师生本无一定的高下，教学也无十分的界限；人只知教师教授，学生学习；不晓得有的时候，教师倒从学生那里得到好多的教训。所以万一找不到相当的人才，就请教职员和学生共同研究也好。总而言之，学生自治这个问题，不但要行，而且还要研究。研究的时候，学校不能不负指导参与的责任。

学生自治与学校既有这两种密切的关系，我们就须打破一切障碍，使师生的感情，可以化为一体，使大家用的力量，都有相成的效果。大家一举一动都接洽，有话好商量，有贡献彼此参与。在这共和的学校当中，无论何人都不应该取那武断的、强迫的、命令的、独行的态度。我们叫人做事的时候，不但要和他说“你做这件事，你应该这样做”，并且要使得他明白“为何做这件事，为何这样做”。彼此明白事之当然，和事之所以然，才能同心同德，透达那共同的目的。

施行学生自治应注意之要点 现在各学校对于学生自治，多愿次第举行，我悉心观察，觉得有几件最要紧的事件，必先预为注意，方能发生美满的效果。

第一，学生自治是学校中一件大事。全体学生都要以大事看待他，认真去做；学校里也须以大事看待他，认真赞助，若以为他是寻常小事，不加注意，没有不失败的。

第二，学生自治如同地方自治。地方自治之权，出于中央；学生自治之权，出自学校。所以学生自治，虽然可以由学生发动，但是学校认可一层，似乎也是应有的手续。

第三，学生自治之有无效力，要看本校对于这个问题是否有相当了解和兴味。如果大家都明白他的真意，都觉得他的需要，那末，行出来必能得大家的赞助。所以未举行学生自治之前，必须利用演讲、辩论、谈话、作文等等养成充分的舆论。

第四，法是为人立的，含糊误事，故宜清楚；繁琐害事，故宜简单。

第五，推测一校学生自治的成败，一看他的领袖就知道。所以要提高学生自治的价值，就须使最好的领袖不得不出来服务。如果好的领袖洁身自好，或有好的领袖而大众不愿推举，都不是自治的好现象。

第六,学校与学生始终宜抱持一种协助贡献的精神。

第七,学校与学生对于学生自治问题,须采取一种试验态度,章程不必详尽,组织不必细密;一面试行,一面改良;虽然中途难免受到挫折,但到底必有胜利。

结论总之学生自治是共和国学校里一件重要的事情。我们若想得美满的效果,须把他当件大事做,当个学问研究,当个美术去欣赏。当件大事做,方才可以成功;当个学问研究,方才可以进步。这两种还不够。因为自治是一种人生的美术,凡美术都有使人欣赏爱慕的能力;那不能使人欣赏的,爱慕的,便不是真美术,也就不是真的学生自治。所以学生自治,必须办到一个地位,使凡参与和旁观的人,都觉得他宝贵,都不得不欣赏他,爱慕他。办到这个地位,才算是高尚的人生美术,才算是真正的学生自治。

教育者之机会与责任*

今天我讲题是《教育者之机会与责任》,但是今天到会的,除教育者外,又有受教育的学生,提倡教育的办学者。我这题目,和上面种种人有什么关系呢?我想,学生对于教育产生的影响,自己首当其冲,自然要去看看教育者是否已经利用他的机会,尽了他的责任。办学者是督察教育者的人,更有急需了解教育者的机会与责任的必要。所以我这演讲,实在是以上三种人都应当注意的。

先从机会方面讲。教育者应当知道教育是无名无利且没有尊荣的事。教育者所得的机会,纯系服务的机会,贡献的机会,而无丝毫名利尊荣之可言。他的机会,可分四种:

(一)有可教之人;

(二)可教者而未能完全教;

(三)可教者而未能平均教;

(四)已受教而未能教好。

---

* 本篇原载于1922年7月7日《民国日报·觉悟》。

以上四种,都是予教育者以实施教育的机会。且先就第一种讲。

第一种是因为社会上有许多可教之人,所以教育者才能实行他的教育,倘若无人可教,则教育者就失其机会而无用武之地了。孔子曰:“生而知之者,上也。”美国某哲学家对于他这句话很有怀疑,他反驳孔子说:“生而知之者,下也。”可是他的话确乎也有根据,譬如最下等的动物——细胞,彼从母体脱离后,凡彼母亲会做的事,彼都会做。再推到小牛,彼虽然不似细胞那样快,但是不用隔多时,举凡彼母亲的事,彼也会做了。小猴子却又不同,彼有几个月要在彼母亲的怀里,因为彼又是较高于小牛的动物。人又不然了,人在小孩子的时期,最早要候二三年后,始能行动,后来又慢慢由幼稚园至于大学,去学他的技能,以做他父亲会做的事。总之,幼稚时间长,所以可教;教育者的机会,也是因为有可教的小孩子啊!

第二种是说可教的人没有完全受教。如中国有四万万之众,照现在统计表计算,只有五百四十万个学生。换言之,只有一百分之一点五是学生;一百人之中,能受教育的只有一个半人。这一百分之九十八点五的不能受教育者,都打着我们教育者的门,并且告诉我们说:“现在是你们的机会到了,有一个人不入学校,就是你们还没有实行你们的机会。”

第三种是就受教的人说的。中国现在受教育有三桩不平均的地方:(一)女子教育;(二)乡村教育;(三)老人教育。

第一桩,女子教育在中国最不注重。中国全国有一千三百余县没有女子高等小学,又有五百余县没有一个女学生。若照百分法计算起来,男学生占学生中百分之九十五,女子却只占百分之五;以家庭论,一百个家庭,只有五个是男女同受教育——好家庭了。所以为家庭幸福计,男女都应受同等的教育。女子教育的重要有三:

甲、女子同为人类,自应有知识技能,去谋独立生活。譬如四万万根柱子擎着大厦,设若有二万万根是腐朽不能用的木材,则此大厦必将倾倒,这是很明显的例子。所以女子必须受教育,去共同担负社会的责任。

乙、女子富于感化性,能将坏的男子变好,并且可以溶化男子的性情与人格。诸位不信,请看看你们的亲友,定可得着个很显著的证明。所以欲使男子不致堕落,非从女子教育着手不可。

丙、女子受教育,必定十分顾及她子女的教育,不似男子的敷衍疏忽。所以普及女子教育,不但可以收到家庭教育的好果,并且可以巩固子孙的教育哩!

第二桩,不平均是城乡学校的相差,城里学校林立,乡下一个学校都没有。以赋税论,乡下人出钱,比城里人多些;他们的代价,至少也应当和城里平均,才是公允的办法。故乡村教育,应为教育者所注意。

第三桩,是小孩子可以受教育,而老年人则无受教育之机会。一般教育者,也只顾及小孩子的教育,对于老年人很少加以注意,这也是件不平均的事。中国现在内外交困,社会多故,如若候着那班小孩子去改造,非待二三十年后不能奏效。所以欲免除目前的危险,必须兼顾着老幼的教育。

许多女子、乡村人、老年人都打着我们教育者的门,如求雨一般地哀求我们放他们进来。这也是我们的机会到了!

第四种机会,是因为小孩子虽然受教,但是没有教好。如已教好,我们教育者又无机会了。没有教好者,可分四层讲:

甲、人为物质环境中的人,好教育必定可以给学生以能力,使他为物质环境中的主宰,去号召环境。如玻璃窗就是我们对于物质环境发展的使命之一。我们要想拒绝风,欢迎日光,所以就造一个玻璃窗子去施行我们拒风迎光的使命,教讨厌的风出去,可爱的日光进来。又如我们喜欢日光和风,但是想拒绝蚊蝇,所以又造了一种纱窗去行我们的使命。这种使命,并非空谈,因为我们有能力,确可使这些自然的环境听我们调度。故学校应给学生使命环境的能力,去作环境的主宰。以上不过是表明人对付环境的两个例子。

水也是自然环境之一,但是人不能对付彼,常常为彼所戕杀,如去年门罗博士到苏州参观教育,同行有四位女学士。过桥的时候,女学士的车子忽然翻落桥底;当时船家和兵士都束手无策,等到想法捞起,已经死了一个。我们从这件事得着一个教训,就是"学生、船夫、兵士都不会下水",以致人为自然环境的"水"所杀。

人在青年时发育最快,身体的发育犹如商人获利一样,可是商人获利是最危险的事,偶一不慎,当悖出如其所人。我们青年生长时,亦有危险,学校讲求体育,应问此种体育是否增加学生的体健,使他们不致有种种不测之事发生?

这种学生的父兄,也带了他瘦且弱的子弟,打我们教育者的门,厉声问我们教的是什么教育?

乙、人不但是物质环境中之一人，也是人中之一人。人有团体，有个人，在这团体和个人中，便发生相对的关系。此种关系，应互相联络，以发展人性之美感。在此阶级制度破产时，我们绝不承认社会上还有什么“人上人”、“人下人”，但是“人中人”我们是逃不掉的。我们既然都是人中之一人，那么，人与人自然会有相互的关系了。这种关系能否高尚优美，尚属疑问。且就现在的选举说吧，被选人手里执着些洋钱，选举人手里执着一张票，他们所发生的关系，是洋钱的关系，选举的关系罢了！这种关系能合乎高尚的条件吗？

再看留学生的选举如何？记得从前中央学会选举时，自称为博士、硕士的留学生，不也是一样的舞弊吗？其他如大学毕业生、中学毕业生以及未毕业的中学生，他们又是怎样？他们为什么拿着清高的人格去结交金钱？去结交政客？作金钱的奴隶？作政客的走狗？这样的学生对得起国家社会吗？对得起父母吗？对得起自己的人格吗？

国家、社会、父母，都带着他的子孙，打我们教育者的门，骂我们为何太不认真以致教出这种子弟！

丙、好教育应当给学生一种技能，使他可以贡献社会。换言之，好教育是养成学生技能的教育，使学生可以独立生活。譬如社会上的农夫、裁缝、商人、工人、教员……他们都有贡献社会的技能，他们各人贡献他们所做的事，可以使社会得着许多便利。倘若有一个人没有能力，则此人必分大家的利，而造成社会的恐慌了！所以教育的成绩，就是“技能”；教育就是“技能教育”。且拿现在的师范生做个譬喻，现在师范毕业的学生只有十分之八可以服务，十分之一可以升学，其余的十分之一，却做了高等游民了。再看中学毕业生，也只有三分之一可以服务，三分之一可以升学，其余三分之一，也就做了游民了！但是他们虽然不能服务，倒不惯受着清闲的日子，反做出许多不正当的事业，实在危险啊！

这种游民式学生的父兄，也打着我们教育者的门，问我们何以教出这种不会做正当事的子弟？并且教我们重新改过课程，使毕业的学生皆可独立。

丁、人不能没有休息，但休息是人最险之时。人无论怎样忙，都没有损害，倘若休息，则魔鬼立至。我们可以看出社会上许多恶事，都是在休息时候做的。所以学校里有音乐，便是给学生以正当的娱乐，使学生不致在休息时间做出恶事。可是学生回到家里，既无教员同学和他盘桓，又没有经济设置音乐去助他的娱乐，难免不发生其他的事来。所以学校应当使学生在休息时有正当的愉快。

这又是我们教育者的机会了！

总之，以上皆是我们教育者的机会。平常人对于机会怎样对待呢？大约可以看出四种情形来：

(A)候机会　有一班教育者天天骂机会不来，好像穷妇人想发财一样，但是机会不是观望的，所以等着机会是极愚拙的事，可以料定永远不会收着成效的。

(B)失机会　又有一班教育者，他明明看见机会来了，等到用手去捉彼，彼又跑掉了。如此一次，二次，三次……仍旧不能得着机会。因为机会生在转得极快的圆盘子上，倘如没有极敏捷的手去捉彼，总会失败的。

(C)看不见机会 机会是极微细的东西，有时且要用显微镜和望远镜去找彼。一般近视眼的教育者，若不利用那两种镜子，是很难看见机会的。

(D)空想机会 还有些教育者，机会没有来，到处自炫，就像得着机会一样。犹如两个近视眼比看匾，在匾没挂起来的时候，都去用手摸了匾。后来共请一位公证人去批评，他们各人述了自己的心得，公证人忍不住笑了，因为这匾还没有挂上，他们都是“未见空言”咧！

这类“未见空言”的教育者，他们一味的空想，结果总没有机会去枉顾他一次。

现在再谈谈好的教育者。我以为好教育者，应当具有灵敏的手去抓机会，并且要带千里镜去找机会，机会找着了，就用手去抓住彼，不断地抓住彼，还要尽力地发展彼。

再说一说教育者的责任。简单一句话，教育者的责任就是“不辜负机会；利用机会；能用千里镜去找机会；会拿灵敏的手去抓机会”。

办学者和学生都应当看看教育者是否利用他的机会；如果没有利用他的机会，便是他没有尽责。尽责的教育者，可以使学生发生“快乐”与“不快乐”两种感想；但是不尽责的教育者，也可以得着这两种情形，这是什么缘故？

因为教育者尽责，可以使学生在物质环境中做好人，教他学习一种技能去主宰环境。这种教育者，学生对于他有合意的，有不合意的。合意者不生问题，不合意的学生只请他认定教育者是否教我们做一个好人。如是，那我们就应当忍耐着成全这教育者的机会。设若教育者不负责，辜负了机会，不使学生求学，我们这时候，应当知道学生有好有坏，教育者也有尽责与不尽责，不尽责的教育者常为坏学生所欢迎，同时也被好学生唾弃。做好学生、好教育者，更应当对于坏教育者、坏学生加以严厉的驱逐，使这学校成为好的学校。

这桩事，无论是教育者、学生、办学者，皆当注意。我们不能辜负这机会与责任，自然要奋斗。攻击坏教育者、坏学生，是我们不可不奋斗的事，尤其是安徽不可不奋斗的事！

师范教育之新趋势*

教育是立国的根本。不过因为国体的不同,教育的趋势也就不一。共和国立国的要素,在国民有共同的目的、共同的了解,谋共同的利益。但是人们幼时的动机,常偏于自私自利一方面,吾们当怎样利用他,养成互助、团结、同情等好习惯和共同了解的机会,那就全靠教育。有人说:"吾国无国民。"这话未免太过。但细想,实际上有国民的资格的确是不多,所以教育在中华民国里更加重要。师范学校负培养改造国民的大责任,国家前途的盛衰,都在他手掌之中。既有这种责任,那得不观察教育的新趋势,谋进步的教育!

要造成适当的国民,须有适当的教员。譬如裁缝制衣,一定要估量身材的长短肥瘦,还要知道人们的心理,然后配以适当的颜色。所以不但和身体有关,和精神亦很有关系。相传明朝有个御史,请裁缝做衣,裁缝问:"你是第一年的御史,是第二年的御史,还是第三年的御史?"他为什么要这样问?因为第一年趾

* 本篇原载于1921年10月22日《时事新报·学灯》。

高气扬，衣服必定要前长后短，方始合度；第二年稍知事故人情，要前后等长；第三年更进步了，格外虚心静气，背也曲了，所以要后长前短。办师范教育，也当作如是观。换言之，就是要合社会的应用。不过从“用”上面，就有两个问题发生：甲、够用不够用，是讲他的数量；乙、合用不合用，是讲他的性质。

甲、够用不够用的问题　就是议论师范学校究竟要造就多少人才方才够用。这可分两层讲：

(1)假定我国人口是四百兆，有八十兆是学龄儿童，就当有二百万教员（每人教四十个学生）。现在只有十八万五千，不过占十三分之一。缺少的数目很大，就应该怎样去增加呢？

(2)人口依几何级数增加，教员也当增加。还有因病而死的，因他种关系而改业的。如女子出嫁，教员便做不来。这样的变换，教员的数目，也就要减少。据日本人调查，十七个教员中须有一人补他的缺，要达“够”的目的，真是不容易呵！但这不是师范学校单独的责任，社会、国家和教育机关都应负责的。

乙、合用不合用的问题　师范教育的趋势，在能改进不合用的变成合用的；改进合用的，变成更合用的。这种向着合用走的几个趋势，就是新趋势。现在分条来说明。

(1)乡村教育和城市教育　乡村教育不发达，可说已达极点。我国人民，乡村占百分之八十五，城市占百分之十五。就是有六千万人居城，三万万四千万人居乡。然而乡村的学校只有百分之十。这种城乡不平均的现象，各国都不能免，但是我国的乡村，未免太吃亏了。恐怕也非城市人的福哩；至于教材方面，乡村和城市也大不同。例如电灯、东洋车等，在城市是常见的，但在乡村的学校里要教起这许多材料来,就很困难了。还有放假一层,乡村和城市也不同。什么蚕假、稻假咧,哪里能够把部定章程来束缚他!现在的师范学校都设在城市,连教授方面,也是重城轻乡。此后亟当想法,怎样才可以使乡村的儿童受同等的知识,享同等的待遇,这就是师范教育的一个新趋势。

(2)研究小学教材　现在的师范学校大都是中学校的变形,不过稍加些教育学、教授法罢了。毕业以后,就拿这些教材去教学生,恐怕还是门外汉呢!所以师范生在观察要用怎样的小学教材,就怎样去学。一方面要学"学",一方面要学"教"。这又是一个新趋势。

(3)培养特长的人才　现在的人以为师范生要件件都能,这却不对。高等科和国民科不同,普通科和特殊科又不同。师范教育,当发展各人的特长,以适应社会上的需要。例如江苏省立第三师范学校的分科研究制,是很好的师范教育。

(4)扩充师范学校　现在师范学校,平均每校二百人左右。教育部规定至多不得过四百人。但是在欧美诸国,大都每校在千人以上。可见"大师范学校"是吾国很需要的。

(5)添加新功课　社会上有新的需要,就当添加新的功课去适合他,指导他。现在社会问题很纷乱,社会学应当增加了。又因为科学的发达,各种学问,注重分析。所以虚泛的、理论的心理学不够用,儿童心理学和心理测验一定要增加了。仅讲些教育史、教育哲学也不够了,教授法、管理法……一类的实际学问,也须重新研究了。总之,社会的新需要没一定,增加的新功课也当随之而异。

(6)师范和附属小学宜格外密接　附属小学不但是实习的地方,简直是试验教育原理的机关。教育原理不是一成不变的,天天去研究,就天大有进步,天天有变革。所以附属小学是“教育学的实验室”,和别的实验室一样的。

(7)师范学校有继续培养的责任　内地有许多师范学校,对于毕业生毫不关心。这是最不好的现象。当知毕业是局部的、暂时的。学生固不可从此不学,教员也不当从此不教。所以学校对于毕业生有继续培养的责任。例如调查、讲演会、巡回指导等事情,更当注意。

(8)培养校长和学务委员等专门人才　一学校的好坏,和校长最有关系。一地方的好坏,和学务委员最有关系。但是现在却不注意到这两层。例如南京有人口四十万,当有学龄儿童七万,教员二千人。对于学务委员,一些人没有相当的重视。物质上的酬报,每年多至四百元！吾们固不当做金钱的奴隶,但事务和代价,当然要求个相值。广州大于南京二倍余,而教育局长的薪水,每月在四百元以上,所以教育也有进步了。像广州这样优待,固然不必效法,但是今后教育界应有一种觉悟。对于一般学务委员当有相当的重视,而师范学校里,也不得不培养特长的专门的人才。这种趋势,在欧美早已现诸事实上了,我们中国的教育岂可忽视了吗?

以上几种趋势,决不是一二年内所能办到的,但是现在不可不向那一方面进行。

中学教育实验之必要*

学理与经验是一套分不开的手续。学理在经验上发现,并制裁他的进行,指示他的方向。经验得此制裁指示,始能胜过所遇的困难,以谋改良。但学理未必有罗盘那样准,那样灵。有时指示了错路,制裁得太过或不及,以致失败。但失败之时之先之后,经验必使人亲自感受失败的影响,并使他不得不把他致败的学理、假设来审查修正。万一有根本的错误,就使他不得不完全取消,再设别的法子。所以不但学理指示经验,经验亦要改造学理。学理与经验相合,必有进步;二者相离,学理就要变成空思幻想,经验或也变成盲行盲动了。

我们试就此点观察中国现代的中学教育,是否犯了这学理、经验分离的毛病。一般办中学的人,或是依旧贯,或是抄袭颁布的规程,或是仪型别国的制度,终日里只管照样画葫芦。一切教学设施是否符合社会与个人的需要?学生在学校里是否学当其才?出学校后是否用当其学?一概漠不关心。那自命为教育理

* 本篇原载于1921年12月《中等教育》第1期。

论家的,或与中学从无见面的因缘,或只偶尔参观,只管闭起眼睛来胡思乱想,拿起笔、开起口来高谈阔论,有时或亦言之成理,其实多为隔靴搔痒!

俗语说得好:种瓜得瓜,种豆得豆。下了理想与经验分离的种子,我们就要看看得的是甚么结果。今试一问中国办了若干年的中学,究竟毕业出来的学生能干什么事?喜干什么事?究竟干些什么事?

要想审查现今中学的成绩,必须先将我们希望于中学教育的分析出来,然后方有立论的标准。我觉得中学生毕业之后,若不升学,应有下列之要素:

一、应付社会环境所必需之人格。

二、制裁天然环境所必需之知识技能。

三、生利所必需之知识技能。

四、消闲所必需之知识技能。

请先看中学毕业生应付社会环境的人格。新近毕业的学生,我不敢说,因为他们与社会上恶势力还未十分亲近,故不容易看出来。至于前几年的毕业生,有好多我是不能袒护的。试把近年来参与选举的中学毕业生,就我们所知道的来数一数,究竟有几人未买票?未卖票?未拿金钱代人运动选举呢?单拿选举来做一个例,就证明我们的中学对于培养应付社会环境所必要的人格,还没有可靠的方法!

次看中学毕业生制裁天然环境的能力。我觉得制裁天然环境,首在体力充足。中学学生正当发育时期,上下前后左右一齐滋长,如同暴富的人,得的快,用的快。平日不知储蓄,患难一来，后悔无及。我们青年学生多数不知节省精力，储蓄元气，所以身体强壮的很少。日本大隈伯往往以此警告我们青年，确是实话。不说别的，中学毕业生完全没有眼病的，有几分之几？中学毕业生的目力，有多少是中学校里面弄坏的？我们再问一句，假使一群学生出外参观，中途轮船遇险，有几分之几能游水自救？还有几人能救他的同学呢？此次东南大学入学考试结果，觉得中等学生科学常识甚为缺乏。老实说一句话，我们中学校对于培养制裁天然环境的能力，实是很不充分。

次看他们在生利上所必需之知识技能。换一句话说，中学毕业生如不升学，就须谋一件自利利他的职业。现在中学毕业生，除升学外，还有两种人：一种是做教员的，这可算为职业。但是从未给他学过师范教育，就教他去做教员，也是我们疏略的地方。此外还有一种就是高等游民，在家里闲吃闲坐，此种毕业生通盘算起来，至少要占百分之三十以上。近来中学已经逐渐采纳职业教育之趋势，气象很好。但希望施行之前，加以慎重之考虑。因为办得不妥，什么教育都是徒劳无功，而且怕还有害！，

末了，请看中学生毕业后的消闲方法。我们做事不能一天做到晚，一晚做到天亮，中间必定有空闲的时候。人当忙时不会走歧路，一遇空闲，危险就来了。所以古时教育，注重闲时的修养；现今的教育，也注重空闲时的消遣方法。在学校里培养学生种种正当娱乐的良好习惯，使他习与性成，将来离校之后，继续将他空闲时的精神归纳在这种正当娱乐当中，这是很重要的教育。二年前我有一个朋友，专门调查一个都市中等学生的嗜好，他说别事不提，中等学生沾染赌风的人，百人中约有五十人。这

话或者太过,但也不是毫无根据。试问学生何乐而为此?直言之,就是他们在学校里没有充分学到正当的消闲方法,学生之沾染这种习惯,他们固须担负责任,但学校实亦不能辞其咎责!

不升学的既如此,那想升学的学生又怎样?人说起来,大都以为中国高等教育机关不够,不足以应济需要。但是,就我所观察,高等教育机关不是取不足额,就要勉强取足。投考的人数逐年增加很快。但是中学生学业上的准备,比中学生的人数增进得慢。这真是我们中学校应当赶快注意的一件大事!

把以上所说的总结起来,就是以前的中学实在不能满足人意,处处都有改良的余地。然则改良的方法究竟何在?

随便要改良什么教育,都离不了实验。若想改良中学教育,亦非从实验着手不可。我们的问题,就是如何审查社会需要,依据学生心理,准备种种适当教学机会,使学生得以发展他应付社会环境的人格,制裁天然环境以及具有生利、消闲的种种知识技能。不遇困难则已,一遇困难必不轻松放过,就要求一个相当的解决,必将解决的方法得到才算了事。如有几个方法解决,必得到那最有效力的解决方法才算了事。一天不得到,就一天继续实验,必使他屡试屡验,至十分觉得真正得到相当解决才能罢休!

实验是探未发明的新理,所以往往是反常的。因为他是反常,所以他往往招舆论的抨击,受法律的限制。这两样事,都能予实验以莫大的阻碍。若想在实验上得到充分的效果,舆论固应予以相当的谅解,法律亦应予以特别的自由。但是,教育的实验和别种实验,例如理化的实验,有一点根本的不同,因为供理化实验的是物,是材料,供教育实验的是人,是学生。学生进学校是要达求学的目的，所以实验教育时，以不妨害学生学业为最要。未行实验之前，第一要有研究的人才，第二要有条理的组织，第三要有缜密的计划。

实验的中学可分两种：一是规模最大，设备最周，人才最好，学生最多，教学最良，而费钱最巨。其一切设置、教学都依那最高的理想进行。一是费用小而成效大的。其校中一切设置、教学，都依那必不可少的计划进行。前一种固然要紧，后一种在中国更是要紧。我们很希望能早些发现，使内地学校可以参考。

凡中学如得其人，并得其法，都可酌量实验。但有几种中学校因所处地位的关系，行使实验最为便利，更不能辞其责。我意就是各处高等师范或大学教育科之附属中学，附属中学比平常的中学责任重些。他除准备学生升学和服务外，还可有下列几种职务。

甲　发现学理由实验而发现新的学理。

乙　印证学理由实验而印证他人所发现之学理之确否。

丙　实习学理即通行之实地教学。

丁　推广学理即模范之意。

素来中国各处附属中学或只做（丙）项或兼（丙）（丁）两项性质。（甲）和（乙）差不多是从未着手的。但是以地位言，都是教育的机关所附设的学校，对于实验一层，似宜特别注意。因为不但发现新理不宜落后，即他人所主张的学说，亦宜加以印证，是断不能盲从或囫囵吞枣的。如果各处附设的学校，或中学或小学，能注意实验，我国教育界断不致如现今及以前之毫无贡献。

活的教育*

教育可分为三部:

A. 死的教育;

B. 不死不活的教育;

C. 活的教育。

死的教育,我们就索性把它埋下去,没有指望了!不死不活的教育,我们希望它渐渐地趋于活。活的教育,我们希望它更活!

我今天且讲这活的教育。什么叫做活的教育?活的教育是什么?这个问题本来是很大的,我不容易下定义,我也不能定概观。不过我总觉得活的一字,比一切什么字都要好。活的教育,更是教育中最不可少的现象。比譬:鱼在岸上,你若把它陡然放下水去,它的尾和鳍,都能得其所哉,行动不已。鸟关在笼里,你若把它放到树林里去,它一定会尽其所能,前进不已。活的教育,正像鱼到水里鸟到树林里一样。再比譬:花草到了春天受了

---

* 本篇系陶行知 1921 年在金陵大学暑期学校的演讲。原载 1922 年 1 月 18 ~ 19 日《时事新报 · 学灯》。

春光、太阳光的同化和雨露的滋养，于是生长日速。活的教育，好像在春光之下，受了滋养料似的，也就能一天进步似一天。换言之，就是一天新似一天。

我现在把这活的教育，再分做三段讲：

我们教育儿童，第一步就要承认儿童是活的，要按照儿童的心理进行。比方：儿童性爱合群，有时他一个人住在那地方，觉得有点寂寞的样子，在那儿发闷！我们就要找个别的小孩子同他在一块儿玩玩。普通儿童之特性，大多都富于好奇心。当他还不知道说话和走路的时候，他时常手舞足蹈的，跃跃欲有所试的样儿，忙个不歇。这可就是他的好奇心了。假若我们要弄些什么东西给他玩，他一定玩那好看的，不玩坏的。他起初间或也还可以拉杂的玩一路，后来知道好，他就只专玩好的了。在这里拿一点，在那里拿一点，只要与他合意，他一定非要不可。有时我们要是给他一个表，他必定将它翻来覆去的仔细观看，他并且还要探知里面的秘密，就打破砂锅问到底。我们同小孩子玩的时候，假以木筷搭个架子，小孩子看着，必定以为很好玩。后来我们忽然把它推倒，那小孩子就更以为好玩了，欢喜了。假若我们再进一步，以这架子，不由我们推倒，让小孩子自己去推，那末，这时小孩子的欢喜，我敢断定更比从前要欢喜得多了。诸如此例，我不能细举。还有一件最紧要的，就是：我们如果承认教育是活的，我们教育儿童，就要根据儿童的需要的力量为转移。有的儿童天资很高，他的需要力就大些；有的儿童天资很钝，他的需要力就小些。我们教育儿童，就能按他们的需要的力量若何，不能拉得一样。比方：吃饭，有的人饭量大些，他要吃五碗或六碗；有的饭量小些，他只能吃一两碗。我们对于他，就只能听其所需，不能定下死规。要是我们若规定了，比如吃两碗的定要逼他吃五碗才及格，那末，这一定就要使人生病了！学校里教育儿童，也像这样，不能下死规强迫一律，不但学校是要如此，就是社会上的工作亦莫不要像这样。我们人的需要力，有大有小，我们只求其能够满足他的需要就是了。所以教育儿童和承认儿童是活的，首先就要能揣摩儿童的心理。

儿童不但有需要，并且还有能力。他对于种种事体的需要有大小，他的能力亦有各种不同。男女遗传下来的生理不能一样，他们的能力亦不能一样。我并不是说女子比男子差些，我是说男女各有各的优点。就是男子与男子两相比较，亦有许多相异的能力，有因年龄不同的，有因环境不同的，有因天性不同的。由这许多的不同，所以其结果的能力，就大有差别。我们教育儿童，就要顺导其能力去做去。比如：赛跑，这就是一件凭能力的事。我们认定几个人同时同地立在一块，听指挥者发号令，就一齐出发，让他们各凭充分的能力自由前进，不加限制，然后谁远谁近，自可显见。而他们的能力的大小，也就由此可以证明了。设使我们要是下个定规，规定三人赛跑，跑一百二十码或二百四十码，快慢都要一样，不许谁先谁后，那末，那个能力充足能跑二百四十码，他自然是很舒畅，不甚为难；而那只能跑得六十码或广百二十码的，他一定是很苦的了，甚至还要受伤呢！这是从运动方面着想的。至于教授方面，亦多类此。设有许多儿童，同在一堂，当教授的人，就要按照各个儿童的能力去教授。要是规定了今天讲一课，明天讲一课，每课虽是都一字一句的分析解释，在那天资聪颖的小孩子咧，他固然能够领受到他的脑袋里去，并且还有闲空；若在那秉性鲁笨的小孩子，那就等于对牛弹琴了，一些儿也不懂得。这种教育，正像规定三人赛跑一般，还能算得是活的教育吗？我们现在既是想讲活的教育，就要知道儿童的能力是不相同的，我们要设法去辅助他，使他能力发展，有如我们看见某处一个学校园，那里内的花卉长得非常整齐好看，我们心下羡慕他，我们也就可以仿照他，将我们自家的学校园也培植得像那一样。这是培植花园的方法，办教育也是如此。我们大家设若不相信，恐怕做不到，我们可再看。譬如有一块草地，那地上所生长的草，都是参差不齐的，我们若任它自然去生长，那就越长越不齐了，假若我们要用机器把它逐次地推铲，那末，这一定要不了多少功夫，就会使他平坦了。我们办教育也就像推草一样，也要用方法去使之平，这是对于草是这样——对于普通的儿童是这样；若对于树木，——对于天资特敏的小孩子，那就不行了。树木的生长力强些，他的性子也猛些，我们对于他，也要按其能力去支配他，使其生长适度。若任其自然生殖，则其枝干必日渐伸张，后来越长越高，甚至把屋棚都要捣破了！学校里起风潮，就像大树捣毁屋棚，是一样的，都是由于办教育的人，平日对于这教育的趋向没有注意，对于那天资高尚的儿童，没有按得其能力去教育。这就是我们没有承认儿童有活的能力。

活的小孩子与死的小孩子有不同的特点。小孩子他所吃下去的滋养料不同，他们所受的利益也就不能一致。活的小孩子，他秉性活泼些，他对于一切的事实上，也就进步得快些。死的小孩子，他的脑筋滞钝些，并不是说小孩子的确是死的。是言其能力不能有多大的发展，虽活也等于死的一般。我们办教育的人，总要把小孩子当作活的，莫要当作死的。地球看起来，好像是个不动的东西，其实他每天每时都在旋转不已。小孩子也像这样。表面上看起来，也好像是很平常的，没有什么进益，其实他的能力知识，没有一天不在进行中求活。我们就要顺着他这种天然的特性，加以极相当的辅助和引导，使他一天进步似一天，万不能从中有所阻碍或停滞，不使前进，把他束缚了起来。束了若干时，然后又陡然把他解放掉，这一定要受危险的。这好像人家有个小孩子，他把他在今年做了一件衣服，等到五年后，他还拿给这小孩子穿，那小孩子体干长大了，衣服小了，以这小的衣服去给大的孩子穿，那衣是一定要破裂的。纵或可以勉强穿得上，而小孩子的身体，也就束缚得紧紧的了，血脉也就不能调和，就要生病了！由此可知小孩子的衣服，是年年要换的；小孩子的知识学问，也是年年天天要换的。现在设有一个人，忽然妙想天开，他说："我有个小孩子，我不要他年年换衣，当他还只有五岁的时候，我就把他做件十六岁时候的衣服，周身都把他绉起来，年年穿，年年放，一直放到十六岁的时候，都还可以穿。"这个法子，勉强一看，觉得也还不大坏，并且又很经济的。但是仔细看来，那就觉得不像了，就是精神上也有点不好看。古时的衣服，不能适合于现在；现在的衣服，未必又能适合于将来！时势的变迁，是有进无已的。办教育的，就要按着时势而进行，依合着儿童的本能去支配。有许多教科书，在从前要算是很新很适用的，在现在却变成了腐败不堪了。我们讲活的教育，就要本着这世界潮流的趋向，朝着最新最活的方面做去。中国教育最大的毛病，就是不能普及。从前俄国的西伯利亚也是这样,但比较中国要好些。中国社会上失学的人,也不知有多少,就以普通人民计算,总有三分之一不识字的。我们现在要想将这些人重新给以教育,那除非要从国民[小学]一年级教起。但是他们都是壮年的居多,要是都放在国民[小学]一年级教,那又好像十六岁的孩子穿五岁时候的衣服了。这种教育,可算得是死的教育。活的教育就不能这样了。活的小孩子,他生长快,他的进步也快。他一时有一时的需要,一时有一时的能力。当教育家的,就要设法了去满足他的需要,就要搜罗相当的材料去培植他。这就是我们所讲的活的教育第二件。

我现在再讲活的教育要些什么材料。这材料也可以分做三段说:

一、要用活的人去教活的人。我们要想草木长得茂盛,就要天天去培植他,灌溉他;我们要想交结个很活泼的朋友,就要我们自己也是活泼的。我的影响,要能感到他的身上;他的影响,也要在我身上,这才可以的。比如:我俩起先是不相识的,后来遇到了好几回,在一块儿谈了一次,于是两下的脑筋里都受了很深的影响,两下的交情,也就日渐浓厚了。当教员的对于学生也要这样,也要两下都是活的,总要两下都能发生的密切的关系。教员的一切,要影响到学生身上去;学生的一切,要影响到教员身上去。一个会场有的人好谈话,有的人好笑,我们看了心下一定也会生了一种影响。比如,我一人在台上讲演,大家都坐在下面听,我的脑筋中已经印象了许多听讲演的人;想大家的脑袋中,也会印象到了我讲演的人,这也就是一种活的表现。活的教员与活的学生，好像汽车一样，学生比譬是车，教员比譬是车上司机器的。机器不开，车自然不动。教员对学生，若不以活的教材去教他，他自然也就不能进步。现在的教员，不像从前了。他像把汽车上机子开了，车子在跑了。但是还有些教员，他的性子未免太急，他把车上的机器开猛了一点，车子行得太快，刚刚要想收机，忽然前面碰到了石头或其他的人，这时就要发生很大的危险了。活的教员，正同司汽车的一般，要把眼睛向前看准了。若闭着眼睛乱开机，那就要危险极了！学生向前进，教员也要向前进，都要一同并进。若徒以学生前进，而教员不动，或者学生要进而教员反加以阻碍，这可谓之死的人教活的人，不能谓之活的人教活的人。

二、拿活的东西去教活的学生。我们就比如拿一件花草来教授儿童，将这花草把他解剖开，研究其中的奥妙，看他是如何构造的。小孩子对于这事，觉得是很有趣味的。我们能以这种种东西去教他，不但能引起他活泼的精神，并且还可以引起他的快乐。我们还可以拿活的环境去教他，比方沙漠本是干燥的，我们可以设法使他出水；大海有时候变成陆地；太平洋里航船到美洲，本不大便利，于是就有人开了巴拿马运河；火车行山路不便，就会把山打个洞。这就是拿活的环境去作教育上材料的。文化进步，是没有止境的；世界环境和物质的变化，也是没有一定的。活的教育，就是要与时俱进。我们讲活的教育，就要随时随地的拿些活的东西去教那活的学生，养成活的人材。

三、要拿活的书籍去教小孩子。书籍也有死的有活的。怎样是活的书籍？我觉得书籍所记载的，无非是人的思想和经验，那个人的思想、经验要是很高尚的，与人生很有关系的，那就可算是活的书籍。若是那著书的人思想、经验都没有什么价值，与人生没有关系，那就是死的书籍。我们教授小孩子，对于书籍的死活，就不能不慎重；所教授的书籍，要有统系的，前后都能连贯得起来，不是杂乱无章的，这才是活的教育。若只知道闭着眼睛教死书，也不顾那书适用不适用，这样我敢说就是死的教育。我们教授儿童的书籍，好像人家传财产样，普通有两个常法子：（甲）是传财的法子。比譬一家，他的家主不愿管事（或临死时）了，要把家事完全推及小家主，将所有存蓄的银钱，都要对小家主说个明白，叫他慎重。（乙）是传产的法子。就是有本账簿子，说我所有的产业，都登在这账上面。那天那家主把他的后人带到各田庄上去看，说是某田是租给某人的，某庄子是某人承租的，那块山场是由某人保承的，某处房屋是谁租着做什么事的。这样一件一件地指示给他看了，又与他那账簿子再对照一下，那末，这个财产的根本，他那小家主已经明白了。这笔家私，就没有人能够会糊倒他占得去了。我们办教育的传文化的人，也是这样，也要把书籍像传财产一样，要把所教授的东西，都能使他领会得到，能连贯得起来，使小孩子的脑筋有个统系，不致混乱，这种教育才配说是活的。从前有许多讲教育的，没有统系。所以使一般学生听了，只是囫囵吞枣，一点不能受益。这也就是死的教育，不是活的。活的教育要拿活的书籍去教。现在还有许多教员先生们，他对书籍还不十分注意。当他初当教员的时候，也还肯买一两本书看看，到了后来，他不但不买，连从前所有的几本书，都借给人去了。这样教员，教育界中也不知道有多少。

他既不能多买书看，对于一切新知识，他自然是不知道的。他既不能有新的知识，那一定没有新的教材能供给学生，只是年年爬起来卖旧货！这种教育中的败类，真不知害了多少青年。我们现要希望教育成活的，当教员的就要多看书——多看些活的书，好去供给学生的需要，养成新而且活的学生。这就是我讲的 Education of life。

现在要讲到活的教育的方法，我可提出两个最时髦的法子就是：

(1)设计教授法。活的教育，最好而且最时髦、最紧要的，就是总要有个目的。这我在上面也曾说到了一点。我们教授儿童，先要设定一个计划，然后一步一步地向着所计划的路上去做。若是没有个计划，那就等于一只船放到了江中没有舵，进退左右，都没有把握！倘不幸遇了一阵大风，那一定逃不了危险的！办教育的人，要能会设计，预知学生将有风潮，就先要设一方法，使那风潮却从无形中消灭，不致使他发泄。知道学生程度不齐，就要设一种计策，使之能齐，总期各方面都无损，且能获益。这种设计，各学校的情形，各有各的不同，各地方亦有各地不同，这可听大家因时制宜，我不能断定。

(2)依计划去找实现法。这个方法大致是根据上面来的。我们订了一个计划，不能就算了事的，必定还要依照这计划去实行去。我现在可拿个浅近的事作个比譬：就如农人种豆子，他先也要订个计划，以几亩田能要几多种子，要多少肥料，又要多少人工去做，要经多少时期才能完工；什么地方种绿豆适宜些，什么地方种黄豆适宜些；还有甚地不适于种豆子，适于种山芋。这样计划了一番,然后兴工动作,按这所计划的进行,这必定是有条有理,不致乱忙;而所收的结果,也一定是很丰厚了。由此类推,办教育亦莫不是这样。一个学校,也先要订个计划,然后去依计划实行。例如那级学生,今年应当注意什么功课,某级学生今年应当添什么功课和减什么功课,某教授教授法不好应当怎样。能这么一样一样的计划好了,然后又按照这个进行,那个学校没有办不好的道理。推之修桥修路和其他种种建设,都能依着这样进行,求到所希望的目的,那末,天下事绝没有不可能的。现在我看有许多地方,他一开个什么会,他预先没有计划。到了临时开会了,不是招待员左右乱跑,就是会场上布置得不周全,往往令来宾有兴而来,败兴而归,这都是由于预先没有一定的计划。俗语所谓:“平时不烧香,急时抱佛脚。”这事决不会办得好的。我们谈教育的,就是在这上面注意注意。无论是办大学也好,中学也好,国民小学也好,总要预先有个计划,然后依着计划去找实现。有时计划定得不好,应随时变更。比如:我们讲化学,今天就要计划明天化学堂上要些什么东西试验,我们预先就要预备好着,省得临时仓皇失措。诸如此类我也不必多举,我总觉得设计教授法是活的教育上最不可少的,依计划去找实现法,那更是一件要紧的事了。这就是我所讲的 Educatin by life。

我现在又要讲我们为什么要讲活的教育。因为活的教育,能使我们有种种活的能力。我们人生有高尚的,有低微的;有暂时的,有永久的;有完全的,有片面的。我们要使暂时的生活,能够叫他永久;片面的生活,要使他能完全;低微的要使他高尚。怎样叫做完全?我们在国家是公民,在社会上有朋友亲戚,在家庭里有父母兄弟姊妹,在学校里有同学,有师长。我们一身,对于自己,对于各方面都要顾到。如果一方面不能顾到,这还是片面的。怎么叫做高尚的?我觉得人们的身体和精神是两样的,各有各的生活。身体上的生活固然要紧,精神上的生活也是要紧的。设使两者要去其一,那就是我们最不幸的一件。我们总要使得我们的身体、精神,都是很健全的、愉快的。这可就算是高尚的生活,反之就是低微的生活,都是有关系于教育上的。再,怎样谓之永久和暂时的生活?我们人的寿命有长短不一,有二三十岁就死的,有七八十岁才死的,有十几岁就死的,也有八九十多岁才死的。说者多谓生死有定,但这可不能为凭。我想人的生命的长短,大致是关系于人的操作和卫生上的。从来人的死,多是由病的。考病之由来,不外两种:(一)是由人的操动过度致伤身体而殒命;(二)是由人的卫生上没有讲求,以致生出了许多毛病,终至因而送命。决没有无病无灾而好好就会死的。纵有,也是很少很少的,但亦必定有其他原因。要说人的生死有定,何以人不好好的就死,而偏要生病才死咧?这种无稽之谈,我是不盲目崇拜的。我觉得人的生活,所以有暂时和永久的,都是根据于卫生和操作的关系。我们现在讲活的教育,就要明白这种关系,然后好去预防他,保护他,谋永久的生活。我在上海、南通参观各工厂,有许多六七岁的小孩子,都跟在他的母亲父亲身边做工,我看他们那些小孩子,都是很瘦的,精神也很衰败的。这都是那些贫民没有钱给儿童受教育,国家亦没有钱能办这种义务教育。有些资本家倒是很有钱的,但他只知道营业获利,不肯拿钱来办这可怜的教育,所以那些小孩子就没有机会受教育,只得附随其阿父阿母作工以度日。五六岁的小孩子,尚有许多生理器官还没有长完全,现在竟居然要他工作,这种不适宜的使用,一定会使那小孩子身体不得强健,甚至还要早死的。譬如树上的果子,还没有成熟,你就把他摘下去吃,那是一定吃不得的。小孩子还没有成人,就要使用他,他的前途一定是很有限的,将来一定要发生危险的。像这样只顾眼前不顾后来,就可谓之暂时生活,不是永久的生活。现在讲活的教育,就不能不注意这一层。

活的教育,有属于抽象的,叫做精神上活的教育。比方一个人死了,他的机能死了,他的躯干倒了,他的精神是没有死,还存在空中,能使我们还受到他的影响。这也似乎是种渺茫之谈,我本不敢怎么样的贡献于大家,因为各个人的观念不同。但是,有时我觉得大家也可以公认这话有点的确。例如:孔子是死了,他的精神还没有死,其影响存在我们大家身上。我们大家的脑袋中都还印象了有个孔子。历来许多大英雄、大豪杰,他的身子虽已腐化了,但他的勇气、毅气,还是贯传着,在我们大家的脑海中。这也就是精神上还没有死。他的精神可以一代一代的向下传,可以传许多人,不只传一人。一个活泼学生的精神,可以传应到许多学生。比如,我的精神传应着在大家身上,也可以传应到社会上去。这种传应,并是很快的。我们讲活的教育,对于这精神上的传应,也要注意,也要求活的精神。精神也有死有活的,活的精神,就是能使人感受了他,可以得到许多的教训。社会一日不死,各方面的精神传应,也是不死的。我觉得社会上受了这种精神的教育,也不知道有多少。这精神上的教育,最易感动人的,能联络一切。我从前有许多朋友住在一块,后来别了好多年,没有见过面,形式上要算疏忽了,但是精神上还是没有分离。这就是一种活的精神的表现。我希望讲活的教育,也要把这活的精神当作活的教育里一件材料。这就是我讲的 Education for life。

大学教育的二大要素*

大学教育的要素约有二端：

(一)使学生养成用科学方法解决问题的能力

世界上的问题很多，有的活的东西在那里出问题，有的死的东西也在那里出问题，他们却全要我们的回答。但是我们个人所据的眼光不同，所以我们对于答复问题所持的态度也就不同了。不同的态度大概可分以下数种：

1. 研究的态度　有的一般人他们解决问题专本着研究古人解决问题的方法。可是，古时的问题有古时解决的方法，现在的问题有现在解决的方法，即使问题相同，而时间不同，环境不同，也不能拿古时的方法来解决现在的问题，所以这种的态度不能认为可靠。

---

* 本篇是1922年11月30日陶行知先生在南开大学修身班的演讲稿，原载于1922年12月20日《南开周刊》第55期。

2. 迷信他国　有的一般人他们解决问题专仿效外国，外国对于这个问题怎么样解决，他们也就怎么样解决。如同我国办教育以先仿效日本，以后又仿效美国。但是日本有日本的问题，他们有他们的解决方法。美国有美国的问题，他们也有他们的解决方法。我国有我国的问题，我们就应当有我们的解决方法。若是完全采取他们的方法，仿效他们的方法，恐怕有的问题就不能解决了。况且各国的科学尚有许多在秘密的时代。如同德国制染料，只有他们自己知道，别人是不得知道的。这样我们要迷信他国，也是不可靠的。

3. 玄想的态度　有的人他们不仿效古人，也不迷信他国，却在那里自己空想。这种态度也不能认为可靠，因为空想是多不能成为事实的。

4. 放任的态度　还有一般人不仿效古人，不迷信他国，也不空想；他们以为世界的问题这样多，真是解决之不胜，于是他们对于解决问题就抱了一种以不了了之的态度。

以上的种种的态度，我们晓得是全不适用的。那么大学的学生对于解决问题，究竟应当采取哪种的方法呢？抱哪种的态度呢？我以为是要用一种科学的方法。什么叫做科学的方法呢？就是用科学的原则设方法来解决问题。

科学的方法大概可分为五步：

1. 觉得问题　例如苹果落地，本来是一桩很平常的事，在平常的人看见，还有什么疑惑呢？牛顿看见了苹果落地，却起了一个怀疑。因为这个怀疑，就引出了一个苹果脱枝为什么不上升而却下落的问题。因为这个问题，就发明了地心吸力的原则。

现在虽然有人反对他这个原则,可是他这种原则施行了数百年之久,已经成了科学上的一段故事。

2. 什么是问题　假如我们看见有个人在那里低着头坐着,我们就要设想到或者他是有了什么困难吧?还是生了什么疾病呢?这种设想就叫问题。

3. 设法解决问题　例如我们以上设想那个人他生了疟疾,就得设法去疗治他的疟疾,这就叫设法解决。

4. 选择方法　解决问题的方法很多,我们必须选择最有效力的一个来施用它。

5. 印证　试验有效力的方法,必须一再试验之,如果屡试屡效,那始可认为可信。这就叫做 Reflex thought。

科学方法的手续,大概如此。可是我们对于科学应当据什么样的观念呢?以下三项,即科学根本的观念:

1. 客观　研究科学必得处在一个客观的地位,因为没有客观是不会有科学的。

2. 数量观　有一种质量,必有一种数量。打算晓得数量的多少,是一个很难的问题。要想考查数量,大概可分二步:

①量。我们要想知道一桩事的数量,头一步就得要量一量。

②量得正确。我们要想量,必得有一个适当的尺度,始可量得正确。

3. 不可过用科学　科学精神也有一种危险。怎么讲呢?我们知道日常的事体很多,要是事事全拿科学的精神来研究它,恐怕就不胜研究了。

话归本题,大学教育是要使学生用科学方法来解决问题。

大学学生人人能用科学方法来解决他们个人的问题,那么久而久之,成绩自然是很大。这样看起来,大学学生应当培养的精神,头一样就是用科学方法解决问题的能力了。

大学教育的第一个要素,讨论完了。那么第二个要素是什么呢?

(二)先生与学生应当养成密切的关系

现在我们国里的大学,虽然不敢一概而论,大约十之八九有一种通病。这种通病是什么呢?就是教师与学生的关系太疏远了。怎么讲呢?在教师一方面,他们到学校来先抱了一个维持饭碗的主义。他们的薪金是按着他们所担任教授的钟点多少来定的,所以他们拿着在教室里讲书好像是出卖他们的话。在学生方面,以为交了学费来上班,就是花几个钱来买教师的话。这样看来,学校简直成一个卖话买话的大市场,教室简直是成了卖话买话的铺店。说什么关系,是提不到的。教师学生既是全抱这样的宗旨,哪里还有什么补助长进可说呢?所以我以为大学的教师与学生彼此应当发生一种优美高尚联密有生气的关系去做他们的学问。这不也是大学教育一桩最要紧的事吗?

总以上所说,大学教育的要素有二:一个是使学生养成用科学方法解决问题的能力。一个是教师与学生应当养成密切的关系。一个是关于思想。一个是关于情操。这两桩事体要是能做得到,那才不辜负说什么大学的教育呢!

教育与科学方法*

今天所要讲的不是教育研究法,是“教育与科学方法”,就是科学方法在教育上的应用。人生到处都遇见困难,到处都充满了问题。有的是天然界给我们出题目,有的是社会上给我们出题目,有的是空气、光线、花草给我们出题目。既然题目有这么多,我们应付这些问题的方法也分好几种。有的人见古人怎样解决,我们也怎样解决。这种解决是不对的,是没进步的。因为古时现象不是与今日现象一样,所以以古就今的办法往往是错的。有的人依外国的方法来解决问题:日本怎样办教育,我们也怎样办教育;德国怎样办,我们也怎样办;美国怎样办,我们也怎样办。这种解决也是不对。因为人家发明之后,未必公开,或不愿公开。从不愿公开到公开,已经若干时间,再从公开到中国,我们刚以为新,不知人家早已为旧了。还有的人是闭门空想,自以为得意的了不得,其实仅自空想也是没用的。因四面八方的问题,不给他磨练也是不行。此外还有一种人,也不依古,也不

---

* 本篇原载于 1923 年 1 月 15 日《民国日报·觉悟》。

依外，是以不了了之。像以上种种方法，都不能解决我们的问题。能解决我们的问题的，惟有科学的方法。

什么是科学方法呢？科学方法是有步骤的，是有线索的。第一步要觉得有困难。如牛顿看见苹果落地，别人不知看了几千百次，都没觉得有困难，惟有牛顿觉得有困难，所以他发现地球的吸力。教育方法也是如此。有的人上课看不出有什么问题，学风之坏也不注意，所以就不会有问题。第二步得要晓得困难的所在，就是要找出困难之点来。如一个人坐在那里发脾汗是觉着有困难了。用什么方法来解决这个困难，这就跳到第三步，从此想出种种方法来解决。有的将画符放在辫子里，有的请巫婆，有的到庙里烧香祷告，有的请医生，有的吃金鸡纳霜。有了这些法子然后再去选择，这就到了第四步。如：以为老太婆的法子好，就去试一试；不能解决之后，再用其他法子，最后惟有吃金鸡纳霜渐渐地好了。但此刻还不能骤下"金鸡纳霜能治脾汗"的断语，因为焉知不是吃饭时吃了别的东西吃好的呢？所以必须实验一番，这就到第五步了。如在同一情形之下，无论中外、男女、老幼吃了都是灵的，那么，金鸡纳霜能治脾汗就不会错的。

经过这五步功夫，然后才可解决一个问题。这五步方法是科学的方法。无论是化学，是物理，是生物学，都用这个方法以解决困难。但科学方法也有几个要素：

（一）客观的　凡事应用客观的考查，有诸内必形诸外。在教育上的观察，就是看你的学说于学生的反应怎样？教员与学生的关系怎样？要考查一校的行政，应看它的建筑、设备怎样，如以秤称桌子，我虽不知此桌的重量，但我晓得所放的秤码是多少。

(二)数目的观念 凡有性质的东西都有些数量。如光(light)有性质,一般人都如此说,物理学家也说可以量的。又如灵魂是有质量的,将来也须用数量去量。如果不能,则灵魂是没有的。数量中又有两个观念:(a)量的观念。有数量就可去量,如布、米、油等。(b)要量得正确。量不正确,也是无用。就是反对量的,他也在那里量,但他们用的法子很粗浅,专用一己的主观。如中国教员看卷子,有时喜怒哀乐都影响到他们定的分数。高下在心,毫不正确,这是中国人的毛病。我想,不但学理化的人对于数目要正确,就是学教育的人也要正确。"差不多"三字是我国人的大毛病。与人约定时间总是迟到(但上火车总是早到)。所以孟禄调查教育时说:"中国人对于数目不正确。如要改良中国的教育,非从数目入手不可。"

以上说的是科学步骤与观念,要用这步骤、观念,应用到教育上去。

现在教育问题很多。从前人对于教育问题都是囫囵吞枣,犯了一种浮泛的毛病。各个人都会办教育,各个人都可作教育总长,都是教育专家。究竟教育问题是不是如此简单?还是无人不会呢?我们要知道教育在先进国里是一种专门科学,非专门人才不能去办。中国就不是如此。不过这几年还算进的快就是了。五年前南(京)高师教育和心理都是一人担任。自我到了之后,才将教育与心理分开。一年之后,授教育学者是一人,教育行政者又是一人。这是近五六年来教育的趋势。如各人担任一个活的问题,或一人一个,或数人一个,延长研究下去,这问题总有解决的时候，若真多少年下去还不能解决，那恐非人力所能解决的了。

现时要研究的问题，有教育行政、儿童、工具、课程种种。又如，把科学应用到教育行政上去，课堂上教授是不是好的办法？教员、学生都太劳苦是不是有益的事情？

现在教育有两种：(一)如一个新学生坐在洋车亡，叫车夫拉着拼命的跑几十里，结果自然是学生逸，车夫苦。但让学生自己再回来恐怕还是不能。(二)如一去不坐车，不识路就问警察，自然是辛苦一点，但走到回来时，包管还能回来的。兹将教育重要部分略说一说。

(一)组织 此时课堂组织最好的有达尔顿实验室的方法(Dalton Laboratory Plan)。室中有种种杂志、图画，还有导师，任学生自由翻阅，与导师共同讨论，还要每礼拜聚会一次。这种法子到底好不好，可去试验试验。把各个学生试验了，测量了，假设其情形相同，是不是可得同一的结果，然后就知究为班级制好呢，还是达尔顿的方法好？又如，研究习惯为遗传的力量大呢，还是社会环境的力量大？把一对双生的儿童授以同样教育，看他们的差别究竟是哪个大。同时以同胞生的儿童授以不同的教育，再看他们的差异怎样。

(二)教材 以上法子也可应用教材上去。如我们所教的字是不是学生需要的？究竟何者为最重要？何者为次要？何者为不需要？我们应来解决。现在有些需要的未有放到教科书里，有些不需要的反倒放人了。我们可以拿几百万字的书来测验，看哪一个字发现次数最多？其最多者为需要，其次多数发现者乃是次要。将发现多的给学生,而次多的暂不授予。还有一点要注意的,就是学生有一年、二年离校的,我们就得将最需要的教他。可是其中有个困难,或者最需要的字比较着难读难写些,但我们可以想法给他避免。有人说中国字难认,所以不识字的人很多,外国人也说将来怕不能与各国的文化竞争。其实不然,试看长沙青年会所编的《千字课》教授男女学生就知道了。他那里边有男生一千二百人,女生六百人,四个月将一千字授毕,每日仅费一点半钟。学生多半是商家学徒,而学生年龄以十二三四五六岁的居多。我觉得这一种办法,给我们一个好大的希望,今天拿来不过举个例罢了。

(三)工具 无斧不能砍木,无剪不能裁衣,无刀不能作厨子,无工具不能作教育的事业。教育工具可以从外国运的,可以从中国找的。从外国运来的第一是统计法。有了统计法我们可以比较,可以把偶然的找出个根本原理来,如同望远镜可帮助我们眼睛看得清楚,在材料中可找出一定的线索。所以统计是不可看轻的。第二就是测验。近来教育改进社要作二十四种测验,因为此种工具是不能从外国运的(就是运来也不适用)。测验是看学生先天的聪明智慧怎样,使学校有个好的标准,由此可晓得某级学生有什么成绩,如治病的听肺器一样,可以看出病来。欲知病之所在,非测量不可。测验也是如此,得要细细的看结果怎样。如办学的成绩都可测验的。但没有统计,也测不出来;没有测验,也统计不出来;二者是互相为用。如甲校一个学生花四十九元,乙校学生仅花四元半;我们就可测量他谁是谁不是。如测验得花四元半的能达到平常的标准,那花四十九元就太费了。反转过来,如花四十九元的刚好,那花四元半的未免太省了。这就是统计与测量互相为用的地方。总之,每人都存用科学方法去办教育的决心,每人都去研究或解决一个小的问题,我敢说,不出三十年中国教育准有好的成效。

学问之要素*

——答程仲沂先生的信

仲沂先生：

……

先生所说做学问有三要素：一体健，二天才，三财力。很有见地。

知行以为体健是人生的一个最要目的，也是学问的一个最要目的。学生是学习人生之道的人。学以厚生则可；学以伤生是断断乎不可的。天才是做学问的根据。有几分天才做几分学问。大概天才有十分之八九之势力，教育的势力只占十分之一二。教育万能之说是教育界自欺欺人的话。但是天才有时很不容易看出来。时机未到，天才隐在里面，专靠主观、武断，以致差之毫厘，失之千里的，是常有的事。

第三点恕我不大表同意。我不承认财力是学问的要素。我以为，只要有志学问或是有志于子女的学问，经济的难关是可以

---

* 本篇原载于 1929 年 7 月《知行书信》。

打破的。后代的学问是有社会关系的。自己倘若十分困难就号召社会的力量成全子女入学也是应该的。这是就求学必不可少的经费说的。我还有一点意见,就是:穷苦和学问是好友;富贵和学问是仇敌。那天天轻裘肥马,炫耀于同学之前的,究竟的学问如何?

十二年九月二十日

社会改造之出发点*

从事社会改造的人，要远处着眼，近处着手。现在中国注重社会改造的人渐渐地增加，是一件很可庆幸的事。但是总觉得肯在近处着手的人还是太少。我们要想做近处着手的功夫，最要紧的是划分范围，确定责任。社会的范围可大可小。大而言之，社会就是全世界；小一点就是一国；再小就是一省、一县、一城；再小就是我们最近的环境，在我们前后左右的邻居。我以为要在我们自己机关以外服务社会，最好是从我们的最近环境着手，逐渐的推广出去。我们最近的环境要待改造的事体也很多。卫生问题、生计问题、道德问题、娱乐问题，以及种种别的问题都待解决，都是从事社会改造者不忍放弃的问题。但是人民不能识字读书也是个待解决的问题，恐怕是一个基本的问题。我们倘能把种种问题用大刀阔斧来同时解决，岂不痛快！世上做这种梦的人确实不少。无如天下事没有这样容易，我们的精力也很有限，要想把一切问题同时解决，结果必定是一个问题也不能

---

* 本篇原载1923年12月23日《中华教育改进社第二周年纪念会会刊》。

解决。倒不如按着自己的能力,看准一件具体的事,聚精会神的来干他一下。如果我们对于一件事肯得专心继续的努力去干,一定有解决的希望。一个人,一个时候在一个地方干一件事,是社会改造的不二法门。本社依据这个原则,就拿羊市大街一百二十一号门牌里的读书问题,来做我们改造社会的出发点。

五族共和与教育者之责任*

我国号称为五族共和国，但五族共和是不是真正有了这一回事？我们悬了这五族共和的理想，曾否想过法子实现他？五族共和的招牌挂起来了，我们曾否去干五族共和的事？五色的国旗明明是代表五族共和的精神，但五族的人是否已经觉得这是他们公共的代表？五族的人，人人都晓得有个中华民国吗？人人都爱护中华民国吗？人人都以中华民国为他们共有、共治、共享的国家吗？人人都承认他是中华民国的国民吗？我们想到这些问题，可以醒了。

我现在要描写五色国旗下的各种民族的活动只有四个字，这四个字就是"各干各的"。五族共和是名，各干各的是实。我们应当觉悟这两件事是有冲突的。我们要有五族共和，就不能各干各的；要各干各的，就不能五族共和。如何从各干各的做到一个和衷共济的地位，是我们国民最应当关心的一个问题。

我们关心五族共和，不是空谈所能收效的。民国初年的时

---

* 本篇原载于1924年3月17日《申报·教育与人生》第22期。

候,国内的人对于这个问题曾经有过一度的讨论,但不进求具体办法,所以结果毫无。五族共和也不是武力所能建设的。徐树铮出兵外蒙的失败,稍习边事的人都能明白。那次汉兵和蒙民所伤的感情,真不晓得要多少时候才能恢复呢!我们要觉得武力不但不能团结五族的精神,并能发生民族间最大的障碍。拿武力来统一南北或统一五族都是不可能的。倘使可能,他的时期必定是很短的。还有殖边一派也是所谓关心边事的。我们试为边民一想,他们喜欢不喜欢殖边这件事?我敢替他们说,殖边这种名词也是他们所痛恨的。别人正在那里要做他们的解放者,而我们做同胞的人,还说你们那里草绿牛羊肥,让我们来做主人吧。

武力派和殖民派有一个根本的错误,这错误就是他们忘记了中华民国是一个五族共同的国家。他们不把五族通盘打算,只是在那里为一个民族打算。他们都是站在一个民族的角度上着想。凡是只为自己而不为别人打算的,一定走不通;推到极点,不到五族共争不止。

我们要想建设一个真正的五族共和,最要紧的方法有两种:一是建筑四通八达的道路,二是实行四通八达的教育。道路可以沟通物质上的需求和供给;教育可以沟通精神上的贡献和缺乏。这两件事互相为因,互相为果,实在是要同时并进,才能充分达到五族共和的目的。我们一方面希望交通界的同志对于此事加以特殊注意;一方面急于要问问自己对于五族共和的建设,应负何等责任,并宜用何种方法来担负这种责任。

我们五族同在一个国旗之下做国民,必定要有必不可缺少的精神，才能图存。我觉得这种精神，有共同不可少的，有相互不可少的。

说到共同不可少的精神，大家对于中华民国都要有彻底的了解，坚决的爱护；大家都要明白自己是中华民国的国民，有应享的权利，应尽的责任；大家都要觉得五族有共同利害，有存则共存、亡则共亡的关系。这种精神，现在十分薄弱，固无可讳言。我只要举一个例来证明。中华民国四个字译成蒙古文为：

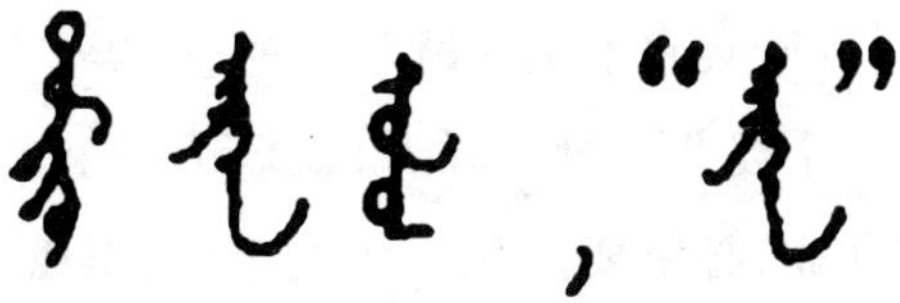

这个字汉音为以勒根，就是“民”字的意思。但几百年来蒙人以“民”看待汉人，所以“汉人”与“民”在蒙文里是分不开的。汉人即民，民即汉人。中华民国这个名词，译了蒙文，就有“中华汉人国”的误会。这种国名，本应译音，不应译意。现因翻译的人不小心，弄出这种不祥的误会，真是可叹。即此一件事，可以晓得五族对于中华民国不能了解之程度。有好多地方实出我们意料之外。我们应当研究如何可以叫五族的人对于中华民国发生一个共同观念。换句话说，就是如何使五族的人同受中华民国化，同受五族共和化。我的意思不是叫一民族去同化别的民族，乃是要满汉蒙回藏同受一个理想精神的支配。满蒙回藏人之应受中华民国化，也是如同江苏人、浙江人、广东人……应受中华民国化。拿教育的精神方法来创造一个五族一心的中华民国，是我们五族教育界同志的责任。

我们五族不但对于中华民国要有共同的精神，并且彼此相待要有一种正当的精神。我们五族好比是一家五个兄弟，彼此应当相知、相爱、相敬。现在的情形是彼此隔膜，彼此仇视，彼此轻慢。这种景况断不能长久，有心人断不忍长久让他如此。拿教育的精神和方法来把五族的同胞都培养到一个相知、相爱、相敬的地位，都培养到一个亲兄弟的地位，也是我们五族教育界同志的责任。

总而言之，五族共和不是一跳就到的，中华民国也不是一呼就来的。如同一个婴儿出世一样，仅仅取了一个名字是不够的。要想婴儿成家立业，必定要用尽心血去教他、养他才行。我们教育界的同志对于五族共和的建设，是不能不参与的。这件事听来很迂阔，看来很难做，但国体如此，利害如此，我们是断断乎不能推诿的。

学生的精神[*]

知行此次因全国教育联合会事来湘，今天得与诸君见面，这是很愉快的。知行是世界的学生，诸君是学校的学生，今天是以学生资格对诸君谈话。有些议论也许诸君是不愿听的。但是"忠言逆耳利于行"，诸君或者能够原谅。

我现在要讲的题目，就是《学生的精神》。在我未说这题目之先，有点意思对诸君说一说：现在中国许多学生及一般教员，有一个很大的通病，就是容易"自满"。不论研究何种学科，只有相当的了解，即洋洋自得、心满意足。尤其是在过教员生活的，觉得自己处在教师地位，不必再去用功研究了。中国"四书"上有两句话说："学而不厌，诲人不倦。"这真是千古不灭的格言，并且是两句不能分开的话。因为要"学而不厌"，才能够做到"诲人不倦"。例如我们来教一班小学生，倘若自己全不加以研究，只照着别人编的书本，自己抄的老笔记，依样画葫芦的教去，当学生的固然不能受多大的益，当教师的也觉得不胜其烦，没有多大

---

* 本篇原载于 1925 年 12 月 1 日《国民日报 · 觉悟》。

的趣味。如是的粉笔生涯,不能不厌烦了。倘若当教师的,自己天天去研究,有所得的,即随时输之于学生,如此则学生受益较多,即当教师者也觉得有无穷的乐趣。所以学生求学,固然要“学而不厌”,就是当了教员,还是要继续的“学而不厌”。这可说是我现在要讲的“学生精神”的先决问题。

现在开始来讲《学生的精神》了。学生精神大约分为三点:

(一)学生求学须具有科学的精神 我们不论研究什么学科,总要看一个明白,想一个透彻,多发些疑问,切不可武断盲从。例如别人要我们信仰国家主义,我们必须明了国家主义的内容是否合于现代社会,才定信仰不信仰的方针。其他,社会主义亦然,无政府主义亦然……尤其我们研究科学之时,碰到一个问题来了,“知之则知之,不知则不知”。因为我们自己知道自己不知的地方,那还有能够知道的一日;倘若不知的而认以为知,那末,不知道的终究没有知道的日子了。这可说是自己斩断自己求学的机能。所以我们学生求学,第一步就要有科学的精神。

(二)要改造社会必具有委婉的精神 我们在任何环境里面做事,不可过于急进。譬如园丁栽花木,倘只执一镰斧,乱砍荆棘,我相信花木亦必随之而受伤。务须从旁着想,怎样才能使荆棘去掉,那末,非用委婉的功夫不可。改造社会也是一样。尤其是我们学生,因为是领导民众的中坚分子,倘用乱刀斩麻的手段,必引起一般民众起畏惧之心,怎样还讲得社会改造?所以我们要社会改造,也需要用委婉的精神,走到民众前头,慢慢地领他们向前走,并且还要告示他们向前走的方法。如此才有社会改造的希望。不然,任你如何轰轰烈烈倡社会改造,社会还是不能改造的。

（三）应付环境必具有坚强人格和百折不回的精神 我们处在任何环境里面，必抱有坚强人格，不可自由摇动，尤其到了利害生死关头之时，必富有"富贵不能淫，贫贱不能移，威武不能屈"的气概。这才算得一个真正的大丈夫，真正的国民。现在中国一班学生——其实不仅是学生——在普通情形的时候，各人的性格，好像没有多大的区别。但到危急存亡利害相冲的关头，就看得清清楚楚，各人露出自己的本来面目。中国民众的不能团结，这就是一个很大的原因。所以我们处在任何的环境里面，坚强不摇的人格及不屈不挠的精神，决不能少的，尤其在我们学生时代。我现在要举一段历史例子给诸君听，就是明朝的方孝孺先生，当燕王棣篡位之时，使他草"即位诏"，他大书"燕王篡位"四字，因此被夷十族。当燕王篡位之时，势力胜过现在的任何军阀，但不能压迫方先生一笔锥。可见方先生的人格及不怕死的精神，真令人钦佩而尊敬，亦可证明读书人不可忘掉气节。

学生的精神，大概分为上列三点。我觉得在今日的学生中，是亟宜注意的。因时间仓卒，说得不周到处，请诸君原谅！

驳特定学区议*

孤桐先生拟在关税附加税额之建设经费项下,筹划五百万元在京西颐和园一带,建一中央学区,使北京国立大学教育部容纳于此。这是他做教育当局最后的一个政策,事未实行,人已离职,原无急急辩驳之必要。但此种建议确系代表一部分人之见解,以后或有旧事重提之可能,故乘这个时候讨论一番,也是有益的。我读了他的特定学区的五条理由,虽然发生好多感慨,但根本上不能苟同。他倡议的宗旨,原想矫正今日京中大学教育之弊害。就吾所见,此诸多弊害有不必特定学区即可矫正的,有即特定学区而亦不能立时矫正的,也有因特定学区而转生他种弊害的。

他所举的第一个理由,就是学术中心,宜与政治中心分离。他说:"以学术中心,置于政治中心之地,两心相接,非混淆则抵触,无论何出,学均不利。"他以为把北京的大学都移到城外去就可算与政治中心分离了。这是太乐观的看法。自从"五四"以

* 本篇原载于1925年12月18日《新教育评论》第1卷第3期。

来，学生运动里面多半都有清华学生参与其间。清华学生既可从清华园里进城参与学生运动，中央学区的学生岂不能从颐和园进城参与学生运动吗？如果他真要做到政治中心与学术中心分离的境界，就应该把这个中央学区搬得远远的，搬到西山去，搬到西山之西去。或者有人要说：清华学生是北京学生勾引进城的，倘使北京没有国立八校学生，清华园和颐和园的学生亦没有进城的趣味了。我们要晓得除去清华外，北京有大学专门学生一万三千三百八十八人，国立八校学生只有五千一百三十二人（根据民国十二年调查报告）。国立八校学生虽搬到颐和园去，还有其他大学专门学生八千八百九十人在京里做他们的内应呢！所以把大学搬到颐和园去，就以为学生从此不能干预政治未免过于自信。德国之柏林大学，法国之巴黎大学，日本之东京帝国大学，以及好多别的大学，都是设在政治中心之地，未闻有如吾国之学潮，亦未闻有何不利于学术之表征。政府当局不能贤明，社会领袖麻木不仁，学校教授不能专心学术，这三件事是学潮之根本原因。假使贤者在位，能者在职，政事清明，学生安能无风作浪？假使社会领袖关心国事，能负监督政府之责，则学生自无冲锋之必要。又假使教授能专心从事指导学术之研究，则学生精神有所寄托，更无余暇以从事于无谓的风潮了。这是说学生运动自有来历，特定学区不是解决学潮的办法，也不是提倡学术的根本办法。孤桐先生很称赞英伦大学之政学划分。但政学划分是要跟着时势走的。假使英伦政治变成了中国政治那样腐败，那时我们可以晓得英伦大学学生究竟闹不闹风潮？倒过来说，假使中国政治长久如此腐败，而京中大学的学术已可与英伦大学比骋，那时我们可以知道京中大学学生是否不闹风潮了？学术应当超然于政党之外，自不待言。以政侵学与以学侵政都是不幸的现象，那是应当避免的。我看了孤桐先生称赞泥北淀大学”学生反对该校推举内阁总理爱斯葵为名誉校长的言论，心中非常欢喜。因为这句话出于以总长兼校长者之口，我相信是一种觉悟之表示了。只要学界的人或政界的人肯下此决心，中国教育就有希望了。这是不必特定学区就可以做得到的。倘使当事者不能根本觉悟，那末就把学校搬到千万里之外去，京中何尝不可设驻京办公处呢？只消做到遥领两个字，千万里外之学校里，就免不了掀天之波浪了。何况乎颐和园之近呢？

第二点，孤桐先生不赞成校址与市廛相混。他甚至于有“一出校门即去学万里”之惧怕。这种意见固也包含了些真理，但未免太笼统了。吾不知孤桐先生心目中所谓之大学究竟是什么。我心目中之大学一小部分是要在乡下办的，一大部分是必得要在都市里办的。试拿今日教育部直辖的北京国立学校来讨论。农业大学是应当在城外办的。他现在的位置还过得去，实无搬家的必要。工业大学要依性质在工业中心办的。北京固不相宜，颐和园更不相宜。医科大学如果他不是专门研究痨病，那末为了实习诊断研究病理起见，是应当在城里办的。两个师范大学如果训练乡村师范教员，自应在农村里开办，颐和园附近却不是理想的地方。至若现办的部分，为着试教参观起见，也是要在户口稠密的地方办的。法政大学设在政治中心正是得其所哉。美术学校是可以搬到城外去的。不过美术完全下乡也是有牺牲的。假使美术学校搬到颐和园去当然能得好多益处，但古物陈列所及随时举行之展览会是不是辜负了呢？自然方面固然增加了接触的机会，人生方面岂不要减少了了解吗？自然美术固可贵，人生美术更可贵，自然化的人生美术，人生化的自然美术尤其可贵。由此看来，现代美术岂可终身做乡下佬？最后，剩下了一个北京大学和一个女子大学。北京大学是个复杂的机体，我们要分析一下才能明白他的内容。北京大学除心理天文两系还没有独立外，共分三组十六系：第一组为数学、物理、化学、生物、地质五系；第二组为国文、英文、法文、德文、俄文五系；第三组为哲学、教育、历史、政治、法律、经济六系。第一组五系可以在乡下过独立生活。第二组五系设在城里比较好些，但必不得已后四系可以下乡。国文系似乎不宜下乡，倘要下乡，怕非把琉璃厂等等一同带去不可。第三组六系多半是要靠着人生做他的内容的。颐和园左近有什么人生？这六系是断断乎不可下乡的。所以即就北京大学而论，搬到城外也怕要得不偿失。女子大学简单得多，他的现有各系也可以照上述原则解释。

至于学校要有明秀的环境，自不待言。但舍近求远，也可不必，比如先农坛、天坛、清宫、景山、北海、南海一类的地方尽可酌量拨作各种学府之用。拿这些地方来做国立学府总比做别的事用有意思些。近处实在无法可想，再从别处想法也不为迟。

英国宿舍制度为天下冠，这是我们应当取法的。但统一宿舍问题是不必特定学区才能解决的。近如协和医学，远则南开大学的宿舍不是办得很好吗？私立学校能如此，国立学校何尝不可如此？其所以不能如此的缘故，一因办学者无计划，二因教育当局不能为经济上的援助。只要经费有着落，教职员精神贯注,何不可一举而成?岂是要特定学区才能办得到呢?

说到剑桥、牛津二大学之“醇风”,这是他们七八百年的历史的势力养成的。我们要想有剑桥、牛津之学风,断非短少时间内所能勉强造成。物质环境不过是许多历史势力中之一种,即使特定学区是个正当的办法,他对于学风养成也只能有一部分的贡献。

孤桐先生末了说:“京内各校,鸟衔狗续以成之,应需设备,无一可言,或者如天之福,有款当前,衔焉更衔,续然复续,斯仍为因陋就简之局,不离事倍功半之讥,别起宏规,庶臻完善。”京内各校的校舍,确应根本改造。但必定要在颐和园左近“别起宏规”,把京中国立学校一齐搬了出去,使学术与人生离婚,我是不敢赞成的。“别起宏规”是应当看各校的情形各选合宜地点去办的,不应当囫囵的拿一个特定学区来笼罩一切大学。孤桐先生本想合并八校(结果似有九校产生),消极方面行不通,转过头来倡特定学区之议,简直是一个合并八校的积极方略。所以特定学区与合并八校是一而二、二而一的计划。北京八校一小部分应当合并,我是赞成的;全部的合并,不但是做不到,即使能做到,也是有害的。要用特定学区来合并八校更是有害的。北京八校之由合而分,由分而复,有他历史上不得不然之情形,也有事不必需而可以用精密计划避免之情形。现在再要把分过家的人凑合起来叫他们同居,也得要把他们在历史上演进演退的情形详细考查一番,然后可以知道他们是否还有完全同居之可能。如今这番功夫没有做,凭空创一个囫囵的合并八校论,又凭空创一个囫囵的特定学区议,未免令人发生一种隔靴搔痒的感想。

总体来说,我赞成他的请款计划,我赞成他的保款办法,我也赞成他的主张用这笔款来为京中大学别起宏规。我所不能赞成的只是拿一个囫囵的中央学区笼罩京中一切的国立大学教育。大学是造就学者和领袖的地方,不是剃度和尚的地方。我们要大学培养与国计民生有关系的学者领袖,不要大学培养避世的隐士,出世的僧尼,不知世事的书呆子。我们要学生认识人民,人民认识学生。我们要到民间去的学生,不要到天上去的学生。倘使因为环境不好即思迁移,那末,城里不好搬到乡下,中国不好搬到外国,外国不好,再搬到什么地方去呢?学问之道无他,改造环境而已。不能把坏的环境变好,好的环境变得更好,即读百万卷书有何益处?

师范教育下乡运动*

上月十四、十五两日，江苏省立师范分校联合会在黄渡举行第二届常会，他们的附属小学也组织了一个联合会，于十五日举行成立典礼。这两件事是关心乡村教育的人应得注意的。

中国的师范学校多半设在城里，对于农村儿童的需要苦于不能适应。城居的师范生平日娇养惯了，自然是不愿到乡间去的。就是乡下招来的师范生，经过几年的城市化，也不愿回乡服务了。所以师范学校虽多，乡村学校的教员依然缺乏。做教员的大有城里没人请才到乡下去之势。这种教员安能久于其职，又安能胜乡村领袖之重任呢？江苏义务教育期成会袁观澜、顾述之二先生觉得乡村教师需要之急，而培养之法更不能不改善，所以发起每个师范学校在乡间设立分校，以为造就乡村师资之所；每分校并设附属小学一所，以资乡村师范学生之实习。现在一师、二师、三师、四师、五师都设有分校和分校的附属小学。这个师范分校联合会和分校附小联合会就是这些师范学校的分校

---

* 本篇是 1925 年陶行知先生在南开学校的演讲稿，原载于 1926 年 2 月 28 日《生活周刊》第 1 卷第 19 期。

和分校附小组织成功的。他们的宗旨在联络、研究、共谋各该校教育上之改进及乡村教育之发展。我国师范学校以合作及研究精神图谋乡村教育之发展的，实以此为起点。

这次分校联合会共总商议了四十一个案件，内中有好几个案件都是很关重要的。这次会议最出色的一件事，就是各种乡村教育问题之分门研究，如公民科、史地科、国语科、数学科、教育科、农业科、理科、音乐科、图画手工科、体育科、童子军，各门的课程大纲，及农场作业分配，推广农村教育，学业成绩考查法，训育、健康教育、师范生实习等问题，都有委员会负责研究。这种分门的研究总比囫囵的空谈要切实些。

我以为，乡村师范学校负有训练乡村教师、改造乡村生活的使命。师范学校在乡村里设分校，在乡村的环境里训练乡村师资，已经是朝着正当的方向进行了。我们的第二步办法，就是要充分运用乡村环境来做这种训练的功夫。我们要想每一个乡村师范毕业生将来能负改造一个乡村之责任，就须当他未毕业以前教他运用各种学识去作改造乡村之实习。这个实习的场所，就是眼面前的乡村，师范所在地的乡村。舍去眼面前的事业不干而高谈将来的事业，舍去实际生活不改而单在书本课程上做功夫，怕是没有多大成效的。我们不要以为把师范学校搬下乡去就算变成了乡村师范学校。不能训练学生改造眼面前的乡村生活，决不是真正的乡村师范学校。

江苏师范分校尚属试办性质，他的效果，尚难预测。但他们对于乡村教育那点通力合作、分门研究及实地试验的精神，却是很宝贵而为全国师范学校所应取法的。

我之学校观*

学校的势力不小。他能教坏的变好，也能教好的变坏。他能叫人做龙，也能叫人做蛇。他能叫人多活几岁，也能叫人早死几年。

学校以生活为中心。一天之内，从早到晚莫非生活，即莫非教育之所在。一人之身，从心到手莫非生活，即莫非教育之所在。一校之内，从厨房到厕所莫非生活，即莫非教育之所在。学校有死的有活的，那以学生全人、全校、全天的生活为中心的，才算是活学校。死学校只专在书本上做功夫。介于二者之间的，可算是不死不活的学校。

学校是师生共同生活的处所。他们必须共甘苦。甘苦共尝才能得到精神的沟通，感情的融洽。国家大事、世界大势，亦必须师生共同关心。学校里师生应当相依为命，不能生隔阂，更不能分阶级。人格要互相感化，习惯要互相锻炼。人只晓得先生感化学生，锻炼学生，而不知学生彼此感化锻炼和感化锻炼先生

* 本篇原载于1926年11月5日《徽音》月刊第29、30期合刊。

力量之大。先生与青年相处,不知不觉的,精神要年轻几岁,这是先生受学生的感化。学生质疑问难,先生学业片刻不能懈怠,是先生受学生的锻炼。这是不可避免的,也是好现象。总之,师生共同生活到什么程度,学校生气也发扬到什么地步,这是丝毫不可以假借的。李白诗说:"黄河之水天上来,奔流到海不复回。"这好比是学生的精神。办学如治水,我们必须以导河的办法把学生的精神宣导出去,使他们能在有益人生的事上去活动。倘不能因势利导,反而强事压制,那末决堤泛滥之祸不能幸免了。

康健是生活的出发点,亦就是学校教育的出发点。学问、道德应当有一个活泼稳固的基础,这基础就是康健。俗说话"百病从口人",同志们务必注意,办学校是要从厨房、饭厅办起的。

生活之发荣滋长须有吸收滋养料的容量。学校教职员必须虚心,学而不厌。我以为不但教师要学而不厌,就是职员也要学而不厌,因为既以生活为学校的中心,那末各种事务都要含有教育的意义。从校长起一直到厨司、校工,各有各的职务,即各有各的学问要增进。增进之法有二:一是各有应读之书必须读;二是各有应联之专家同志必须联。一个学校要想有美满的生活,必须和知识的泉源通根水管,使得新知识可以源源而来。

学校生活只是社会生活一部分。学校不是道士观、和尚庙,必须与社会生活息息相通。要有化社会的能力,先要情愿社会化。

学校生活是社会生活的起点。远处着眼,近处着手,改造社会环境要从改造学校环境做起。全校师生应当以美术的精神共同改造学校环境。凡应当改造的,一丝一毫都不肯轻松放过,才能表现真精神。师生不能共同改造学校环境而侈谈社会改造,未免自欺欺人。

高尚的生活精神不用钱买,不靠钱振作,也不能以没有钱推诿。用钱可以买来的东西,没有钱自然买不来;用钱买不来的东西,没有钱也是可以得到的。高尚的精神如同山间明月、江上清风一样,是取之无尽,用之无穷的。没有钱是一事,没有精神又是一事。有钱而无精神和无钱而有精神的学校,我都见识过。精神是不靠钱买的。精神是在我们身上,我们肯放几分精神,就有几分精神。不关有没有钱,只问我肯不肯把精神放出来。

我们要学校生活长得敏捷圆满,就得要把他放在光天化日之下。太阳光底下可以滋长,黑暗里面免不掉微生物。所以我主张学校要给人看。做父母的、管学务的,以及纳教育税的人,都要看学校。要学校改良,做校长的、做教员的,都要欢迎人参观批评,以补自己之不足。学校放在太阳光里必能生长,必能继续不断的生长。

我对于学校悬格并不高,只希望大家把学校办到一个地步——情愿送亲子弟入校求学,就算好了。前清往往有办学的人不令子弟入学,时论以为不恕。现今主持省县教育者,亦颇有以子弟无好学校进为虑,甚至送入外人设立学校肄业,真正令人不解。我要有一句话奉劝办学同志,这句话就是:“待学生如亲子弟。”

创设乡村幼稚园宣言书*

从福禄伯发明幼稚园以来，世人渐渐的觉得幼儿教育之重要；从蒙梯梭利毕生研究幼儿教育以来，世人渐渐的觉得幼稚园之效力；从小学校注意比较家庭送来与幼稚园升来的学生性质，世人乃渐渐的觉得幼儿教育实为人生之基础，不可不趁早给他建立得稳。儿童学者告诉我们，凡人生所需之重要习惯、倾向、态度，多半可以在六岁以前培养成功。换句话说，六岁以前是人格陶冶最重要的时期。这个时期培养得好，以后只须顺着他继长增高的培养上去，自然成为社会优良的分子；倘使培养得不好，那么，习惯成了不易改，倾向定了不易移，态度决了不易变。这些儿童升到学校里来，教师需费尽九牛二虎之力去纠正他们已成的坏习惯、坏倾向、坏态度。真可算为事倍功半。至于不负责的教师，哪里顾得到这些。他们只一味的放任，偶然亲自看见学生做坏事，也不过给儿童一个消极的处分。于是坏习惯、坏倾向、坏态度蓬蓬勃勃的长，不到自害害人不止。这是必然的趋势。

---

* 本篇原载于1926年10月29日《新教育评论》第2卷第22期。

有志儿童幸福的人和有志改良社会的人看此情形，就大呼特呼的提倡广设幼稚园。但提倡的力竭声嘶，而响应的寥若晨星。都市之中尚有几个点缀门面，乡村当中简直找不到他们的踪迹。这也难怪，照现在的情形看来，幼稚园倘不经根本的改革，不但是乡村里推不进去，就是都市里面也容不了多少。

依我看来，现在国内的幼稚园害了三种大病：一是外国病。试一参观今日所谓之幼稚园，耳目所接，那样不是外国货？他们弹的是外国钢琴，唱的是外国歌，讲的是外国故事，玩的是外国玩具，甚至于吃的是外国点心。中国的幼稚园几乎成了外国货的贩卖场，先生做了外国货的贩子，可怜的儿童居然做了外国货的主顾。二是花钱病。国内幼稚园花钱太多，有时超过小学好几倍。这固然难怪，外国货哪有便宜的。既然样样仰给于外国，自然费钱很多；费钱既多，自然不易推广。三是富贵病。幼稚园既是多花钱，就得多弄钱。学费于是不得不高，学费高，只有富贵子弟可以享受他的幸福。所以幼稚园只是富贵人家的专用品，平民是没有份的。

我们现在所要创办的乡村幼稚园，就要改革这三种弊病。我们下了决心，要把外国的幼稚园化成中国的幼稚园，把费钱的幼稚园化成省钱的幼稚园，把富贵的幼稚园化成平民的幼稚园。

一、建设中国的幼稚园　我们在这里要力谋幼儿教育之适合国情，不采取狭义的国家主义。我们要充分运用眼面前的音乐、诗歌、故事、玩具及自然界陶冶儿童，外国材料之具有普遍性、永久性的亦当选粹使用；但必以家园所出的为中心。

二、建设省钱的幼稚园　打破外国偶像是省钱的第一个办法。我们第二个办法就是训练本乡师资教导本乡儿童。一村之中必有一二天资聪敏、同情富厚之妇女。我们就希望她们经过相当训练之后，出来担任乡村幼稚园的教师。她们既可得一新职业之出路，又可使幼稚园之薪金不致超过寻常小学额数。岂不是一举两得？这些妇女中最可有贡献而应最先训练的，无过于乡村校长教员之夫人姊妹及年长的女学生。她们受过训练之后，只要有人加以提倡，幼稚园就可一举而成。第三个办法就是运用本村小学手工科及本村工匠仿制玩具，如此办来，一个钱可以抵数钱之用。三个办法同时并进，可以实现省钱的幼稚园。

三、建设平民的幼稚园　幼稚园花钱既省，取费自廉，平民的儿童当能享受机会均等。教师取之乡间，与村儿生活气味相投，自易亲近。这两件事都可以叫幼稚园向平民方面行走。但一个制度是否真能平民化，要看他是否应济平民的需要。就我们所观察，乡村幼稚园确是农民普遍的永久的需要。试一看乡村生活，当农忙之时，主妇更是要忙得天昏地黑。她要多烧茶水，多弄饭菜，多洗衣服，有时还要她在田园里工作，那里还有空去管小孩子。那做哥哥做姊姊的也是送饭、挑水、看牛、打草鞋，忙个不了，谁也没有功夫陪小弟弟、小妹妹玩。所以农忙之时，村中幼儿不是跟前跟后，就是没人照应，真好像是个大累。倘使乡村幼稚园办的得当，他们就可以送来照料。一方面父母又可以免去拖累，一方面儿童又能快快乐乐的玩耍，岂不是“得其所哉”！小学儿童年龄较大，可以做事，农忙时颇能助父母一臂之力，要他上学，不啻减少农民谋生能力，所以有如登天之难。幼稚园则不然。他所招收的儿童，正是农民要解脱的负担，要他们进来,正是给农民一种便利。倘使办理得当,乡村幼稚园可以先小学而普及。幼稚园既是应济平民的需要,自有彻底平民化之可能。我们只须扫除当路的障碍,使他早日实现就是了。

建设一个中国的、省钱的、平民的乡村幼稚园,不是一说就可以成功的。我们必须用科学方法去试验,必须用科学方法去建设。我们对于幼稚园之种种理论设施都要问他一个究竟,问他一个彻底。我们要幼稚园里样样活动都要站得住。我们要运用科学的方法来建设一个省钱的、平民的、适合国情的乡村幼稚园。将来全国同志起而提倡,使个个乡村都有这样一个幼稚园,使个个幼儿都能享受幼稚园的幸福,那更是我们所朝夕祷祝的了。

我们的信条*

《我们的信条》虽是我用笔写的,但不是我创的。我参观诸位先生在学校里实际的工作,心里不由人起了好多印象,积起来共有十八项,我就依着次序编成这套信条。所以这是诸位先生自己原来的信条,早已接受实行,今日只是大家共同温习一遍,并下定决心,终身奉行,始终如一。

我们从事乡村教育的同志,要把我们整个的心献给我们三万万四千万的农民。我们要向着农民"烧心香"。我们心里要充满那农民的甘苦。我们要常常念着农民的痛苦,常常念着他们所想得的幸福,我们必须有一个"农民甘苦化的心"才配为农民服务,才配担负改造乡村生活的新使命。倘使个个乡村教师的心都经过了"农民甘苦化",我深信他们必定能够叫中国个个乡村变做天堂,变做乐园,变做中华民国的健全的自治单位。这是我们绝大的机会,也就是我们绝大的责任。

我们深信教育是国家万年根本大计。

---

* 本篇原载于1926年12月10日《新教育评论》第3卷第2期。

我们深信生活是教育的中心。

我们深信健康是生活的出发点,也就是教育的出发点。

我们深信教育应当培植生活力,使学生向上长。

我们深信教育应当把环境的阻力化为助力。

我们深信教法学法做法合一。

我们深信师生共生活、共甘苦,为最好的教育。

我们深信教师应当以身作则。

我们深信教师必须学而不厌,才能诲人不倦。

我们深信教师应当运用困难,以发展思想及奋斗精神。

我们深信教师应当做人民的朋友。

我们深信乡村学校应当做改造乡村生活的中心。

我们深信乡村教师应当做改造乡村生活的灵魂。

我们深信乡村教师必须有农夫的身手,科学的头脑,改造社会的精神。

我们深信乡村教师应当用科学的方法去征服自然,美术的观念去改造社会。

我们深信乡村教师要用最少的经费办理最好的教育。

我们深信最高尚的精神是人生无价之宝,非金钱所能买得来,就不必靠金钱而后振作,尤不可因钱少而推诿。

我们深信如果全国教师对于儿童教育都有“鞠躬尽瘁,死而后已”的决心,必能为我们民族创造一个伟大的新生命。

中国师范教育建设论*

教什么？怎样教？教谁？谁教？这是师范学校的几个基本问题。要想把师范学校办得好，必须把这些问题先弄明白。

师范学校首先要问的是“教什么”？这是教材问题。施教的人不能无中生有，他必得要运用环境所已有的事物去引起学生之活动。所以遇了“教什么”这个问题，我们暂时可以下一句答语：有什么，学什么；学什么，教什么；教什么，就拿什么来训练教师。但是世界上有的东西，无计其数；所有的未必是所需要的。因此，我们姑且又要加上一句答语：要什么，学什么；学什么，教什么；教什么，就拿什么来训练教师。

所有和所要都知道了，我们立刻发生教法问题。我们要接着问一问：怎样教？教的法子要根据学的法子；学的法子要根据做的法子。教法、学法、做法是应当合一的。我们对于这个问题所建议的答语是：事怎样做就怎样学；怎样学就怎样教；怎样教就怎样训练教师。

---

* 本篇原载于1926年12月《新教育评论》第3卷第1期。

教什么和怎样教,决不是凌空可以规定的。它们都包含“人”的问题。这问题就是:“教谁?”人不同,则教的东西、教的方法、教的分量、教的次序都跟着不同了。我们要晓得受教的人在生长历程中之能力需要,然后才能晓得要教他什么和怎样教他;晓得了要教他什么和怎样教他,然后才能晓得如何去训练那教他的先生。

预备要做先生的是哪种人?他对于教师职业的兴味、才能如何?他充当某种教师是否可以胜任愉快?现在实际在那儿当教师的是谁?师范学校所期望于他所训练的人才有多少能做适当的教师?这也是师范学校要考虑的问题。我们的建议是:谁在那儿教,谁欢喜教,谁能教得好,就应当训练谁。

就上面所说的,总起来看,我们知道,师范学校是要运用环境所有所需的事物,归纳于他所要传布的那种学校里面,依据做学教合一原则,实地训练有特殊兴味才干的人,使他们可以按着学生能力需要,指导学生享受环境之所有并应济环境之所需。这个定义包含三大部分:一是师范学校本身的工作,二是中心学校的工作,三是环境里的幼年人生活。这三大部分应当发生有机体的关系,使得他们的血脉可以流通,精神可以一贯。他们中间不当有丝毫的隔膜。一看这个定义,我们立刻晓得师范学校的出发点就是他所要传布的中心学校;中心学校的出发点就是环境里的幼年人生活,由此我们也就可以明白建设师范教育之历程。

环境里的幼年人生活既是中心学校的中心,我们首先就要把他弄个明白。我们要晓得幼年人在生长历程中有什么能力,有什么需要。我们虽不能完全知道，但是学者已经研究出来的，我们必须充分明了。幼年人不是孤立的，他是环境当中的一个人。环境对于幼年人的生活有两种大的力量。一是助力。自然界的光线、空气、食物、饮料，在常态之下，都是扶助人类生长的东西。社会里的语言文字、真知灼见，以及别人的互相提携，也都有扶助我们生长的作用。二是阻力。例如狂风、暴雨、水患、旱灾、虫害种种，都是自然界与人为难的东西。社会方面的贪官、污吏、劣绅、土棍、盗贼，以及一切不良的制度风俗，也是我们生长的挡路物。可是阻力倘不太大，可以化为助力。逆境令人奋斗，生长历程中发生了困难才能触动思想，引起进步。人的脑袋就是这样长大的，文明也是这样进化的。我们应当运用自然界和社会界的助力、阻力去培植幼年人的生活力，使他可以做个健全分子去征服自然，改造社会。因此，我们又要问自然界与社会界对于幼年人的生长有什么助力，有什么阻力？他们对于幼年人生长的贡献是什么？他们有什么缺憾要人力补天工之不足？一个环境对于幼年人生长之助力、阻力、贡献、缺憾，要具体的分析开来才能指导教育的实施。倘使囫囵吞枣，似乎没有多大用处。分析出来的具体事实必定是整千整万，学校自然不能完全采纳进去。所以进一步的工作就是估量每件事实的价值，价值估量之后再作选择的功夫，把价值最低的除开，需要可缓的除开，学校不必教不能教的除开，留下来的容纳到学校里去，编成教材，制为课程，佐以相当设备，配以相当程序，使教师指导学生脚踏实地的去做去学。这样一来，中心学校就可以办成了。这种学校是有根的；他的根安在环境里，吸收环境的肥料、阳光，化作自己的生命，所以他能长大、抽条、发叶、开花、结果。这种学校是与自然生活、社会生活联为一气的。他能适应环境的生活，也能改造环境的生活。他是本地的土壤里产生出来的，它自能在相类的环境里传布。我们可以祝他说："恭喜你多福，多寿，多儿子，儿子又生孙，孙又生儿子，子子孙孙生到无穷期，个个都像你，个个胜过你。"中心学校有了办法，再办师范学校。师范学校的使命，是要运用中心学校之精神及方法去培养师资。他与中心学校的关系也是有机体的，也是要一贯的。中心学校是它的中心而不是它的附属品。中心学校也不应以附属品看待自己。正名定义，附属学校这个名字要不得。实习学校的名字好得多，但是这个名字包含了"思想与实习分家"的意味，也不是最好的。师范学校的各门功课都有专业的中心目的，大部分都应当与中心学校联串起来。例如教育学、心理学等等功课若是附加的性质，决不能发生很大的效力。这种功课应当与实地教学熔为一炉，大部分应当采取理科实验指南的体裁以谋教学做三者之合一。我们进行时对于师范生本身之能力与需要，当然要同时顾到。因为师范生将来出去办学的环境与中心学校的环境必定不能一模一样；要想师范生对于新环境有所贡献，必得要同时给他们一种因地制宜的本领。

师范毕业生得了中心学校的有效办法和因地制宜的本领，就能到别的环境里去办一个学校。这个学校的精神与中心学校是一贯的，但不是刻印板的，不是照样画葫芦的。他要适应他的特殊环境，也要改造他的特殊环境。

这个学校对于学生所要培植的也是生活力。它的目的是要造就有生活力的学生，使得个个人的生活力更加润泽、丰富、强健，更能抵御病痛，胜过困难，解决问题，担当责任。学校必须给学生一种生活力，使他们可以单独或共同去征服自然，改造社会。

我们这里所建议的步骤是一气呵成的：自然社会里的生活产生活的中心学校，活的中心学校产生活的师范学校，活的师范学校产生活的教师，活的教师产生有生活力的国民。

这个建设历程，从头到尾，都是息息相通的，倘使发现不衔接、不联络、不适应的地方，到处可以互相参考纠正，随改随进。所以中心学校随着自然社会生活继续不断的改进，师范学校随着中心学校继续不断的改造，地方学校随着师范学校继续不断的改进，自然、社会生活又随着地方学校继续不断的改进。

上述师范教育的建设历程，倘用下图表示，更能一目了然。

说明：

自然、社会里的幼年生活是中心学校之中心。

中心学校是师范学校之中心。

一、二、三、四、五是师范毕业生办的学校。

生活力代表师范毕业生所办学校培养之学生。

训练初级师范教员之高等师范或师范大学，可于师范学校外加一圈，并类推。

师范学校既以中心学校为中心，那末，有哪一种的中心学校就有哪一种的师范学校：有幼稚园为中心学校，就可以办幼稚师范；有小学为中心学校，就可以办初级师范；有中学或师范为中心学校，就可以办高等师范或师范大学；有各种职业机关或学校做中心学校，就可以办各种职业师范。

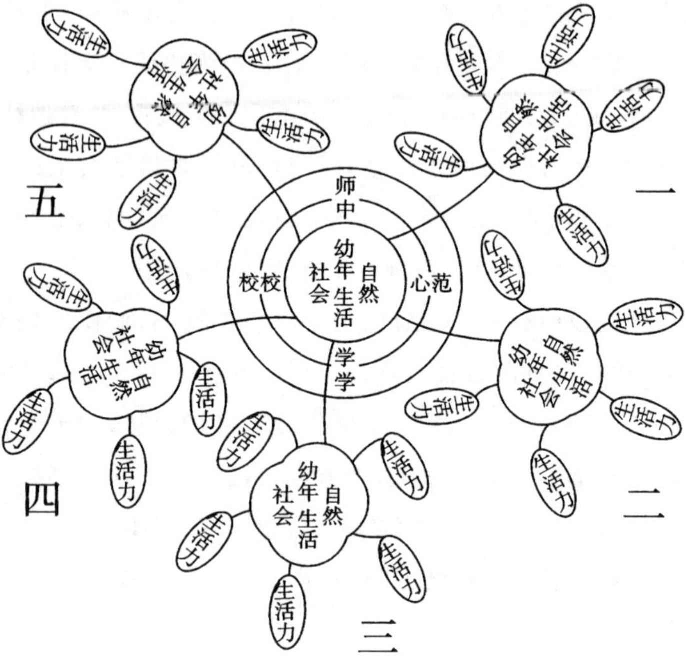

中国师范教育建设图

师范学校既以中心学校为中心，就得跟着中心学校跑。凡有好的中心学校的地方，都可以办个师范；凡是没有好的中心学校的地方都可以取消师范的招牌。否则就应当根本改造中心学校和各方面的关系，使它名实相符。师范学校人数也可不拘，看中心学校的容量而定。他能容几个人就是几个人，不必勉强。一个师范可以有几个中心学校；一个中心学校也可以做几个师范学校的公共中心。例如，一个乡村师范可以有几个单级学校、几个复式学校、几个单式学校做他的中心学校。又例如，一个好的中心小学里可以容纳初级中学、高级中学，甚至于大学程度的师范生在这里学习。初级中学程度的人在这里学习之后可以去当初小的教师,高级中学程度的人在这里学习之后可以去当高小的教师,大学程度的学生在这里学习之后可以去办初级师范或县立师范。

中心学校的成立有两种方式都可以行:一是另起炉灶来创设;二是找那虚心研究、热心任事、成绩昭著并富有普遍性之学校特约改造,立为中心学校。这两种方式可以按照情形酌量采择施行。

有了中心学校,就可以在中心学校左近建筑或租借房屋开办师范班或师范学校。收录师范生可有两种办法。一是本校招收新生始终其事,予以完全训练。这种办法规模较大,需用人才、设备、经费也较多。二是招收他校将毕业而有志充当教师之学生或有相当程度之在职之教员,加以相当时期之训练。照这种办法,师范部只须准备宿舍、图书、讨论室、指导人才及所需之其他设备,就可开办。这是比较轻而易举的。毕业后发给修业证书,俟办成有生活力之学校始发给正式毕业证书。原肄业学校如因本校没有师范训练,亦得依照规定手续保送相当学生来此学习。毕业证书可由两校合发。这种种办法各级师范都可适用。

上面所说的是建设中国师范教育的根本原理与实施概要。中国师范教育前清办理失策,以致师范学校与附属学校隔阂,附属学校与实际生活隔阂。我们所以有这种隔阂,是因为我们的师范教育或是从主观的头脑里空想出来的,或是间接从外国运输进来的,不是从自己的亲切经验里长出来的。这种师范教育倘不根本改造,直接可以造成不死不活的教师,间接可以造成不死不活的国民。有生活力的国民,是要靠着有生活力的教师培养的;有生活力的教师,又是要靠着有生活力的师范学校训练的。中国今日教育最急切的问题,是旧师范教育之如何改造,新师范教育之如何建设。国家所托命之师范教育,是决不容我们轻松放过的。我们很希望全国同志聚精会神的来对付这个问题。

中国乡村教育之根本改造*

中国乡村教育走错了路！他教人离开乡下向城里跑，他教人吃饭不种稻，穿衣不种棉，做房子不造林；他教人羡慕奢华，看不起务农；他教人分利不生利；他教农夫子弟变成书呆子；他教富的变穷，穷的变得格外穷；他教强的变弱，弱的变得格外弱。前面是万丈悬崖，同志们务须把马勒住，另找生路！

生路是什么？就是建设适合乡村实际生活的活教育。我们要从乡村实际生活产生活的中心学校；从活的中心学校产生活的乡村师范；从活的乡村师范产生活的教师，从活的教师产生活的学生、活的国民。活的乡村教育要有活的乡村教师。活的乡村教师要有农夫的身手，科学的头脑，改造社会的精神。活的乡村教育要有活的方法；活的方法就是教学做合一：教的法子根据学的法子，学的法子根据做的法子；事怎样做就怎样学，怎样学就怎样做。活的乡村教育要用活的环境，不用死的书本。他要

* 本篇是1926年12月12日陶行知先生在乡村教育讨论会上的演讲词，原载于1928年4月《中国教育改造》。

运用环境里的活势力,去发展学生的活本领——征服自然改造社会的活本领。他其实要叫学生在征服自然改造社会上去运用环境的活势力,以培植他自己的活本领。活的乡村教育,要教人生利。他要叫荒山成林,叫瘠地长五谷。他要教农民自立、自治、自卫。他要叫乡村变为西天乐园,村民都变为快乐的活神仙。以后看学校的标准,不是校舍如何,设备如何,乃是学生生活力丰富不丰富。村中荒地都开垦了吗?荒山都造了林吗?村道已四通八达了吗?村中人人都能自食其力吗?村政已经成了村民自有、自治、自享的活动吗?这种活的教育,不是教育界或任何团体单独办得成功的,我们要有一个大规模联合,才能希望成功。那应当联合中之最应当联合的,就是教育与农业携手。中国乡村教育之所以没有实效,是因为教育与农业都是各干各的,不相闻问。教育没有农业,便成为空洞的教育,分利的教育,消耗的教育。农业没有教育,就失了促进的媒介。倘有好的乡村学校深知选种、调肥、预防虫害之种种科学农业,做个中心机关,农业推广就有了根据地、大本营。一切进行,必有一日千里之势。所以第一要教育与农业携手。那最应当携手的虽是教育与农业,但要求其充分有效,教育更须与别的伟大势力携手。教育与银行充分联络,就可推翻重利;教育与科学机关充分联络,就可破除迷信;教育与卫生机关充分联络,就可预防疾病;教育与道路工程机关充分联络,就可改良路政。总之,乡村学校是今日中国改造乡村生活之唯一可能的中心!他对于改造乡村生活力量大小,要看他对于各方面势力联络的范围多少而定。乡村教育关系三万万四千万人民之幸福!办得好,能叫农民上天堂;

办得不好，能叫农民下地狱。我们教育界同志，应当有一个总反省，总忏悔，总自新。我们的新使命，是要征集一百万个同志，创设一百万所学校，改造一百万个乡村。我们以至诚之意，欢迎全国同胞一齐出来，加入这个运动，赞助他发展，督促他进行，一心一德的来为中国一百万个乡村创造一个新生命。叫中国一个个的乡村都有充分的新生命，合起来造成中华民国的伟大的新生命。

一九二六年十二月

南京国民政府时期（1927~1936）

教育改进*

吾人不但须教育，而且须好教育。改进之意即在使坏者变好，好者变为更好。社会是动的，教育亦要动。吾人须使之继续不断的改，继续不断的进。

教育改进包含两方面：有关于教育方针之改进，亦有关于教育方法之改进。教育方针随思潮为转移：有因个人兴致而偶然变更者，亦有因社会大势所趋而不得不变更者。教育方法受方针之指挥约束，必须与方针联为一气。方针未定得准，方法不与方针一致，均与吾人以改进之机会。比如航海，必须先定准方向。方向不定准，无论方法如何敏捷，如何洽意，只是行错路，究不能达目的地。但空悬一方针，船身能否抵制风浪，水手是否干练勇敢，食料与燃料敷用几时，均未打算清楚，则虽有方针，亦难达到目的地。故方针不准，应当改进；方法不与方针一致，亦应改进。航海如此，办学亦应如此。

论到中国教育方针，自办新学以来已经改变五六次。最初要吸收科学而又不忍置所谓国粹者于不顾，所以有"中学为体，

---

* 本篇是陶行知为《教育大辞书》编写的辞条。

西学为用”之主张,此种主张即是当时一种教育方针。光绪二十七年明定教育宗旨为忠君、尊孔、尚公、尚实、尚武。此种教育宗旨即表明其时之教育方针。民国元年,国体变更,教育方针因改为重在道德而以实利教育、军国民教育辅之,更以美感教育完成其道德。民国四年,申明教育宗旨,又改进为“注重道德、实利、尚武,并运之以实用”。民国八年,教育部组织教育调查会,该会建议“以养成健全人格,发展共和精神为教育宗旨”。所谓健全人格须包含:“一、私德为立身之本,公德为服务社会国家之本。二、人生所必需之知识技能。三、强健活泼之体格。四、优美和乐之感情。”共和精神包含:“一、发挥平民主义,俾人人知民治为立国之本。二、养成公民自治习惯,俾人人能负国家社会之责任。”民国十一年第八届全国教育会联合会建议学制系统标准,即是关于教育方针之修正。嗣经教育部公布标准七条:“一、适应社会进化之需要。二、发挥平民教育精神。三、谋个性之发展。四、注意国民经济力。五、注意生活教育。六、使教育易于普及。七、多留地方伸缩余地。”此二十余年中,吾国教育方针每隔四五年即修改一次,颇不稳定,论者辄讥为无方针之教育。其实中国方在过渡时代,又当各种思潮同时交流而至,方针不易固定。即以现在而论,吾人尚在歧路上考虑。吾意不出数年,中国教育方针必须再经一次变更,此次变更后或可较为稳定。中国教育方针已经走过几层歧路,以吾观之,尚有两层最为重要之歧路:第一层,国家主义与国际主义。第二层,物质文明、精神文明,与吸收物质文明而保存精神自由,并免去机械的人生观。改革固须改革,究竟如何改革方能进步,实属根本问题。

至于教育方法之改进，所包括之方面更多。学制、组织、行政、教师之训练，教材之选择与编辑，教学法之研究，校舍教具之设备，经费之筹措等种种问题，悉包括在内。如须一一详述其近年改进之途径，非本文篇幅所许。就教育方法论，却有极显著之进步。如由主观的逐渐移至客观的，由盲从的移至批评的，由少数人参与的移至多数人参与的，由一时兴会所至的移至慎重考虑的，由普通人议论出来的移至专门家屡试屡验的，不由人要喜形于色。但此种趋势只属于起点而已。盖今日中国之教育方法亦有两个缺点：一是方法不与方针一致，造就一人不能得一人之用；二是从外国贩来整套之理想与制度不能适合国情，不能消化，不能在人民生活上发现健全之效力。此均为吾人应绞脑筋、运身手、谋改进之急务。

以上论教育方针与方法均须改进，兹进论如何改进之道。

一、办教育者必须承认所办教育尚未尽善尽美，确有改进之可能。彼应持虚心的态度，彼应破一切成见、武断、知足。脑中积有痞块，决无改进希望。彼又应承认有问题必有解决，有困难必可胜过，只须自己努力，无一不可以改进。若听天由命，不了了之之人，决不能望其改进。彼或是被人改进，但如无人乐意为之改进，则彼之存在只属幸运而已。

二、改进教育者必须明白自己之问题，又必须明白他人解决同类问题之方法。于是调查，参观，实为改进教育之人手办法。国内调查参观之发生效力者可以择要述之：民国三年黄炎培之本国教育考察，民国十年孟禄等六人之实际教育调查，民国十二年中华教育改进社之全国教育统计调查，均为多区域、多问题之调查，影响亦甚普遍。又地方教育之调查，如民国七年南京高等师范学校之南京教育调查，民国十二年中华教育改进社之北京学校调查，只是地方教育调查之初步工作。一级教育之调查，如民国十二年中华教育改进社之小学教育调查，十四年俞子夷之调查儿童对于各科好恶，于小学教育均有相当贡献。一门教育之调查，如民国八年、九年中华职业教育社调查甲乙种实业学校之得失，十一年至十三年中华教育改进社之调查十省科学教育及十四年之中国图书馆调查，十三年江苏义务教育期成会及改进社之乡村小学考察，十五年江苏教育厅之乡村小学视察，均于教育改进影响甚大。国外教育考察，最早者为光绪二十八年吴汝纶之日本教育考察。其《东游丛录》呈上管学大臣后，对于《钦定学堂章程》自有相当影响。嗣后派遣提学使赴日考察教育，使我国教育之日本化更进一步。美国教育考察，始于民国三年。是时黄炎培为江苏教育司长，派郭秉文、陈容、俞子夷三人考察欧美教育，归国后乃有南京高等师范之产生。四年黄炎培游美，其所带之感想，可于彼所著《东西两大陆教育不同之根本谈》中见其大略。六年考察菲律宾教育，南北各三人，直接即产生中国之职业教育。其后袁希涛组织欧美教育考察团，回国后极力介绍欧美教育方法与理想。新学制之成立直接间接受此种调查参观之影响不少。调查参观确已表现“改”之能力，但究竟属改进属改退，则一时颇不易定。

三、教育界共同之问题应同心协力共谋解决与改进。故教育会议乃必不可少之事，吾人要求精神之一致、经验之沟通，非有会议不可。前清之中央教育会，民国元年之临时教育会议，民国四年以来之全国省教育联合会以及中华职业教育社、中华教育改进社、中华平民教育促进会等之年会，以及去年大学院之全国教育会议，均与形成全国教育思潮、方针及进行方案有密切之关系。现在国内省有省教育会，县有县教育会，市乡之组织完备者有市教育会及乡区教育会。学校与学校合组之各会议，影响较大者有中等教育协会、附属小学联合会。彼等于各自范围内所经营之事业，各有善良之效验。一门教育之会议，如民国十三年五月之乡村小学组织及课程讨论会，颇能引起乡村教育之兴味。一校之中，各科教员倘有讨论之组织，亦于改进各该科教育有所裨益。不但国内教育同志应有讨论之机会，国际教育同志亦应有交换意见之机会。十二年世界教育会议在旧金山举行，我国派代表出席，即思运用教育方法，以培养国际之谅解，增进国际之同情，并提倡国际之公道。吾人相信如依此慎重作去，此种会议于改进全世界之教育当有裨益。

四、调查参观仅为取别人之所知以益己之所不知，会议仅为会合各人之所知以成公众之所共知，吾人决不能藉此种方法以发现新理。不能发现新知，决不是在源头上谋改进。改进教育之原动力及发现新理之泉源，乃属试验学校之功能。我国现在足以当试验学校之名者甚少。以前东南大学附属小学及附属中学曾作道尔顿制及设计教学法之试验工作。最近北京艺文中学亦正在试验道尔顿制，鼓楼幼稚园之设乃欲试验幼稚教育者。中华教育改进社以试验学校为一切教育改进之大本，特于十四年十二月定一进行方针："本社会后对于教育之努力，应向适合本国国情及生活需要之方向进行。其人手方法为选择宗旨相同，并著有成绩之中学、小学、幼稚园，与之特约试验。合研究者之学术与实行者之经验为一体，务使用费少而收效宏；并将试验结果随时介绍全国，俾多数学校，可以共向此途进展。”依此方针进行，该社已与燕子矶小学、尧化门小学、鼓楼幼稚园、南京安徽公学、北京艺文中学特约进行试验。该社于特约学校外尚须特设一试验乡村幼稚园及一试验乡村师范，不久可以实现。改进教育最有效力之方法无过于以学校化学校。

五、调查必须有工具，方能明白问题之所在；试验亦必须有工具，方能考核方法为实效。此种工具名曰测验。比如医病，教育心理测验仿佛是听肺机、寒暑表、爱克斯光线，较之通常之听闻为可靠。民国十一年至十二年中华教育改进社聘麦柯博士来华，偕同北京师大、东南大学教育科及其他大学教授二十余人编造测验二十余种，可算是第一次之尝试。此种测验当然未能谓为已十分完备、十分可靠。但吾人亦不能因此谓无用。吾人应精益求精，使之渐达尽善尽美之境地。而教育事业之改进，亦可以由此而获得相当之助力。

六、教育之学术，非可独立存在。彼立于哲学、心理学、生物学、生理学、社会学、经济学等各种学术之基础之上。故谋此种种学术之进步即所以谋教育学术之改进。教育之事业亦非可独立存在者。彼与一国政制、风俗、职业以及天然环境均有息息相关之道。故谋政制、风俗、农、工、商、交通、水利等等之进步亦即所以谋教育之改进。吾人不能专在教育上谋改进，即以为可以完全达到吾人之目的。吾人当改进教育之时，务须注意教育以外尚有许多别种事情须同时改进也。

行是知之始*

阳明先生说:“知是行之始,行是知之成。”我以为不对。应该是“行是知之始,知是行之成”。我们先从小孩子说起,他起初必定是烫了手才知道火是热的,冰了手才知道雪是冷的,吃过糖才知道糖是甜的,碰过石头才知道石头是硬的。太阳地里晒过几回,厨房里烧饭时去过几回,夏天的生活尝过几回,才知道抽象的热。雪菩萨做过几次,霜风吹过几次,冰淇淋吃过几杯,才知道抽象的冷。白糖、红糖、芝麻糖、甘蔗、甘草吃过几回,才知道抽象的甜。碰着铁,碰着铜,碰着木头,经过好几回,才知道抽象的硬。才烫了手又冰了脸,那末,冷与热更能知道明白了。尝过甘草接着吃了黄连,那末甜与苦更能知道明白了。碰着石头之后就去拍棉花球,那末,硬与软更能知道明白了。凡此种种,我们都看得清楚“行是知之始,知是行之成”。佛兰克林放了风筝才知道电气可以由一根线从天空引到地下。瓦特烧水,看见

---

* 本篇是1927年6月3日陶行知先生在晓庄学校寅会上的演讲词,原载于1929年7月30日《乡教丛讯》第3卷第12期全文刊载。

蒸汽推动壶盖便知道蒸汽也能推动机器。加利里翁在毕撒斜塔上将轻重不同的球落下,便知道不同轻重之球是同时落地的。在这些科学发明上,我们又可以看得出"行是知之始,知是行之成"。

"墨辩"提出三种知识:一是亲知,二是闻知,三是说知。亲知是亲身得来的,就是从"行"中得来的。闻知是从旁人那儿得来的,或由师友口传,或由书本传达,都可以归为这一类。说知是推想出来的知识。现在一般学校里所注重的知识,只是闻知,几乎以闻知概括一切知识,亲知是几乎完全被挥于门外。说知也被忽略,最多也不过是些从闻知里推想出来的罢了。我们拿"行是知之始"来说明知识之来源,并不是否认闻知和说知,乃是承认亲知为一切知识之根本。闻知与说知必须安根于亲知里面方能发生效力。

试取演讲"三八主义"来做个例子。我们对一群毫无机器工厂劳动经验的青年演讲八小时工作的道理,无异耳边风。没有亲知做基础,闻知实在接不上去。假使内中有一位青年曾在上海纱厂做过几天工作或一整天工作,他对于这八小时工作的运动的意义,必有亲切的了解。有人说:"为了要明白八小时工作就要这样费力的去求经验,未免小题大做,太不经济。"我以为天下最经济的事无过这种亲知之取得。近代的政治经济问题便是集中在这种生活上。从过这种生活上得来的亲知,无异于取得近代政治经济问题的钥匙。

"亲知"为了解"闻知"之必要条件已如上述,现再举一例,证明"说知"也是要安根在"亲知"里面的。

白鼻福尔摩斯里面有一个奇怪的案子。一位放高利贷的被人打死后,他的房里白墙上有一个血手印,大得奇怪,从手腕到中指尖有二尺八寸长。白鼻福尔摩斯一看这个奇怪手印便断定凶手是没有手掌的,并且与手套铺是有关系的。他依据这个推想,果然找出住在一个手套铺楼上的科尔斯人就是这案的凶手,所用的凶器便是挂在门口做招牌的大铁手。他的推想力不能算小,但是假使他没有铁手招牌的亲知,又如何推想得出来呢?

这可见闻知、说知都是安根在亲知里面,便可见"行是知之始,知是行之成"。

十六年六月三日

生活工具主义之教育*

“教育以生活为中心”，这句话已经成为今日学校里的口头禅。但是细考实际，教育自教育，生活自生活，依然渺不相关。这是因为什么缘故？我们先前以“老八股”不适用，所以废科举，兴学堂；但是新学办了三十年，依然换汤不换药，卖尽气力，不过把“老八股”变成“洋八股”罢了。“老八股”与民众生活无关，“洋八股”依然与民众生活无关。但是新学校何以变成“洋八股”，何以与民众生活无关？这其中必有道理。

人的生活，必须有相当工具，才能表现出来。工具充分，才有充分的表现；工具优美，才有优美的表现；工具伟大，才有伟大的表现。“老八股”与“洋八股”虽有新旧之不同，但都是靠着片面的工具来表现的，这片面的工具就是文字与书本。文字与书本只是人生工具之一种，“老八股”与“洋八股”教育拿他当作人生的唯一工具看待，把整个的生活都从这个小孔里表现出去，岂不要把生活剥削得皮黄骨瘦吗？文字、书本，倘能用的得当，还

* 本篇原载于1927年7月1日《乡教丛讯》第1卷第12期。

不失为人生工具之一；但是“老八股”与“洋八股”的学生们却不用他们来学“生”，偏偏要用他们来学“死”。中国教育所以弄到山穷水尽，没得路走，是因为大家专靠文字、书本做独一无二的工具，并且把文字、书本这个工具用错了。我们要想纠正中国教育，使他适应于中国国民全部生活之需要，第一就须承认文字、书本只是人生工具的一种，此外还有许多工具要运用来透达人生之欲望；第二就须承认我们从前运用文字、书本的方法是错的，以后要把他们用的更加得当些。

现在有一班人，开口就说：西方的物质文明比东方好，东方的精神文明比西方高。这句话初听似乎有理，我实在是百索不得其解。精神与物质接触必定要靠着工具。工具愈巧则精神愈能向着物质发挥。工具能达到什么地方即精神能达到什么地方。动物以四肢、百体为工具，所以他的精神活动亦以四肢、百体的力量所能达到的地方为限。人的特别本领就是不专靠自己的身体为工具。人能发明非身体的工具，制造非身体的工具，应用非身体的工具。文明人与野蛮人的最大分别就是文明人能把这些非身体的工具发明得格外多，制造得格外精巧，运用得格外普遍。有了望远镜，人的精神就能到火星里去游览；有了显微镜，人的精神就能认识那叫人生痨病的不是痨病鬼乃是痨病虫。今年五月七日，第一次飞渡大西洋的飞行家林白从德国柏林通电话到美国和他的老母谈话，是精神交通破天荒的成功，也是物质文明破天荒的成功。精神文明与物质文明是合而为一的。这合而为一的媒介就是工具。教育是什么？教育是教人发明工具，制造工具，运用工具。生活教育教人发明生活工具，制造生活工具，运用生活工具。空谈生活教育是没有用的。真正的生活教育必以生活工具为出发点。没有工具则精神不能发挥，生活无由表现。观察一个国家或一个学校的教育是否合乎实际生活，只须看他有无生活工具；倘使有了，再进一步看他是否充分运用所有的生活工具。教育有无创造力，也只须看他能否发明人生新工具或新人生工具。中国教育已到绝境，千万不要空谈教育，千万不要空谈生活；只有发明工具，制造工具，运用工具才是真教育，才是真生活。

如何教农民出头*

上次我和杨先生讨论到怎样把国家建设在农业上，如何教农业文明过渡到工业文明，如何使农民得执工商业之牛耳等等问题。现在把我个人近来关于这些问题的心得，约略说一下：

如何教农民出头？我们可举种棉花来做个比方。农民辛辛苦苦，把棉花收获下来之后，对于棉花就不能自主了。棉花要出头到纱厂里去，纱厂里要他的出头费。纱厂以逸待劳，价格随意而定。农民为经济所迫，不得不低价出售。再进而至于由纺纱厂到织布厂，由织布厂到市场，没有一个关口不是有人要收很重的出头费。到布出卖的时候，农民买进来穿是很贵的棉布衣。棉花出售时是何等的便宜，穿布时却是大大的昂贵起来了。我们现在要想个法子，把纺纱厂、织布厂以及市场打成一贯，使农民能执工商业之牛耳，则棉花可以出头，种棉花的人也跟着棉花出头了。依我想来，这是可以做得到的。比方：以江苏省来说，江苏一省有二千五百万的农民，以五个农民为一家来计算，统共

---

* 本篇原载于1927年8月15日《乡教丛讯》第1卷第16期。

有五百万个农家。如果每家出一元,可以得到五百万元之数。有这五百万元,便可以兴办农民纺纱厂,农民自己做股东,把农民自己所产的棉花,送到农民自办的工厂里去。再每家出一元来办织布厂和商店。如此,二千五百万的农民,不但可以省去出头费,也还可以赚得赢利不少。

从农业国进到工业文明的过程中,必然有多数人要受淘汰而失业。因为机器发达,人工省去。这种现象,是确然不可免的。我们现在既然要把农业、工业打成一片,在农业上因机器而遭失业的人,就可以调进纺纱厂、织布厂、商店去做工度日。这个农民失业的危险,如果是农民执工商业的牛耳,就可以避去一大部分。

孙中山先生的实业大计划,也包括上述的事业。他主张利用国家资本与外资来发展国内实业。如果他的计划实行,要想教农民执工业上之牛耳,就得教农民实行把民权操在手中,运用国家权力来出头。国家资本,倘使分别缓急,必定要用来先筑千万里的铁路,因为这是农民出头必由之路。如果工厂里的货物运不出去,则生产过剩,价格低落,实业必归失败,所以筑路是发展实业的第一步。假如国家资本只能先顾筑路,创办纱厂一时不能并举,那末我们运用农民自己的资本与劳力,慢慢儿来开办起来,也是必要的政策。因为政府与农民共同努力,出头当然可以快些。

但如何可以从农民的荷包里掏出一元钱来做股东,以及如何可以使农民执有民权?这两件事须靠我们从事乡村教育诸同志的努力。农民对于这种大规模举动的不明了,与不知民权为何物，固然要靠舆论来鼓吹与启迪，但最要紧的还是重在培植小农民的乡村教师。假如每村有农户百家，五百万家就有五万个农村。假使这五万个乡村教师都受有特殊训练，那末五万个教师联合起来，不啻就是五万个村庄联合起来，也就是农民资本聚集的媒介。这样积少成多，就可以开办纺纱厂、织布厂等等。如此，棉花可以出头无阻，农民也就可以出头无阻了。至于如何训练农民执民权，如何教他们运用选举权、罢官权、创制权、复决权，也要靠乡村教师为之教导。这是我一月来对于这些问题考虑的一斑。上月我曾种山芋一次，知道山芋必定要底下可以安根，上面可以出头，才可以活。我们要想中国活起来，就得要在农业上安根，在工商业上出头。这个问题很大，希望诸位注意这问题，细细加以研究。

平等与自由*

中山先生解释平等的意义，有很大的贡献。他说：世界上有真平等，假平等，不平等。什么是不平等？帝、王、公、侯、伯、子、男、民的地位是一步一步的高上去。我的脚站在你的头上；你的脚又站在他的头上。这是叫做不平等。现在要打倒这种不平等，那是应当的。但是打不平等的人，往往要把大家的头一齐压得一样平，变成平头的平等，殊不知头上虽平，立足点却是不能平了。好像拿可以长得五尺高的树，和可以长得一丈高的树一齐压得一样平，岂不是大错吗？这种叫做假平等。真平等是要大家的立脚点平等，你的脚站在什么地方，我的脚亦站在什么地方。大家在政治上要站得一样平，经济上也要站得一样平。这是大家的立脚点平等。这才是真平等。

中山先生之解自由，没有他解释平等那样清楚。但他有一点说得很好，他说："中国人不是不知道自由；中国人的自由实在

---

* 本篇系演讲记录。记录者：陈昌嵩、戴邦杰。原载1927年9月1日《乡教丛讯》第1卷第17期。

是太过了。”所以他不用自由做口号，而用民族、民权、民生做标帜，与梁任公先生的维新以自由为口号，是完全不相同的。外国人说：“中国人不知自由。”然而外国人那里知道他们的自由远不如中国呢！

按中山先生的意思，说到自由是要求国家之自由。国民革命成功之后，团体能自由，个人不能自由。中国之所以弄到这地步，就是因为大家私人的自由太过，不注重国家之自由。私人的自由既然太过，则各人有各人的主张。所以中国人大多数是无政府党。我们中国入骨髓里，都含有无政府主义。这种无政府主义的倾向，往往在不知不觉中流露出来。比如蔡元培、吴稚辉，总算是忠实的国民党员，但是在不知不觉的时候，难免要流露无政府主义的色彩。共产党是与无政府党绝对不同的，但他的中国首领陈独秀，在不知不觉中，又何尝不是个无政府主义者。我们想到国家危险时，固然是要自抑私人之自由，但在不知不觉中，难免不爱享过分之自由。我们于不知不觉中，都有无政府主义的倾向。现在我们要救中国，亟当抑制个人之自由，切不能火上加油的提倡一盘散沙的自由了。这是革命未成时所不得不采之政策。

但是革命成功以后，个人可以不要自由，这句话，我很怀疑。因此我常想着什么地方要自由，什么地方不要自由。我又想到种山芋时所得的感想。我问邵德馨先生山芋如何种法。他告诉我说：“底下可以安根，上面可以出头，山芋乃可活。”因此我忽然悟到人生“出头处要自由”。如树木有长五尺长的，一丈长的，十丈长的；树的出头处，是要自由的。如果我们现在只许树长五尺，不许它长一丈与十丈，那世界上不是无成材了吗？因此我们要使它们尽量自由长上去。我们人类的智愚贤不肖，也如树木有能长到十丈长的，也有只能长到五尺长的，这是天生成的。如果你嫌五尺太矮，要把它拔到一丈，它因为力量的不足，是要死的；如果你嫌一丈太高，要把它压到五尺，它因为受了过分的压制，也是要死的。倘若不死，必是它的内力胜过压力，那压力必定是要被它撞穿的了。

个人如此，团体国家之自由解释，也是如此。如果国家的力量能够进步到什么程度，就尽它的力量进步到什么程度，谁也不能压迫的。如今列强对中国施行压迫，不许我们尽量出头；我们不愿被压力压死，就得使劲把压力撞破。个人能否得到出头的自由，是在乎个人之反抗与努力；国家能否得到出头的自由，那就非靠民众之努力与奋斗不可了！

近来我替友人书了一联："在立脚点谋平等，于出头处求自由。"上联是本着中山先生之学说；下联就是本着我的自由解释。在沪时我把这意思与胡适之先生也谈论过的。他说："思想事业，要受困难与不自由，才能发奋振作。"颇与我们的标语"教师应当运用困难以发展思想及奋斗精神"相同。他说："烧肉要把锅盖盖得紧，才能熟。你要出头自由，我要出头不自由。"当时我反驳他说："（一）锅里的肉，是死的，出头不出头没有多大关系。（二）我们愿肉受压力是为肉的幸福呢？还是为我们口腹之欲呢？"凭藉困难，培养人才，当然是最好的教育法。但是困难是否要在出头处压下去，是一问题。现在我仍旧坚信出头处要自由，但为使诸位同学明了各方面意见，并将胡适之先生的意思举出来，希望大家加以研究。

“伪知识”阶级*

自从俄国革命以来,“知识阶级”(Intelligentsia)这个名词忽然引起了世人之注意。在打倒知识阶级呼声之下,我们不得不问一问:什么是知识阶级?知识阶级是怎样造成的?应当不应当把他打倒?这些问题曾经盘旋于我们心中,继续不断的要求我们解答。近来的方向又转过来了,打倒知识阶级的呼声一变而为拥护知识阶级的呼声。我们又不得不问一问:什么是知识阶级?知识阶级是怎样造成的?应当不应当将他拥护?在这两种相反的呼声里面,我都曾平心静气的把这些问题研究了一番,我所得的答案是一致的。我现在要把我一年来对于这些问题考虑的结果写出来,与有同样兴趣的朋友们交换意见。

我们要想把知识阶级研究得明白,首先便须分别“知识”与“智慧”。智慧是生成的,知识是学来的。孟子说:“由射于百步之外也:其至,尔力也;其中,非尔力也。”会射箭的人能百步穿杨。射到一百步的力量是生成的限度;到了一百步还能穿过杨

* 本篇原载于 1928 年 4 月《中国教育改造》。

树的一片叶子,那便是学来的技巧了。这就是智慧与知识的分别。又比如言语:说话的能力是生成的,属于智慧;说中国话、日本话、柏林话、拉萨话,便是学成的,属于知识。人的禀赋各不相同,生成的智慧至为不齐。有的是最聪明的,有的是最愚笨的。但从最愚笨的人到最聪明的人,种种差别都是渐渐的推上去的。假使我们把一千个人按着聪明的大小排列成行,我们就晓得最聪明的是少数,最愚笨的也是少数,而各人和靠近的人比起来都差不了几多。我们只觉得各个不同,并找不出聪明人和愚笨人中间有什么鸿沟。我们可以用一个最浅近的比方把这个道理说出来。人的长矮也是生成的。我们可以把一千个人依着他们的长矮顺序排列:从长子看到矮子,只见各人渐渐的一个比一个矮;从矮子看到长子,只见各人也是渐渐的一个比一个长。在寻常状态之下,我们找不出一大群的长子,叫做长子阶级;也找不出一大群的矮子,叫做矮子阶级。我们在上海的大马路上或是在燕子矶关帝庙会里仔细一望,就可以明白这个道理。从人之长矮推论到人之智愚,我们更可明白生成之智慧只有渐渐的差别,没有对垒的阶级。智慧既无阶级,自然谈不到打倒、拥护的问题。

其次,我们要考察知识的本身。知识有真有伪。思想与行为结合而产生的知识是真知识,真知识的根是安在经验里的。从经验里发芽抽条开花结果的是真知灼见,真知灼见是跟着智慧走的。同处一个环境,同等的智慧可得同等的真知灼见。智慧是渐渐的相差,所以真知灼见也是渐渐相差。智慧既无阶级,真知识也就没有阶级。俗语说:“三百六十行,行行出状元。”真知识只有直行的类别，没有横截的阶级。各行的人有绝顶聪明的，也有绝不中用的；但在他们中间的人，智力上的差别和运用智力取得之真知识的差别都是渐渐的，都是没有阶级可言。倘使要把三百六十行的"上智"联合起来，称为知识阶级，再把三百六十行的"下愚"联合起来，称为无知识阶级，那就是一件很勉强很不自然的事了。

照这样说来，世界上不是没有知识阶级了吗？不，伪知识能成阶级！什么是伪知识？不是从经验里生发出来的知识便是伪知识。比如知道冰是冷的，火是热的是知识。小孩儿用手摸着冰便觉得冷，从摸着冰而得到"冰是冷的"的知识是真知识。小孩儿单用耳听见妈妈说冰是冷的而得到"冰是冷的"的知识是伪知识。小孩儿用身靠近火便觉得热，从靠近火而得到"火是热的"的知识是真知识。小孩子单用耳听妈妈说火是热的而得到"火是热的"的知识是伪知识。有人在这里便起疑问："如果样样知识都要从自己经验里得来，岂不是麻烦得很？人生经验有限，若以经验范围知识，那末所谓知识岂不是也很有限了吗？没有到过热带的人，就不能了解热带是热的吗？没有到过北冰洋的人，就不能了解北冰洋是冷的吗？"这些疑问是很重要的，我们必须把他们解答清楚，方能明了真知识与伪知识的分别。我只说真知识的根是要安在经验里，没有说样样知识都要从自己的经验上得来。假使我们抹煞别人经验里所发生的知识而不去运用，那真可算是世界第一个大呆子。我们的问题是要如何运用别人经验里所发生的知识使他成为我们的真知识，而不要成为我们的伪知识。比如接树：一种树枝可以接到别一种树枝上去使它格外发荣滋长，开更美丽之花，结更好吃之果。如果把别人从经验发生之知识接到我们从自己经验发生之知识之上去，那末，我们的知识必可格外扩充，生活必可格外丰富。我们要有自己的经验做根，以这经验所发生的知识做枝，然后别人的知识方才可以接得上去，别人的知识方才成为我们知识的一个有机体部分。这样一来，别人的知识在我们的经验里活着，我们的经验也就生长到别人知识里去开花结果。至此，别人的知识便成了我们的真知识；其实，他已经不是别人的知识而是自己的知识了。倘若对于某种知识，自己的经验上无根可找，那末无论如何勉强，也是接不活的。比如在厨房里烧过火的人，或是在火炉边烤过火的人，或是把手给火烫过的人，便可以懂得热带是热的；在冰房里去过的人，或是在冰窖里走过的人，或是做过雪罗汉的人，便可以懂得北冰洋是冷的。对于这些人，“热带是热的，北冰洋是冷的”，虽从书本上看来，或别人演讲时听来，也是真知识。倘自己对于冷热的经验丝毫没有，那末，这些知识虽是学而时习之，背得熟透了，也是于他无关的伪知识。

知识的一部分是藏在文字里，我们的问题又成为：“什么文字是真知识？什么文字是伪知识？”经验比如准备金，文字比如钞票。钞票是准备金的代表，好一比文字是经验的代表。银行要想正经生意必须根据准备金去发行钞票。钞票是不可滥发的。学者不愿自欺欺人，必须根据经验去发表文字。文字是不可滥写的。滥发钞票，钞票便不值钱；滥写文字，文字也不值钱。欧战后，德国马克一落千丈，当时有句笑话，说是：“请得一席客，汽车载马克。”这句话的意思是马克纸币价格跌的太低，寻常请一席酒要用汽车装马克去付账。这是德国不根据准备金而滥发纸币之过。滥发钞票,则虽名为钞票,几是假钞票。吾国文人写出了汗牛充栋的文字,青年学子把他们的脑袋子里都装满了,拿出来,换不得一肚饱。这些文字和德国纸马克是一样的不值钱,因为他们是在经验以外滥发的文字,是不值钱的伪知识。

我国先秦诸子如老子、孔子、孟子、庄子、墨子、杨子、荀子等都能凭着自己的经验发表文字,故有独到的议论。他们好比是根据自己的准备金发可靠的钞票。孔子很谦虚,只说"述而不作,信而好古",自居为根据古人的准备金为古人清理钞票;他只承认删诗书,定礼乐,为取缔滥发钞票的工作。孟子虽是孔家的忠实行员,但心眼稍窄,只许孔家一家银行存在,拼命的要打倒杨家、墨家的钞票。汉朝以后,学者多数靠着孔子的信用,继续不断的滥发钞票,甚至于又以所滥发的钞票做准备库,滥上加滥的发个不已,以至于汗牛充栋。韩文公的脾气有些像孟子,他眼看佛家银行渐渐的兴旺,气愤不过,恨不得要拼命将它封闭,把佛家银行的行员杀得干干净净。他至今享了"文起八代之衰"的盛名。但据我看来,所谓"文起八代之衰"只是把孔家银行历代经理所滥发的钞票换些新票而已,他又乘换印新票的时候顺带滥发了些新钞票。程、朱、陆、王纵有许多贡献及不同的地方,但是他们四个人大部分的工作还是根据孔、孟合办银行的招牌和从前滥发的钞票去滥发钞票。他们此时正与佛家银行做点汇兑,所以又根据佛家银行的钞票,去滥发了些钞票。颜习斋看不过眼,谨慎的守着孔家银行的准备库,一方面大声疾呼的要严格按着准备金额发行钞票,一方面要感化佛家银行行员使他无形解体。他是孔家银行里一位最忠实的行员，可是他所谨守的金库里面有许多金子已经上锈了。等到八股发达到极点，朱注的“四书”被拥护上天的时候，全国的人乃是以朱子所发的钞票当为准备金而大滥特滥的去发钞票了。至此中国的知识真正濒于破产了。吴稚晖先生劝胡适之先生不要迷信整理国故，自有道理。但我觉得整理国故如同清理银行账目一样，是有他的位置的。我们希望整理国故的先生们经过很缜密的工作之后，能够给我们一本报告，使我们知道国故银行究有几多准备金，究能发行多少钞票，哪些钞票是滥发的。不过他们要谨慎些，千万不可一踏进银行门，也去滥发钞票。如果这样，那这笔账更要糊涂了。总括一句：只有从经验里发生出来的文字才是真的文字知识，凡不是从经验里发生出来的文字都是伪的文字知识。伪的文字知识比没有准备金的钞票还要害人，还要不值钱。

伪的知识、伪的文字知识既是害人又不值钱，那末，他如何能够存在呢？产生伪知识的人，应当连饭都弄不到吃，他们又如何能成阶级呢？伪知识和伪钞票一样必须得到特殊势力之保障拥护才能存在。“伪知识”阶级是特殊势力造成的，这特殊势力在中国便是皇帝。

创业的皇帝大都是天才。天才忌天才是很自然的一件事。天下最厉害的无过于天才得了真知识。如果政治的天才从经验上得了关于政治的真知灼见，谁的江山也坐不稳。做皇帝的人，特别是创业之主，是十分明了此中关系的，并且是一百分的不愿意把江山给人夺去。他要把江山当作子孙万世之业，必得要收拾这些天才。收拾的法子是使天才离开真知识去取伪知识。天才如何就他的范围，进他的圈套呢？说来倒很简单。皇帝引诱天才进伪知识的圈套有几个法子。一、照他的意旨在伪知识上用功，便有吃好饭的希望。俗话说："只有穷秀才，没有穷举人。"伪知识的功夫做得愈高愈深，便愈能解决吃饭问题。二、照他的意旨在伪知识上用功，便有做大官的希望。世上之安富尊荣，尽他享受。中了状元还可以做驸马爷，娶皇帝的女儿为妻。穿破布、烂棉花去赴朝考的人，个个都有衣锦回乡的可能。三、照他的意旨在伪知识上用功，便有荣宗耀祖的希望。这样一来，全家全族的人都在那儿拿着鞭子代皇帝使劲赶他进圈套了。倘使他没有旅费，亲族必定要为他凑个会，或是借钱给他去应试。倘使他不去，又必定要用"不长进"一类的话来羞辱他，使他觉得不去应试是可耻的。全家、全族的力量都做皇帝的后盾，把天才的儿孙像赶驴子样一个个的赶进皇帝的圈套，天下的天才乃没有能幸免的了。

"伪知识"阶级不是少数人可以组织成功的。有了皇帝做大批的收买，全社会做这大批生意的买办，个人为名利权位所诱而不能抵抗出卖，"伪知识"阶级乃完全告成。依皇帝的目光看来，这便是"天下英雄，尽人我彀中"。雄才大略的帝王个个有此野心，不过唐太宗口快，无意中把他说破罢了。最可叹的是皇帝手段太辣：一方面是积极的推重伪知识，所谓"满朝朱紫贵，尽是读书人"一类的话，连小孩都背熟了；一方面是消极的贱视伪知识以外的人，所谓"万般皆下品，唯有读书高"，又是从娘胎里就受迷的。所以不但政治天才人了彀，七十二行，行行的天才都人了他的圈套了。天才是遗传的，有其父必有其子。老子进了圈套，儿子、孙子都不得不进圈套,只要“书香之家”四个大字便可把全家世世代代的天才圈人“伪知识”阶级。等到八股取士的制度开始,“伪知识”阶级的形成乃更进一步。以前帝王所收买的知识还夹了几分真,等到八股发明以后,全国士人三更灯火五更鸡去钻取的知识乃是彻底不值钱的伪知识了。这种知识除了帝王别有用意之外,再也没有一人肯用钱买的了;就是帝王买去也是丝毫无用,也是一堆一堆的烧去不要的。帝王是醉翁之意不在酒,他哪里是收买伪知识;他只是用名利、权位的手段引诱全国天才进入“伪知识”的圈套,成为废人,不能与他的儿孙争雄罢了。

这些废人只是为“惜字炉”继续不断的制造燃料,他们对于知识的全体是毫无贡献的。从大的方面看,他们是居于必败之地。但从他们个人方面看,却也有幸而成的与不幸而败的之分别。他们成则为达官贵人,败则为土豪、劣绅、讼棍、刀笔吏、教书先生。最可痛心的,就是这些废人应考不中,只有做土豪、劣绅、讼棍、刀笔吏、教书先生的几条出路。他们没有真本领赚饭吃,只得拿假知识去抢饭吃、骗饭吃。土豪、劣绅、讼棍、刀笔吏之害人,我们是容易知道的;教书先生之害人更广、更深、更切,我们是不知道的。教书先生直接为父兄教子弟,间接就是代帝王训练“伪知识”阶级。他们的知识,出卖给别人吧,嫌他太假;出卖给皇帝吧,又嫌他假得不彻底;不得已只好拿来哄骗小孩子。这样一来,非同小可,大书呆子教小书呆子,几乎把全国中才以上的人都变成书呆子了,都勾引进伪知识阶级了。伪知识阶级的势力于是乎雄厚,于是乎牢不可破,于是乎继长增高,层出无穷。

皇帝与民争，用伪知识来消磨民间的天才，确是一个很妙的计策。等到民间的天才消磨已尽，忽然发生了国与国争，以伪知识的国与真知识的国抗衡，好一比是拿鸡蛋碰石头，哪有不破碎的道理！鸦片之战、英法联军之战、甲午之战，没有一次幸免，皇帝及大臣才明白伪知识靠不住，于是废八股，兴学堂。这未始不是一个转机。但是政权都操在“伪知识”阶级手中，他们哪会培养真知识？他们走不得几步路，就把狐狸尾巴拖出来了。他们自作聪明的把外国的教育制度整个的抄了一个来。他们曾用眼睛、耳朵、笔从外国贩来了些与国情接不上的伪知识。他们把书院变成学堂，把山长改为堂长。“四书”用不着了，一律换为各种科学的教科书。标本、仪器很好看，姑且拣那最好看的买他一套，在玻璃柜里陈列着，可以给客人参观参观。射箭很不时髦，要讲尚武精神，自须学习兵操。好，他们很信他们的木头枪真能捍国卫民咧！这就算是变法！这就算是维新！这就算是自强！一般社会对于这些换汤不换药的学堂却是大惊小怪，称他们为洋学堂，又称学堂里的学生为洋学生。办学的苦于得不到学生，于是除供饭食发零用外，还是依旧的按着学堂等级给功名：小学堂毕业给秀才，中学堂毕业给贡生，高等学堂毕业给举人，大学堂学生给进士，外国留学回来的，赴朝考及第给翰林点状元。社会就称他们为洋秀才、洋贡生、洋举人、洋进士、洋翰林、洋状元。后来废除功名，改称学士、硕士、博士等名目，社会莫名其妙了。得到这些头衔的人还是仍旧用旧功名翻译新功名，说是学士等于秀才，硕士等于举人，博士等于翰林，第一名的博士便是从前的状元。说的人自以为得意，听的人由羡慕而称道不止，其实这还不是穿洋装的老八股吗？穿洋装的老八股就是洋八股。老八股好比是根据本国钞票发行的钞票；洋八股好比是根据外国钞票去发行的钞票。他们都是没有准备金的假钞票。洋八股老八股虽有新旧之不同，但同不是从经验里发生的真知识，同是不值钱的伪知识。从中国现在的情形看来，科学与玄学之争，只可说是洋八股与老八股之争。书本的科学，陈列的实验，岂能当科学实验之名。他和老八股是同样无用的东西。请看三十年来的科学，发明在哪里？制造在哪里？科学家倒遇见不少，真正的科学家在哪里？青年的学子：书本的科学是洋版的八股，在讲堂上高谈阔论的科学家，与蒙童馆里的冬烘先生是同胞兄弟，别给他们骗走了啊！

所以中国是有"伪知识"阶级。构成中国之伪知识阶级有两种成分：一是老八股派，二是洋八股派。这个阶级既靠伪知识骗饭吃，不靠真本领赚饭吃，便没有存在的理由。

这个阶级在中国现状之下已经是山穷水尽了。收买伪知识的帝王已经消灭，再也找不出第二个特殊势力能养这许多无聊的人。但因为惰性关系，青年们还是整千整万的向着这条死路出发，他们的亲友仍旧是拿着鞭儿在后面使劲的赶。可怜得很，这些青年个个弄得焦头烂额，等到觉悟回来，不能抢饭的便须讨饭。伪知识阶级的末路已经是很明显了，还用得着打倒吗？又值得拥护吗？

但是一班狡猾的"伪知识"者找着一个护身符，这护身符便是"读书"两个字。他们向我们反驳说："书也不应当读了吗？"社会不明白他们葫芦里卖的是什么药，也就随声附和地说："是啊！

书何能不读呢!”于是“读书不忘救国,救国不忘读书”,便成了保障伪知识阶级的盾牌。所以不把读书这两个字说破,伪知识阶级的微生物便能在里面苟延残喘。我们应当明白,书只是一种工具,和锯子、锄头是一样的性质,都是给人用的。我们与其说“读书”不如说“用书”。书里有真知识和伪知识,读它一辈子,不能辨别它的真伪;可是用它一下,书的本来面目便显了出来,真的便用得出去,伪的便用不出去,也如同真的锯子才能锯木头,真的锄头才能锄泥土,假的锯子、锄头一用到木头泥土上去就知道它不行了。所以提到书便应说“用书”,不应说“读书”,那“伪知识”阶级便没得地方躲了。与“读书”联成一气的有“读书人”一个名词。这个名词,更要不得。假使书是应当读的,便应使人人有书读;决不能单使一部分的人有书读,叫做读书人,又一部分的人无书读,叫做不读书人。比如饭是应当吃的,应使人人有饭吃;决不能使一部分的人有饭吃,叫做吃饭的人;又一部分的人无饭吃,叫做不吃饭的人。从另一方面看,只知道吃饭,不成饭桶了吗?只知道读书,不成为有脚可以走路的活书架子了吗?我们为避免堕入伪知识阶级的诡计起见,主张用书不主张读书。农人要用书,工人要用书,商人要用书,兵士要用书,医生要用书,律师要用书,画家要用书,教师要用书,音乐家要用书,戏剧家要用书,三百六十行,行行都要用书。行行都成了用书的人,真知识才愈益普及,愈能发现了。书是三百六十行的公物,不是读书人所能据为私有的。等到三百六十行都是用书人,读书的专利营业便完全打破,读书人除非改行,便不能混饭吃了。这个日子已经来到,大家还不觉悟,只有死路一条。凡受过中国新旧教育的人，都免不了有些“伪知识”的成分和倾向。为今之计，我们应当痛下四个决心：

一、从今以后，我们应当放弃一切固有的伪知识；

二、从今以后，我们应当拒绝承受一切新来的伪知识；

三、从今以后，我们应当制止自己不要再把伪知识传与后辈；

四、从今以后，我们应当陪着后起的青年共同努力去探真知识的泉源。

最后，我要郑重的说：二十世纪以后的世界属于努力探获真知识的民族。凡是崇拜伪知识的民族，都要渐就衰弱以至于灭亡。三百六十行中决没有教书匠、读书人的地位，东西两半球上面也没有中华书呆国的立足点。我们个人与民族的生存都要以真知识为基础。伪知识是流沙，千万不可在他上面流连忘返。早一点觉悟，便是早一点离开死路，也就是早一点走向生路。这种生死关头，十分显明，绝无徘徊迟疑之余地。起个取真去伪的念头，是走向生路的第一步。明白伪知识的买主已经死了，永不复生并且绝了种，是走向生路的第二步。以做“读书”人或“读书”先生为最可耻，是走向生路的第三步。凡事手到心到——在劳力上劳心，便是骑着千里驹在生路上飞跑了。

教学做合一*

教学做合一是本校的校训，我们学校的基础就是立在这五个字上，再也没有一件事比明了这五个字还重要了。说来倒很奇怪，我在本校从来没有演讲过这个题目，同志们也从没有一个人对这五个字发生过疑问，大家都好像觉得这是我们晓庄的家常便饭，用不着多嘴饶舌了。可是我近来遇了两件事，使我觉得同志中实在还有不明了校训的意义的。一是看见一位指导员的教学做草案里面把活动分成三方面，叫做教的方面，学的方面，做的方面。这是教学做分家，不是教学做合一。二是看见一位同学在《乡教丛讯》上发表一篇关于晓庄小学的文章。在这篇文章里，他说："晓庄小学的课外作业就是农事教学做。"在教学做合一的学校的辞典里并没有"课外作业"。课外作业是生活与课程离婚的宣言，也就是教学做离婚的宣言。今年春天洪深先生创办电影演员养成所，招生广告上有采用"教""学""做"办法字样，当时我一见这张广告，就觉得洪先生没有十分了解教学做合

* 本篇原载于1928年1月15日《乡教丛讯》第2卷第1期。

一。倘使他真正了解,他必定要写“教学做”办法,决不会写作“教”“学”“做”办法。他的误解和我上述的两个误解是相类的。我接连受了两次刺激,觉得非彻底的、原原本本的和大家讨论明白,怕要闹出绝大的误解。思想上发生误解则实行上必定要引起矛盾。所以把这个题目来演讲一次是万不可少的。我自回国以后,看见国内学校里先生只管教,学生只管受教的情形,就认定有改革之必要。这种情形以大学为最坏。导师叫做教授,大家以被称教授为荣。他的方法叫做教授法,他好像拿知识来赈济人的。我当时主张以教学法来代替教授法,在南京高等师范学校校务会议席上辩论二小时,不能通过,我也因此不接受教育专修科主任名义。八年,应《时报·教育新思潮》主干蒋梦麟先生之征,撰《教学合一》一文,主张教的方法要根据学的方法。此时苏州师范学校首先赞成采用教学法。继而“五·四”事起,南京高等师范同事无暇坚持,我就把全部课程中之教授法一律改为教学法。这是实现教学合一的起源,后来新学制颁布,我进一步主张:事怎样做就怎样学,怎样学就怎样教;教的法子要根据学的法子,学的法子要根据做的法子。这是民国十一年的事,教学做合一的理论已经成立了,但是教学做合一之名尚未出现。前年在南开大学演讲时,我仍用教学合一之题,张伯苓先生拟改为学做合一,我于是豁然贯通,直称为教学做合一。去年我撰《中国师范教育建设论》时,即将教学做合一之原理作有系统之叙述。我现在要把最近的思想组织起来作进一步之叙述。教学做是一件事,不是三件事。我们要在做上教,在做上学。在做上教的是先生;在做上学的是学生。从先生对学生的关系说:做便是教;从学生对先生的关系说:做便是学。先生拿做来教,乃是真教;学生拿做来学,方是实学。不在做上用功夫,教固不成为教,学也不成为学。从广义的教育观点看,先生与学生并没有严格的分别。实际上,如果破除成见,六十岁的老翁可以跟六岁的儿童学好些事情。会的教人,不会的跟人学,是我们不知不觉中天天有的现象。因此教学做是合一的。因为一个活动对事说是做,对己说是学,对人说是教。比如种田这件事是要在田里做的,便须在田里学,在田里教。游泳也是如此,游水是在水里做的事,便须在水里学,在水里教。再进一步说,关于种稻的讲解,不是为讲解而讲解,乃是为种稻而讲解;关于种稻的看书,不是为看书而看书,乃是为种稻而看书;想把种稻教得好,要讲什么话就讲什么话,要看什么书就看什么书。我们不能说种稻是做,看书是学,讲解是教。为种稻而讲解,讲解也是做,为种稻而看书,看书也是做。这是种稻的教学做合一。一切生活的教学做都要如此,方为一贯。否则教自教,学自学,连做也不是真做了。所以做是学的中心,也就是教的中心。"做"既占如此重要的位置,宝山县立师范学校竟把教学做合一改为做学教合一,这是格外有意思的。

十一月二日

在劳力上劳心*

昨天我讲《教学做合一》的时候，曾经提及“做”是学之中心，可见做之重要。那末我们必须明白“做”是什么，才能明白教学做合一。盲行盲动是做吗？不是。胡思乱想是做吗？不是。只有手到心到才是真正的做。世界上有四种人：一种是劳心的人；一种是劳力的人；一种是劳心兼劳力的人；一种是在劳力上劳心的人。二元论的哲学把劳力的和劳心的人分成两个阶级：劳心的专门在心上做功夫，劳力的专门在苦力上讨生活。劳力的人只管闷起头来干，劳心的人只管闭起眼睛来想。劳力的人便成了无所用心，受人制裁；劳心的人便成了高等游民，愚弄无知，以致弄成“劳心者治人，劳力者治于人”的现象。不但如此，劳力而不劳心，则一切动作都是囿于故常，不能开创新的途径；劳心而不劳力，则一切思想难免玄之又玄，不能印证于经验。劳力与劳心分家，则一切进步发明都是不可能了。所以单单劳力，单单劳心，都不能算是真正之做。真正之做须是在劳力上劳心。在劳

* 本篇原载于1928年1月31日《乡教丛讯》第2卷第2期。

力上劳心是真的一元论。在这里我们应当连带讨论那似是而非的伪一元论。一次我和一位朋友讨论本校主张在劳力上劳心,我的朋友说:你们是劳力与劳心并重吗?我说:我们是主张在劳力上劳心,不是主张劳力与劳心并重。劳心与劳力并重虽似一元论,实在是以一人之身而分为两段:一段是劳心生活,一段是劳力生活,这种人的心与力都是劳而没有意识的。这种人的劳心或劳力都不能算是真正之做。真正之做只是在劳力上劳心,用心以制力。这样做的人要用心思去指挥力量,使能轻重得宜,以明对象变化的道理。这种人能以人力胜天工,世界上一切发明都是从他那里来的。他能改造世界,叫世界变色。我们中国所讲的科学原理,古时有"致知在格物"一语,朱子用"在即物而穷其理"来解释,似乎是没有毛病的了。但是王阳明跟着朱子的话进行便走入歧途。他叫钱友同格竹,格了三天,病了。他老先生便自告奋勇,亲自出马去格竹——即竹而穷竹理,格了七天,格不出什么道理来,也就病了。他不怪他自己格得不对,反而说天下之物本无可格,所能格的,只有自己的身心。他于是从格物跳到格心,中国的科学兴趣的嫩芽便因此枯萎了。假使他老先生起初不是迷信朱子的呆板的即物穷理,而是运用心思指挥力量以求物之变化,那便不致于堕入迷途。在劳力上劳心,是一切发明之母。事事在劳力上劳心,便可得事物之真理。人人在劳力上劳心,便可无废人,便可无阶级。征服天然势力,创造大同社会,是立在同一的哲学基础上的,这个哲学的基础便是"在劳力上劳心"。我们必须把人间的劳心者、劳力者、劳心兼劳力者一齐化为在劳力上劳心的人,然后万物之真理都可一一探获,人间之阶级都可一一化除,而我们理想之极乐世界乃有实现之可能。这个担子是要教师挑的。惟独贯彻在劳力上劳心的教育,才能造就在劳力上劳心的人类;也惟独在劳力上劳心的人类,才能征服自然势力,创造大同社会。最后,我想打一个预防针,以免误解,一次有一位朋友告诉我说:“你们在劳心上劳力的主张,我极端的赞成。”我说:“如果是在劳心上劳力,我便极端不赞成了。我们的主张是‘在劳力上劳心’,不是‘在劳心上劳力’。”

十一月三日

以教人者教己*

“以教人者教己”是本校根本方法之一,我们也必须说得很明白,方知他效用之大。昨天邵先生教纳税计算法,就是“以教人者教己”的例证。邵先生因为要教大家计算纳税,所以就去搜集种种材料,并把这些材料融会贯通起来,然后和盘托出,教大家计算。他因为要教大家,所以先教自己。他是用教大家的材料教自己。他年年纳税,但是总没有明白其中的内幕,今年为什么就弄得这样彻底明白呢?因为要教你们,所以他自己便不得不格外明白了。他从教纳税上学得的益处怕比学生要多得多哩。近来韩先生教武术,不是要一位同学发口令吗?这便是以教人者教己。这位同学发口令时便是以同学教同学。因为要他发口令,所以他对于这套武术的步法就格外明了。他在发口令上学,便是以教人者教己。第三中心小学潘先生是素来没有学过园艺的。但是第三中心小学有园艺一门功课,他必得教。既然要教园艺,他对于园艺便要格外学得清楚些。他拿园艺教小

---

* 本篇原载于1928年2月12日《乡教丛讯》第2卷第3期。

学生的时候便是拿园艺来教自己。我们从昨天起开始交际教学做。第一次轮到的便是孙从贞女士，今天有客来，便须由她招待。来宾到校必定要问许多问题，孙女士必须一一答复。但她是一位新学生，对于学校的经过历史、现在状况，及未来计划还没有充分明了。因为要答复来宾的问题，她必须预先把这些事情弄得十分明白，才不致给来宾问倒。她答复来宾的问题时，从广义的教育看来，她便是在那儿教，来宾便是在那儿学。为了要答复来宾的问题，她自己就不得不先去弄得十分明白，这便是以教人者教己。我们平常看报，多半是随随便便的。假使我们要教小学生回家报告国家大事，那末，我们看报的时候，便不得不聚精会神了。我们这样看报，比起寻常的效率不知道要大得几多倍哩！这便是借着小孩讲国家大事来教自己明了国家大事。这便是以教人者教己。又比如锄头舞的歌词是我做的，对于这套歌词，诸位总以为我做了之后便是十分明了了，其实不然，我拿这歌词教燕子矶小学生时，方把他弄得十分明白。以前或可以说只有七八分明白，没有十分明白。自己做的歌词还要等到教人之后才能十分明白，由此可见“以教人者教己”的效力之宏。从这些例证上，我们可以归纳出一条最重要的学理，这学理就是“为学而学”不如“为教而学”之亲切。“为教而学”必须设身处地，努力使人明白；既要努力使人明白，自己便自然而然的格外明白了。

十一月三日

如何使幼稚教育普及*

教人要从小教起。幼儿比如幼苗,必须培养得宜,方能发荣滋长;否则幼年受了损伤,即不夭折,也难成材。所以小学教育是建国之根本,幼稚教育尤为根本之根本。小学教育应当普及,幼稚教育也应当普及。如何使幼稚教育普及,是我们最关心的一个问题。依我看来,进行幼稚教育之普及要有三个步骤。

(一)改变我们的态度 一般人的态度总以小孩子的教育不关重要;早学一两年,或迟学一两年,没有多大关系。我们很漠视小孩子的需要、能力、兴味、情感。因此,便不知不觉的漠视了他们的教育,把他们付托给老妈子,付托给街上的伙伴。在这种心理之下,幼稚园是不会发达的。我们要想提倡幼稚园,必须根本化除这种漠视小孩子的态度。我们必须唤醒国人明白幼年的生活是最重要的生活,幼年的教育是最重要的教育。

关心幼儿的父母,明白幼稚教育之重要,并且愿意送子女进幼稚园。但是他们有一种牢不可破的成见也是要不得的。这成

* 本篇原载于1928年2月29日《乡教丛讯》第2卷第4期。

见就是不愿他们的子女与贫苦人家的子女为伍。他们以为自己的子女是好的,贫苦人家的子女是不好的。他们以为贫苦人家的子女进了幼稚园便要把他们的子女带坏了。因此,幼稚园便成了富贵人家和伪知识阶级的专利品。我们应当知道民国只有人中人,没有人上人,也就没有人下人。人中人是要从孩中孩造就出来的。教育者的使命是要运用好孩子化坏孩子,不应当把好孩子和坏孩子分开,更不应当以为富贵人家的孩子是好孩子,贫苦人家的孩子是坏孩子;尤其不可迁就富贵人家的意见排斥贫苦人家的儿女。富贵人家及伪知识阶级的父母倘不愿把亲生子女做新中国被打倒之候补者,就应当把自己的子女和不幸的人家的子女放在一个幼稚园里去受陶冶。办理幼稚园的先生倘若不愿把幼稚园当作富贵太太们打麻将时用之临时托儿所,便应当把整个的幼稚园献给社会的儿童。可是这样一来,幼稚园教师便须明白他们的使命:不是随随便便的放任,乃是要运用好孩子化坏孩子,运用坏孩子的好处化好孩子的坏处。

承认幼年生活教育之重要,是普及幼稚园之出发点;承认幼稚园为全社会幼儿的教育场所,是普及正当幼稚园的出发点。我们必须得到这两种态度,幼稚园才有普及的希望。

(二)改变幼稚园的办法　幼稚园的办法是费钱的,不想法节省,必不容易普及。最需要幼稚园的地方是乡村与女工区。女工区的幼稚园,还可由工厂担负经费,纵使用费太多,尚易筹措。乡间是民穷财尽,费钱较少之小学尚且不易普及,何况费钱加倍的幼稚园呢?所以在乡间推行幼稚园好比是牵只骆驼穿针眼。我们必须向着省钱的方针去谋根本改造,幼稚园才有下乡的希望，才有普及的希望。

（三）改变训练教师的制度 普及教育的最大难关是教师的训练。我们要想普及幼稚教育至少需要教师一百五十万人，这是一个最难的问题。因为不但是经费浩大，并且训练不得其法，受了办理幼稚园的训练，不一定去办幼稚园，或者是去办出一个不合国情的幼稚园，那就糟了。幼稚师范是要办的，但幼稚师范必须根本改造，才能培养新幼稚园之师资。纵然如此，我们也不能专靠正式幼稚师范去培养全部的师资。我们现在探得一条新途径，很能使我们乐观。试验乡村师范学校的幼稚师范院在燕子矶设了一所乡村幼稚园，叫做第二中心幼稚园。开办之初便收了三位徒弟，跟着幼稚教师徐先生学办幼稚园，张宗麟先生任指导。前天他和我谈起，幼稚园的徒弟制似可推行到小学里去，并且可以解除乡村小学教员的一个大问题——生活寂寞。我说："这是的的确确的。徒弟制不但能解除生活寂寞，并且能促进普及教育之进行。"普及小学教育及幼稚教育非行徒弟制不可。倘以优良幼稚园为中心，每所每年训练两三位徒弟，那末，多办一所幼稚园，即是多加一所训练师资的地方，这是再好没有的办法。我看三百六十行，行行有徒弟，行行都普及。木匠到处都有，他是怎样办到这个地步的？徒弟制。裁缝匠、泥水匠、石匠、铁匠和三万万四千万种田匠，那一行不是这样普及的呢？老实说，教学做合一主义便是沥清过的徒弟制。徒弟制的流弊是：劳力而不劳心，师傅不肯完全传授，对于徒弟之虐待。假使我们能采徒弟制之精华而除去他的流弊，必定是很有效的。若把这种办法应用到幼稚园里来，我是深信他能帮助幼稚教育普及的。

我和陈鹤琴先生近来有一次很畅快的谈话，他主张拿鼓楼幼稚园来试一试。鼓楼幼稚园是最富研究性的，现在发了宏愿，要招收徒弟来做推广幼稚师资之试验，是再好没有的了。

以上所说的普及幼稚教育的三个步骤，不过是我个人所见到的，一定有许多遗漏的地方。关心幼儿幸福的同志，倘以别的好方法见教，那就感激不尽了。

《中国教育改造》自序*

这部书代表我在中国教育里摸黑路所见着的几线光明。从“教授”写到“教学”,从“教学”写到“教学做”,人家怕要疑我前后思想矛盾。其实我的矛盾处,便是我的长进处。当选择旧稿时,我曾下了一个决心,凡是外国教育制度拉东洋车的文字一概删除不留,所留的都是我所体验出来的。所以我所写的便是我所信的,也就是我所行的。

当吾母六十寿辰,我立志要将吾父母传给我最好的精神在中国教育上充分表现出来,作为我献与她的寿礼。她所最欢喜的是她的四个孙儿,她常呼他们为她的蟠桃。因此我便想到最好的寿礼,无过于把她爱蟠桃的心推广出去,使全国的蟠桃都得到他们所应得的爱护。自从这天以后,我便深刻的注意到小朋友们受的教育。我踏进蟠桃园去看了一看,知道这蟠桃园已由玉皇大帝交给专好“升赏”的猴王看管了。玉皇大帝所以叫他看

---

* 《中国教育改造》为陶行知在晓庄试验乡村师范创校周年之际自编的一本论文集,本书于1928年4月由上海亚东图书馆出版。

管的意思，只是怕他“后来闲中生事，不若与他一件事管了，庶免别生事端”。谁知他不当一件事做，往往在园里“耍了一会，吃了几个桃子，变做二寸长的一个人儿，在大树梢头浓叶之下睡着了”。再抬头看看，只有小桃、中桃，后树上的大桃，“只有几个毛蒂青皮的，原来熟的都是猴王吃了”。这不是中国儿童教育的缩影吗！我们要想彻底改造蟠桃园，不但是要请出如来法掌去收服猴王，还要“瑶池王母自栽培”，才能使他“夭夭灼灼花盈树，颗颗株株果压枝”咧。纸上的教育改造能有多大效力！大家愿把整个的心捧出来献给小孩子，才能实现真正的改造。这部书最多不过是画了几条路线罢了。倘使遇不着有心改造的人，便与废纸何异？

陶知行

十七年清明日

答朱端琰之问*

端琰先生:第二次手书,业已拜读,只因晓庄冬防吃紧,无暇执笔,以致迟迟未复,实在是十分抱歉。

一、什么是做?

先生垂问的几个问题都是很有意思的。我把这些问题仔细看了一下,觉得先生的疑问都是集中在一个"做"字上面。这是当然的,因为教学做合一的理论也是集中在"做"之一字。所以必先要把"做"字彻底的说明一番,然后其余的问题,便可迎刃而解了。

"做"字在晓庄有个特别定义。这定义便是在劳力上劳心。单纯的劳力,只是蛮干,不能算做;单纯的劳心,只是空想,也不能算做;真正的做只是在劳力上劳心。我们做一件事便要想如何可以把这件事做好,如何运用书本,如何运用别人的经验,如

* 本文原载于1929年1月《乡教丛刊》第3卷第1期。

何改造用得着的一切工具,使这件事做得最好。我们还要想到这事和别事的关系,想到这事和别事的相互影响。我们要从具体想到抽象,从我相想到共相,从片段想到系统。这都是在劳力上劳心的功夫。不如此,便不是在劳力上劳心,便不是做。

做必须用器官。做什么事便用什么器官。耳、目、口、鼻,四肢百体都是要活用的。所以有的事要用耳做,有的事要用眼做,有的事要用嘴做,有的事要用脚做,有的事要用手做,有的事用它们合起来做。中国教育的一个普遍的误解是以为:用嘴讲便是教,用耳听便是学,用手干便是做。这样不但是误解了做,也误解了学与教了。我们主张教学做是一件事的三方面:对事说是做,对自己之进步说是学,对别人的影响说是教。做要用手,即学要用手,教要用手;做要用耳,即学要用耳,教要用耳;做要用眼,即学要用眼,教要用眼。做要用什么器官,即学要用什么器官,教要用什么器官。

做不但要用身上的器官,并且要用身外的工具。我们的主张是:做什么事便用什么工具。望远镜、显微镜、锄头、斧头、笔杆、枪杆、书本子都是工具,也都是要活用的。中国教育的第二个普遍的误解,便是一提到教育就联想到笔杆和书本,以为教育便是读书、写字,除了读书、写字之外,便不是教育。我们既以做为中心,那末,做要用锄头,即学要用锄头,教要用锄头;做要用斧头,即学要用斧头,教要用斧头;做要用书本,即学要用书本,教要用书本。吃面要用筷子,喝汤要用匙子,这是谁也知道的。倘使有人用筷子喝汤,用匙子吃面,大家必定要说他是个大呆子。我们现在的教育,何尝不是普遍的犯了这个错用工具的毛病。中国的教员、学生实在太迷信书本了。他们以为书本可以耕田、织布、治国、平天下；他们以为要想耕田、织布、治国、平天下只要读读书就会了。书本是个重要的工具，但书本以外的工具还多着呢。因为学校专重书本，所以讲书便成为教，读书便成为学，而那用锄头、斧头的便算为做了。这是教学做分家。他们忘记了书本也是“做”事所用的工具，与锄头、斧头是一类的东西。做一件事要想做得好，须用锄头便用锄头，须用斧头便用斧头，须用书本便用书本，须合用数样、数十样工具，便合用数样、数十样工具。我们不排斥书本，但决不许书本做狄克推多，更不许它与“做”脱离关系，而成为所谓“教学”之神秘物。

有了上面补充的总说明，再去解答先生的疑问似乎容易得多。我现在就顺着先生质问的次序逐一答复，然后再归纳起来，答复先生总结的三问题。

二、以实际生活为中心的教育是否能够顾到人生的全部？

教学做有一个公共的中心，这“中心”就是事，就是实际生活。实际生活，说得明白些便是日常生活。积日为年，积年为终身，实际生活便是人生的一切。分析开来，战胜实际的困难，解决实际的问题，生实际的利，格实际的物，爱实际的人，求实际的衣、食、住、行，回溯实际的既往，改造实际的现在，探测实际的未来：这些事总结起来，虽不敢概括全部人生，但人生除了这些事还有什么？在做这些事上去学、去教，虽不敢说有十分收成，但是教成的与学得的必是真本领。实行这种教育的社会,虽不敢必其进步一日千里,但是脚踏实地的帮助人类天演历程向上向前运行而无一步落空,那是可以断言的。

三、教学做合一是否能够传递全社会的经验?

“教育是传递社会的经验”,这句话不能概括一切教育。倘若教育是仅仅把社会的经验传递下去,那就缺少进步的动力。所以与其说“教育是社会经验之传递”,不如说“教育是社会经验之改造”。教育上之所谓经验原有两种意思:一种是个人的;一种是人类全体的。但是经验无论属于个人或人类全体,决无超时间空间的可能。我们最多只可说有些社会经验是不限于一时代一地域的。经验又有直接间接的分别。这当然是不可否认的。我在《“伪知识”阶级》里面,曾经说明“接知如接枝”的道理。我们必须有从自己经验里发生出来的知识做根,然后别人的相类的经验才能接得上去。倘使自己对于某事毫无经验,我们决不能了解或运用别人关于此事之经验。人类全体的经验虽和个人经验有些分别,但是我们必须有个人经验做基础,然后才能了解或运用人类全体的经验。

我们必须以个人的经验来吸收人类全体的经验。孔子说:“举一隅,不以三隅反,则不复也。”荀子说:“以一知万。”无论他是一隅三反,或是以一知万,那个“一”必定是安根在自己的经验里。自己经验里的“一”是一切知识的起点。有了这个“一”,才能收“三反”、“知万”之效。“墨辩”分知识为闻、说、亲三种。

“说曰：‘知：传受之，闻也；方不瘴，说也；身观焉，亲也。”’闻知是别人传授进来的；说知是自己推想出来的；亲知是自己经验出来的。依教学做合一的理论说来，亲知是一切知识的基础。没有亲知做基础，闻知和说知皆为不可能。看了下面的图，便可格外明白：

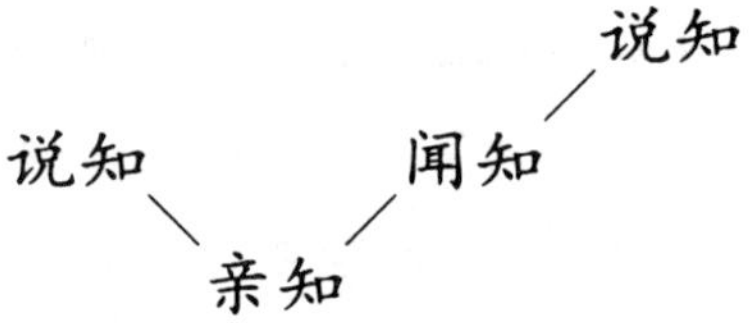

四、如何可以了解哥仑布探获新大陆的故事？

现在可以具体的答复哥仑布发现新大陆一事了。如果我们要正确的知道哥仑布发现新大陆的经过，恐怕系要请国民政府效法西班牙王拨下一只大帆船横渡大西洋才行。即使这样办，我们也不能得到完全与哥仑布相同的经验，因为现在的情形和我们的同伴决不能与他的一样。我们何尝要这样正确的知道他发现新大陆的经过？即使是探险家也不须复演这种经验，他们有更好的海船和工具，决不致发呆气去模仿哥仑布。教学做合一的理论，并不曾主张普通人去模仿特殊人物之特殊事业，也不曾主张现代人去复演前代人物之过去事业。那末，我们所要知道的是哥仑布发现新大陆的大概情形和影响。可是使人知道这件事上，便有两种根本不同的办法。一种是迷信书本演讲，及所有代表经验的储藏库，以为只要读哥仑布的书，听讲哥仑布的事，便能十分明白，再也用不着任何直接经验了。一种是确信直接经验为了解一切事实的基础，所以要想大略了解哥仑布之发现新大陆，也必得要些个人的直接经验做基础，才能了解别人所写、所讲的哥仑布故事，才能推想哥仑布当年航海的情形，想象发现新大陆以后之影响。他运用书籍、演讲不亚于第一派；但他要进一步审查那用以了解书本上、演讲中之哥仑布之个人直接经验是否充分。如不充分，他便认为他的第一责任是使学生在做上补充这种经验，然后再去看书、听讲、推论。否则，他认为是耳边风，或是走马看花，无论说得天花乱坠，或是写得满纸锦绣，都是不能接受进去的。

用以了解哥仑布发现新大陆所需的直接经验是什么？这可不能一一数出，只好提要列举数种：坐过海帆船，渡过海，在海里遇过大风暴雨，受过同事阴谋加害，看过野人，在大陆上住过……诸如此类都是了解哥仑布故事的直接经验。如果没有渡过海，不得已而求其次也要渡过湖，再其次也要渡过江，再其次也要渡过河，万不得已也要看过池塘。倘使没有坐过海帆船，不得已而求其次也要坐过鄱阳湖里的民船，再其次也要坐过秦淮河里的花船，再其次也要看过下雨时堂前积水上之竹头木屑。倘使这些经验毫无，我不知道他如何能懂哥仑布之探险。

五、要明白火星是否要到火星里去？

火星里的生活，必须到火星里面去过才能知道清楚，至少也必须有人到火星里去过，回来把火星里的生活告诉我，我又有足以了解这生活之基本经验，才能间接知道清楚。但是如今还没有人到过火星，那末，火星里的生活是决没有人知道清楚的。关于火星的事，现在知道最正确的，也不过是用望远镜所能看得到、用数学所能推得出的。最大的天文学家也只能承认他对于火星只知道一点皮毛。虽然只知道这点皮毛，但教学做合一的天文学者，必定要在天文台上用望远镜及高等数学在做上去求得关于火星的知识。万一得不到望远镜，他至少要用肉眼对着火星去考究。关于火星的书，他是要看的；关于火星的演讲，他是要听的；但他必定要得到最好的望远镜看他一看，才算甘心。不，他一有办法，必定要到火星里去，与火星人共同生活，才能满足他的求知欲。

六、分子运动等如何可以明白?

分子运动，原子运动，电子运动，都是科学家从研究物质上推想出来的理论，以解释种种物质的现象。我们要想真正了解这些理论，必须从研究物质的现象入手。在研究物质现象上教学做，是了解这些理论最有效力的方法。倘使真要拿分子运动里的生活来说明教学做合一，我们便可举空气为例。分子运动速率增加，便觉热；速率减少，便觉冷。我们要想明白分子运动的速率，这气候的冷热却是一个眼面前最显明的例子。

七、如何可以得到飞机、无线电的知识？

飞机和无线电的知识，可分为两级。第一级是制造的知识。制造飞机与无线电的知识，都要从制造上得来，方为有效。他要在造上学，在造上教，才能一举而成。若单在书上学，在书上教，等到造的时候势必重新学过，则以前所学的等于耗费了。第二级是了解的知识。这级知识可从别人那里或书本上得来，但学的人必须有些基本的直接知识，才能接得上去。这些基本的直接知识，都是从"做"上得来。倘使没有从"做"上得来的基本的直接知识，那末，书上所写的飞机、嘴里所讲的无线电，都与学的人漠不相关。

八、做不完的就不要学不要教了吗？

有了上面的解释，我们可以说，教一切、学一切都要以"做"为基础。事实上当然做不完、学不完、教不完的。我们遇此困难只有估量价值，拣那对于人生最有贡献的事，最合乎自己之才能需要的去做、去学、去教。那不能参加的，只好不参加；不能做的，只好不做。除此以外，还有什么办法呢？

九、科学家的发明、哲学家的理论、宗教家的教义都是从“做”上得来的吗?

牛顿看见一个苹果落下便发了一问:“为什么苹果不向上飞呢?”从苹果下坠推到一切,于是想出万有引力的理论以解释这些现象。牛顿看见苹果下坠,便是用眼做;他从苹果下坠,推到一切以至想出万有引力的理论,乃是用脑做了。

阳明先生虽倡知行合一,但是不知不觉中仍旧脱不了传统的知识论的影响,又误于良知之说,所以一再发表“知是行之始,行是知之成”的言论。我现在愈研究愈觉得这种见解不对。一年前我写了一篇文字证明:“行是知之始,知是行之成。”恰与阳明先生相反。古今中外所发现第一流的真知灼见,就我所知,无一不是从做中得来。哲学家之发明学说,宗教家之创立教义,何尝有一例外?我姑举一二人作为例证,以资说明。孔子少贱,故多能鄙事。他人太庙,每事问。晨门称他是知其不可而为之者。多能鄙“事”,每“事”问,知其不可而“为”之,便是孔子发明他的哲学的根源。达尔文和瓦雷士之天择学说,不是从天上凭空掉下来的,也不是从书本里抄下来的,也不是从脑筋里空想出来的,乃是在动植物中经年累月的一面干,一面想,干透了,想通了,然后才有这样惊人的发现。耶稣基督、释迦牟尼之创立教义也不是凭空冥想出来的。试把佛教经典及基督教新约翻开一看,便知道他们所阐明的教义并不是整套的同时宣布出来。他们是在众生中随行随明,随明随传的。哲学起于怀疑,宗教起于信仰。怀疑与信仰都是应生活需要而来的。

十、小孩子也是教学做合一吗?

初生的小孩子便是教学做合一。做的意义,比平常用法要广得多,这是对的。但是,“学也是做”、“教也是做”、“教育就是做”的三句结论,殊有语病。我们可以说:“做是学的中心,也是教的中心。”我们也可以说:“教学做合一便是生活。”倘若我们赞成“生活即教育”的主张,那末,生活教育必是教学做合一的;生活教育内之教与学,必是以做为中心。

十一、教学做合一不忽视了精神活动吗?

我们既以在劳力上劳心算为“做”的定义,当然不能承认身体与精神分家。自动的涵义便同时具有力与心之作用,即同时要求身体与精神之合作。

十二、贴标语游行可算是革命的教学做吗?

教学做合一既是人生之说明,所以人人都在做,都在学,都在教。但是做错了,学与教都跟着错。怎样会做错呢?错用目的,错用器官,错用工具,错用方法,错用路线,错用力量,都会叫人做错,即会叫人学错教错。教学做合一的要求是:事怎样做便怎样学,怎样学便怎样教。革命这件事要怎样做才能成功?这是我们首先要考察的。比如分析起来,觉得要想革命成功,须有种种条件:(一)适应现代中国需要之主义;(二)忠勇廉洁爱民的领袖;(三)纪律严明、器械精良之武力;(四)独立发明之学术;(五)开源节流之财政;(六)训练自立爱国民众之教育;(七)联合世界上以平等待我之民族;(八)贴标语;(九)游行……假使革命要满足这些条件才能成功,那末革命教学做,便是整个的在这些事上做,在这些事上学,在这些事上教。倘若把头几项撇开,只以贴标语游行为能事,做虽是做,却是做错了,至少也是没有效力的做了。

十三、晓庄因实行教学做合一不就忽略了看书吗?

晓庄看书的时间是有规定的,所看的书也是有指定的。但比别的学校是自由得多。我们对于书籍有一条方针:做什么事用什么书。我们很反对为读书而读书。我们从去年就想依据生活历编辑一个最低限度的用书目录,现在还未编成,将来编成之后,就容易上轨道了。只要谨守“在劳力上劳心”的原则,自然会从具体归向理论,从片段走向系统。但是造诣深浅,有属于禀赋的,我们固难以为力;有属于勤惰的,生活部实负有考核勉励指导之责。

十四、教学做合一不太偏重技能而忽略知识吗?

技能与知识是分不开的。把大家教成铁匠、木匠一样,实未足以尽教育之能事。一因为中国的一般铁匠、木匠实在是有一部分教错了。因为他们劳力而不劳心,所以技能与知识都不能充分发达。二因为他们除了呆板的职业训练以外,其余关于人生需要的教育都被漠视了。假使中国的铁匠、木匠都做的不错,学的不错,教的不错,在劳力上劳心,各方面生活需要都顾到,那末,铁匠、木匠所应受的教育,便是人人应受的教育了。王木匠要有技能和知识,也如同达尔文要有技能与知识。达尔文没有辨别物种变异的技能便不能发现天择的学说。王木匠若没有尤克雷地的几何知识,便要做出七斜八歪的桌子来。可是达尔文与王木匠有个不同之点:王木匠把知识化成技能,达尔文则用技能产生知识。不过,王木匠倘使能用知识所变成的技能进一步去产生新知识,那末,王木匠亦成为达尔文一流的人物了。倘使达尔文停止在观察生物的技能上,而不能用它去发现天择学说,那末,终达尔文之身,也不过是王木匠的兄弟罢了。

十五、教学做合一究竟是什么？它的效用如何？

现在归纳起来总答如下:

(一)要想获得人类全体的经验必须教学做合一方为最有效力;

(二)生活教育就是教学做合一;

(三)教学做合一不但不忽视精神上的自动,而且因为有了在劳力上劳心、脚踏实地的"做"为它的中心,精神便随"做"而愈加奋发。

地方教育与乡村改造*

教育就是生活的改造。我们一提及教育便含了改造的意义。教育好比是火,火到的地方,必使这地方感受他们的热,热到极点,便要起火。“一星之火,可以燎原”,教育有这样的力量。教育又好比是冰,冰到的地方,必使这地方感受他的冷,冷到极点,便要结冰。教育有力量可以使人“冷到心头冰到魂”。或是变热,或是变冷,都是变化。变化到极点,不是起火便是结冰。所以教育是教人化人。化人者也为人所化,教育总是互相感化的。互相感化,便是互相改造。

社会是个人结合所成的。改造了个人便改造了社会,改造了社会便也改造了个人。寻常人以为办学是一事,改造社会又是一事,他们说:“办学已经够忙了,还有余力去改造社会吗?”他们不知道学校办的得法便是改造社会,没有工夫改造社会便是没有工夫办学,办学和改造社会是一件事,不是两件事。改造社会而不从办学入手,便不能改造人的内心;不能改造人的内心,

---

* 本篇原载于1929年2月《地方教育》第1期。

便不是彻骨的改造社会。反过来说,办学而不包含社会改造的使命,便是没有目的、没有意义、没有生气。所以教育就是社会改造,教师就是社会改造的领导者。在教师的手里操着幼年人的命运,便操着民族和人类的命运。

寻常人又以为改造社会是要多数人干,决不是少数教师所能胜任的。尤其在穷乡僻壤中的小学有时只有一位教师,更觉得单枪匹马不能有所作为。他们说:“教师岂能唱独角戏?”说这话的人忘记了他的四周都可以找着同志。孔子说:“十室之邑,必有忠信。”又说:“德不孤,必有邻。”这是孔子的经验谈。乡村虽小,必定可以找得着几位黄泥腿的领袖和我们合作。只须找着一两位,进行起来便能事半功倍。不但如此,同志便在眼前,一个个学生都可以成为活龙活虎的小同志。只要教师们放下孤高的架子,改造乡村的忠实同志正多着咧。

寻常人又以为改造社会是劝人家干或替人家干。这两种方式都是表面的工作。劝人戒烟、戒赌,或是劝人爱人、爱国,都是自己用嘴说说,便要人家负实行的责任,当然是没有多大效验的。有些人见他没有多大效验,便改变方针,替人家干。这样一来,受替代的人便难免发生惭愧,如不惭愧,便要发生依赖。自己居于高尚的地位,而令人惭愧;或自己处于赈济的地位,而令人依赖,都不是好法子。替人家干还含有一个不稳固的因子,就是到了终局,难免人存政举,人亡政息。那末,社会改造究竟要采取什么方式?依我看来只有团结同志,共同去干,方能发生宏大久远的效力。真团体是要从扫除公敌、图谋公益、发挥公意上创造出来的。

寻常人最后还有一个误解,就是误认读书为教育,只要提到教育,便联想到读书认字。他们以为一切教育都从读书认字出发。他们只管劝人家识字读书,不顾到别的生活需要。识字读书是人生教育的一部分,谁也不能否认。但是样样教育都硬要从教书入手,走不得几步便走不通了。乡村里面十岁以上大多数的儿童教育,大多数的成人教育,都要从经济及娱乐两方面下功夫,读书认字只好附带在这里面去干。倘使一定要从读书认字出发,怕是多数人不能接受,那末,对于改造社会的影响,便是很有限了。

上面所说的几点,都证明地方教育及乡村改造的成败,是靠着人才为转移。所以培养乡村师资是地方教育之先决问题,也就是改造乡村的先决问题。不在培养人才上做工夫,一切都是空谈。现今各县对于乡村教育及乡村改造已有浓厚的兴趣。但是对一县的乡村师范,每年只肯花数千元。固然也有多花的,但是寥若晨星。我们要达到运用教育改造乡村的目的,必须出代价去培养教师,去培养教师的教师。江苏加征亩捐是个最好的机会,我以为在这义务教育萌芽时期,这笔钱应当多用于培养教师,少用在开办新校。教师得人,则学校活;学校活,则社会活。倘使有活的教师,各办一所活的小学,作为改造各个乡村的中心,再以师范学校总其成,继续不断的领导各校各村前进,不出十年,必著成效。依我的愚见看来,这是地方教育根本之谋,也是改造乡村根本之谋。

“做学教合一”的总解释*

一、“做”字的新定义

“做学教合一”应集中在一个“做”字上面，这是当然的。因为“做学教合一”的理论，也是集中在“做”之一字。所以必先要把“做”字彻底的说明一番，然后其余的问题，便可迎刃而解了。

“做”字有个新而特别的定义，这定义，就是“在劳力上劳心”。单纯的劳力，只是蛮干，不能算“做”；单纯的劳心，只是空想，也不能算“做”。真正的“做”，只是“在劳力上劳心”。

我们“做”一件事，便要想如何可以把这件事做得好？如何运用书本？如何运用别人的经验？如何改造用得着的一切工具？……那末，才使这件事做得好。

同时，还要想到这事和别事的关系，这事和别事的互相影

---

* 原载徐德春著《做学教 ABC》，1929 年 7 月初版，上海世界书局印刷发行。

响。我们要从具体想到抽象;从我相想到共相;从片段想到系统。这都是"在劳力上劳心"的功夫,不如此,则既不是"在劳力上劳心",也便不是真正的"做"了!

二、"做"与各器官的关系

做事必须用器官。做什么事,用什么器官。耳、目、口、鼻、四肢、百体……都是要活用的。所以有的事,要用耳做;有的事,要用眼做;有的事,要用嘴做;有的事,要用脚做;有的事,要用手做;有的事,要用它们——耳、目、口……一起来分工合做。

中国教育普通的误解,以为是:用嘴讲,便是"教";用耳听,便是"学";用手干,便是"做"。这般一来,不但是误解了"做";也便是误解了"学"和"教"了。

我们主张"做学教"是一件事的三方面:对事说是"做";对自己的进步或退步说是"学";对别人的影响说是"教"。做要用手,即学要用手,教要用手;做要用耳,即学要用耳,教要用耳;做要用眼,即学要用眼,教要用眼。做要用什么器官,即学要用什么器官,教要用什么器官。

三、"做"与一般工具的功用

"做"不但要用身上的器官,并且要用身外的工具。"做学教合一"的主张是:做什么事,便要用什么工具。望远镜、显微镜、锄头、斧头、笔杆、枪杆、书本子……都是工具,物虽死而要用活的工具。

中国目今教育界,还有一个更凶的误解是:一提到教育,就联想到笔杆和书本,以为教育便是读书和写字。除了读书写字以外便不是教育。我们既以“做”为中心,那么,“做”要用锄头,即学要用锄头,教要用锄头;。做”要用斧头,即学要用斧头,教要用斧头;“做”要用书本,即学要用书本,教要用书本。吃面要用筷子,喝汤要用匙子,这是谁也知道的。倘使有人用筷子喝汤,用匙子吃面,大家定是不约而同的笑他是个大呆子。但是我们教育界现在何尝不是很普遍的犯了这个流行症?!

中国的教员、学生和一般人的见解,实在太迷信于书本了!他们以为书本可以耕田、织布、治国平天下;他们以为要想耕田、织布、治国平天下……等事体,只要读读书,就可以会了!

书本固然是个重要的工具,但书本以外的工具还多着呢!你们试看一般的学校,专重于书本之传授,所以讲书便成为教;读书便成为学;而那用锄头、斧头的……便算是做了。

这是“做学教”分家。他们忘记了书本也是“做”事所用的工具,看不出是和锄头、斧头一样的东西,于是就成了这差之毫厘、谬以千里的误解了!

做一件事,要想干得好,须用锄头的便用锄头;须用斧头的便用斧头;须用书本的便用书本;须合用数样、数十样工具的便合用数样、数十样的工具,我们当然不是排斥书本,但决不许书本做狄克推多;更不许书本与。做”脱离关系,而成为所谓“教学”的神秘物。

四、公共的中心

“做学教合一”，有个公共的中心，这“中心”就是“事”，就是实际生活。怎样是实际生活？说得明白点，就是日常生活。积日为年，积年为终身，实际生活，便是人生的一切。分析开来，战胜实际的困难，解决实际的问题，生实际的利，格实际的物，爱实际的人，求实际的衣食住行，回溯实际的既往，改造实际的现在，探测实际的未来。这些事总结起来，虽不敢说概括全部人生，但人生除了这些事还有什么？在做这些事上去学、去教，虽不敢说有十分收成，但是教成的与学得的，必是真本领。实行这种教育——做学教合一——的学校或社会，虽不敢必其进步一日千里，但是脚踏实地的帮助人类天演历程，向上向前运行，决不至于落空，那是可以断言的。换言之，决不致教育人类和社会没有进化或致退步，这是“做学教合一”可以自慰而慰人的。

五、教育是社会经验之改造者

“教育是传递社会的经验”。这句话不能概括一切教育。假使教育是仅仅把社会的经验传递下去，那就缺少进步的动力。所以与其说“教育是社会经验之传递者”，不如说“教育是社会经验之改造者”。

教育上之所谓经验，原有两种意思：一种是个人的；一种是人类全体的。但是经验无论属于个人或人类全体，决无超越时间和空间的可能。我们至多只可说:有些社会经验,是不限于一时代,一地域的。经验又有直接和间接的分别,这当然是不可否认的。

六、接知如接枝

直接的经验,就是真知识;真知识是要安根在经验里的。但是样样的知识,都要从自己的直接经验上得来,这是大圣大贤也势所不能的。因为我们若抹煞别人经验里所发生的知识而不去运用,那真可算是大呆子了!

例:比方某甲因触电而几至毙命,这是某甲从经验里得来的真知识;假使某乙在旁见了,他不知运用某甲的经验,而自去触电毙命,事前不会用某甲的经验来求避免以致枉死。我相信这样的大呆子,连枉死城中也不易找得出的"凤毛麟角"吧!

我们应该知道,在"做学教合一"的原则下,最重大的问题是要如何运用别人经验里所发生的知识,使它成为我们的真知识,而不要成为我们的伪知识。

例:比如接树,这一种树枝,可以接到别一种树枝上去,使它格外发荣滋长,开更美丽的花,结更好吃之果。

如果把别人从经验里发生出来的真知识,接到我们从自己经验里发生出来的真知识上面去,那么,我们的知识必定格外扩充,生活必可格外丰富。

不过,我们要有自己的经验做根,以这经验所发生的知识做枝,然后别人的知识方才可以接得上去,别人的知识,方才成为我们知识的一个有机部分。

这样一来,别人的知识在我们的经验里活着,我们的经验,也就要生长到别人的知识里去开花结果。至此,别人的知识便成了我们的真知识;其实,它已经不是别人的知识而是自己的知识了。倘若对于某种知识,自己的经验上无根可找,那么,无论如何勉强,也是接不活的。

以上便是"做学教合一"原则之下的所谓"接知如接枝"的道理。简言之,就是说:我们必须有从自己经验里发生出来的知识做根,然后才能把别人的经验接得上去。假使自己对于某事毫无经验,我们相信他决不能运用或了解别人关于此事的经验。

七、举一知万

人类全体的经验,虽和个人有些分别,但是我们必须有个人的经验做基础,然后才能了解或运用人类全体的经验。我们必须以个人的经验做基础,来吸收人类全体的经验。孔子说:"举一隅,不以三隅反,则不复也。"荀子日:"以一知万。"无论他是"一隅反三",或是"以一知万",我们可以知道那个"一"字,必定是安根在自己经验里的。我们更应该知道:自己经验里的"一",是一切知识的起点,有了这个"一",才能收"三反"、"知万"之效。

墨辩分知识为闻、说、亲三种。"说曰:'知:传受之,闻也;方不摩,说也;身观焉,亲也。",“闻知”,是别人传授进来的;"说知",是自己推想出来的;"亲知",是自己经验出来的。依"做学教合一”的理论说来:“亲知”是一切知识的基础;没有“亲知”做基础,“闻知”和“说知”,均系不可能的事体。——因为没有“亲知”作安根。

八、以哥仑布发现新大陆为证

现在可以引哥仑布发现新大陆一事为证:如果我们很正确的知道哥仑布发现新大陆的经过,恐怕要请国民政府效法西班牙王,拨下一只大帆船,横渡大西洋才行。即使这样办,我们也不能得到完全与哥仑布相同的经验,因为现在的情形和我们的同伴,决不能和哥仑布那时候一样。

可是,我们为什么这样正确的知道他发现新大陆的经过?即使是探险家,也不须复演这套老把戏;现在已有更好的海船和工具,决不致发呆气去模仿哥仑布。“做学教合一”的理论,既不曾主张普通人去模仿特殊人物的特殊事业。“做学教合一”的实际,也不曾主张现代人去复演前代人物之过去事业。那末,所要知道的,是哥仑布发现新大陆的大概情形和影响。但是,要使人知道这件事上,便有两种不同的办法:一种是迷信书本的记载,别人的演讲以及所有代表经验的储藏库,以为只要读哥仑布的书本,听哥仑布的故事,便能十分明白,再也用不着任何直接经验了。

一种是确信直接经验为了解一切事实的基础,所以要想大略了解一切事实的基础,要想了解哥仑布之发现新大陆,也必要各个人的直接经验做基础,才能了解别人所写所讲的哥仑布故事，才能推想到哥仑布当;年的航海情形，想象出哥仑布发现新大陆以后的影响。

假使只知运用书籍演讲，那是和第一种迷信书本的记载，迷信别人的演讲的人，简直是“半斤八两”。所以他若能进一步审查那用以了解书本演讲中之哥仑布个人直接经验是否充分；如不充分，他便认为他的第一责任是使学生在“做”上补充这种经验，然后再叫学生去看书、听讲、推论。否则，那便是“耳边风”，或是“走马看花”，决定接不上丝毫真知识来。无论你说者说得“天花乱坠”，写者写得“湖纸玲琅”，终生不出半点影响来的。

用以了解哥仑布发现新大陆所需的直接经验是什么？这可不能一一数出，只好提要例举数种：坐过帆海船，渡过海，在海里遇过大风暴雨，受过同事阴谋加害，看过野人生活，住过荒凉大陆……诸如此类，都是了解哥仑布故事的直接经验。如果没有渡过海，不得已而求其次，也要渡过湖；再其次，也要渡过江；更其次，也要渡过河；万不得已，也要看过池塘。倘使没有坐过海帆船，不得已而求其次，也要坐过鄱阳湖里的民船；再其次，也要坐过秦淮河里的花船；更其次，也要坐过西湖或湘湖里的小划船；顶顶起码，也要看过下雨时，堂前积水上之竹头木屑，在水面上如何如何的飘泊。倘使这些直接经验，一点也没有，那我不知道他们打从哪里来会懂得哥仑布之探险?!

九、以火星为证

火星里的生活，必须到火星里面去过，才能知道清楚。假使我没有去，但至少也要有人到过火星回来，把火星里的生活告诉我，同时，我又有足以了解这生活之基本经验，才能间接知道清楚。

但是，如今还没有人到过火星，那末，火星里的生活，是决没有知道清楚的。关于火星的事，现在知道最正确的，也不过是用望远镜所能看到，用算术所能推算得出的知识而已。最大的天文学家，也只能承认他对于火星只知道一点皮毛。虽然只知道这点皮毛，但“做学教合一”的天文学家，必定要在天文台上，用望远镜及高等数学，在“做”上去求得关于火星的知识。万一得不到望远镜，也至少要用肉眼对着火星去考究。关于火星的书，他是要看的；关于火星的演讲，他是要听的；但他必定要得到最好的望远镜看一看，才算甘心！不然，他假使一有办法，必定要到火星里去与火星人共同过一次生活，才能满足他的求知欲。

十、以空气为例

分子运动、原子运动、电子运动……都是科学家从研究物质上推想出来的理论以解释种种物质的现象。我们要想真正了解这些理论，必须从研究物质的现象人手。在研究物质的现象上“做学教”，是了解这些现象上的理想中最有效的办法。倘使真要拿分子运动里的生活来说明“做学教合一”，我们便可举空气为例：分子运动速率增加便觉热；速率减少便觉冷。我们要想明白分子运动的速率，这气候的冷热，却是眼面前一个最显明的例子。

十一、以飞机无线电为例证

飞机和无线电的知识,可分为二级:第一级是制造的知识。制造飞机和无线电的知识,都要从制造上得来,方为有效。他要在造上学,在造上教,才能一举而成。若单在书上学,在书上教,等到造的时候,势必重新学过,则以前所学的等于耗费了!

第二级是要了解知识。这级知识,可从别人那里或书本上的经验得来,但学的人,必须有些基本的直接知识才能接得上去。这些基本的直接知识,都是从"做"上得来的。倘使没有从"做"上得来的基本的直接知识,那么,书上所写的飞机,嘴里所讲的无线电话,都与学的人漠不相关。

十二、"做"是学教的基础

有了上面的总解释,我们可以相信"做"是"学"的一切、"教"的一切之基础。那就无往而不应在"做"上学,"做"上教。但是人生几何,至多亦不过百年已耳。事实上那里做得完、学得完、教得完?我们只要遇一事则估量价值,拣那对人生最有贡献的、最合乎自己的才能需要的去做、去学、去教。那不能参加的只好不参加,不必需要的就不要,不能做的也只好不做,除此以外,还有什么办法呢?

不过,人生既为一大事而来,就该做一大事而去!只要在"做学教"的立场上,打定"做"的基础就是了。

十三、以牛顿为证

牛顿看见一个苹果落下地上,便发一问:“为什么这苹果不向天上飞呢?”从苹果下坠推到一切,于是想出万有引力的理论,以解释这些现象。牛顿看见苹果下坠,便是用眼做;他从苹果下坠,就推想到一切,以至想出万有引力的理论,乃是用脑做了。

十四、阳明学说之背谬

王阳明先生虽倡“知行合一”,但是不知不觉中,仍旧脱不了传统的知识沦之影响,又误于良知之说,所以一再发表“知是行之始,行是知之成”的言论。“做学教合一”的人,都知道这种见解,愈研究愈不对。余认为:”行是知之始,知是行之成。”此种议论,恰与阳明先生相反。

谁也都知道:古今中外所发现第一流的真知灼见,实无一不是从“做”中得来。哲学家之发明学说,宗教家之创立教义,何尝有一例外?上面所说的牛顿已是一个铁证。兹更引二三中外哲人,以资说明:

1. 孔子少贱,故多能鄙事。他人太庙,每事问。晨门称他是知其不可而为之者。多能鄙“事”,每“事”问,知其不可而为之,便是孔子发明他的哲学之根源。

2. 达尔文、瓦雷士的天择学说,不是从天上凭空掉下来的,也不是从脑筋里空想出来的;乃是在动植物中,经年累月的一面干,一面想;干透了,想通了。然后才有这样惊人的发见。

3. 耶稣基督、释迦牟尼之创立教义,也不是凭空冥想出来的。试把佛教经典及基督教的《新约全书》,打开一看,便知道他们所阐明的教义,并不是整套同时公布出来;他们是在众生中,随行随明,随明随传的。

由此,我们可以下一结论曰:"'哲学起于怀疑','宗教起于信仰';怀疑与信仰,都是应生活需要而来的,都是在做学教合一上面发见的。"

十五、不承认精神与身体分家

我们既以"在劳力上劳心"算为"做"的定义,当然不能承认身体与精神分家。自动的涵义,便是同时具有力与心之作用,即同时要求身体与精神之合作。"做学教合一",既是人生之说明,所以人人都在做,都在学,都在教。但是"做"错了,学与教都跟着错。

怎样会"做"错呢?错用目的,错用器官,错用工具,错用方法,错用力量,错走路线。……这些,都会叫人做错,即会叫入学错、教错。

"做学教合一"的要求是:事怎样做,便怎样学;怎样学,就怎样教。教的法子,根据学的法子;学的法子,根据做的法子。做一件事,就免不了这三方面。所以,"做学教"是有连环性的。

十六、以革命为证

革命这件事,要怎样“做”才能成功?这是我们要首先考察明白的。我们试分析起来,觉得要想革命成功,须有种种条件如下:

1. 适应现代中国需要之主义;
2. 忠勇廉洁爱民的领袖;
3. 纪律严明、器械精良的武力;
4. 特具独立发明之学术;
5. 开源节流的财政;
6. 训练自立爱国民众之教育;
7. 联合世界上以平等待我之民族;
8. 贴标语;
9. 游行……等等。

假使革命要满足这些条件才能成功,那末,革命“做学教”就该在这些事上整个的“做”着;在这些事上整个的“学”着;在这些事上整个的“教”着。

倘若把头几样撇开,只以“贴标语”、“游行”为能事,做虽是做,却是做错了!因为把以前几样抛开,这是忘本的。所以你在“贴标语”或“游行”时,在这“做”上,至少须把以前的条件“学着”、“教着”,那么,方才发生效力,否则,是徒劳而无功的!

十七、做学教原则下的看书

"做学教合一"的学校,看书的时间,是有规定的;所看的书,也有一部分是指定的。但比别的学校,要自由得多。所以对于书籍,有一条方针:做什么事,用什么书。它——做学教——极力反对为读书而读书;它——做学教——极力主张为做事而用书。

但是它——做学教——现在尚是摸黑路,天天向着光明大道上跑。它——做学教——想依据生活历程,编辑一个最低限度的用书目录,将来编成以后;看书和用书,就可以上轨道了。

在"做学教合一"的学校过生活的学生,只要谨守"在劳力上劳心"的原则,自然能从具体归向理论,能从片面走向系统了。

十八、技能与知识

谁也都知道,技能与知识是分不开的。铁匠或木匠司务,只会把徒弟教成一成不变的铁匠或木匠,一式一样的永久不知变化。这是实未足以尽教育之能事。

1. 因为中国的一般铁匠、木匠,实在是有一部分教错了。从粗枝大叶,荦荦大者来说:"他们只知'劳力'而不会'劳心'。"以致技能与知识都不能充分发展,形成不进则退的病症,长此以往将焉能与这二十世纪物质文明的时代相角胜?

2. 因为他们除了呆板的职业训练以外,其余关于人生需要的教育都被漠视了;应具的ABC知识,也都被在遗弃之列了!这又是一桩多么危险的事体呀!

假使中国的铁匠、木匠,都“做”的不错,“学”的不错,“教”的不错;能在“劳力上劳心”,各方面生活需要都能顾到;那末,铁匠、木匠所应受的教育,便是人人应受的教育了。

王木匠要有技能和知识,也如同达尔文要有技能和知识一样。达尔文假使没有辨别物种变异的技能,便不能发现天择的学说;王木匠若没有由克雷地的几何知识,便要做出七歪八斜的桌子来。

可是,王木匠和达尔文有个不同之点:王木匠把知识化成技能;达尔文却用技能产生知识。不过,王木匠倘使能用知识所变成的技能,进一步去产生新知识;那么,王木匠亦可成为达尔文一流的人物了!假使达尔文停止在观察生物的技能上,而不能用它去发现天择学说;那末,终达尔文之身,也不过是王木匠的兄弟罢了!

十九、几个总纲领

“做学教合一”的理论和实际:要说到它——做学教——的精微处,就搜罗普天地的万象,集合中外古今的宏哲,实难以究其堂奥;要说到它——做学教——平易呢,即妇人、孺子、村夫、牧童,也能知能行。换言之,只要你用抽象的眼光,旁观的态度,留心去观察,则一举措间,一瞬目中,均无往而非“做学教合一”!现在且将几个总纲领写在下面,俾供参阅:

1.“做学教合一”，是全人类生活进程中的ABC。

2. 要想获得人类全体的经验，必须从“做学教合一”始；从“做学教合一”终；与“做学教合一”共终始，那才最有效力。

3. 生活教育，就是“做学教合一”。

4. 除了“饱食终日，无所用心”的猪仔式的人生观者外，谁也时时刻刻都须有“做学教合一”的心念。

5.“做学教合一”的生活法，是有意义的，是要“在劳力上劳心”的。

6.“做学教合一”，是有连锁性的：怎样做，就怎样学；怎样学，就怎样教。教的法子，根据学的法子；学的法子，根据做的法子。

7.“做学教合一”，不但不忽视精神上的自动，而且又有身体上的自动。——因为有“在劳力上劳心”，脚踏实地的“做”为它的中心，所以精神便随这“做”而愈加奋发有为。

生活即教育*

今天我要讲的是“生活即教育”。中国从前有一个很流行的名词，我们也用得很多而且很熟的，就是“教育即生活”(Education of life)，“教育即生活”这句话，是从杜威先生那里来的，我们过去是常常用它，但是，从来没有问过这里边有什么用意。现在，我把它翻了半个筋斗，改为“生活即教育”。在这里，我们就要问：“什么是生活？”有生命的东西，在一个环境里生生不已的就是生活。譬如一粒种子一样，它能在不见不闻的地方发芽、开花。从动的方面看起来，好像晓庄剧社在舞台演戏一样。“生活即教育”这个演讲，从前我已经讲了两套，现在重提我们的老套。

第一套就是：

是生活就是教育；

是好生活就是好教育，是坏生活就是坏教育；

是认真的生活，就是认真的教育，是马虎的生活，就是马虎

* 本篇原载于1930年3月《乡村教师》第9期。

的教育；

是合理的生活，就是合理的教育，是不合理的生活，就是不合理的教育；

不是生活就不是教育；

所谓之“生活”，未必是生活，就未必是教育。

第二套是第二次讲的时候包括进去的，是按着我们此地的五个目标加进去的，那是：

是康健的生活，就是康健的教育，是不康健的生活，就是不康健的教育；

是劳动的生活，就是劳动的教育，是不劳动的生活，就是不劳动的教育；

是科学的生活，就是科学的教育，是不科学的生活，就是不科学的教育；

是艺术的生活，就是艺术的教育，是不艺术的生活，就是不艺术的教育；

是改造社会的生活，就是改造社会的教育，是不改造社会的生活，就是不改造社会的教育。

近来，我们有一个主张，是每一个机关、每一个人在十九年度里都要有一个计划。这样，在十九年度里我们所过的生活，就是有计划的生活，也就是有计划的教育。于是，又加了这么一套：

是有计划的生活，就是有计划的教育，是没有计划的生活，就是没有计划的教育。

我今天所要说的，就是我们此地的教育，是生活教育，是供给人生需要的教育，不是作假的教育。人生需要什么，我们就教什么。人生需要面包,我们就得过面包生活,受面包的教育;人生需要恋爱,我们就得过恋爱生活,也受恋爱的教育。准此类推,照加上去:是那样的生活,就是那样的教育。

与"生活即教育"有联带关系的就是"社会即学校"。"学校即社会"也就是跟着"教育即生活"而来的,现在我也把它翻了半个筋斗,变成"社会即学校"。整个的社会活动,就是我们教育的范围,不消谈什么联络,而他的血脉是自然流通的。不要说"学校社会化"。譬如说现在要某人革命化,就是某人本来是不革命的;假使某人本来是革命的,还要他"化"什么呢?讲"学校社会化",也是犯同样的毛病。"学校即社会",我们的学校就是社会,还要什么社会化呢?现在我还有一个比方:学校即社会,就好像把一只活泼泼的小鸟从天空里捉来关在笼里一样。它要以一个小的学校去把社会上所有的一切东西都吸收进来,所以容易弄假。社会即学校则不然,它是要把笼中的小鸟放到天空中,使他能任意翱翔,是要把学校的一切伸张到大自然里去。要先能做到"社会即学校",然后才能讲"学校即社会";要先能做到"生活即教育",然后才能讲到"教育即生活"。要这样的学校才是学校,这样的教育才是教育。

杜威先生在美国为什么要主张教育即生活呢?我最近见到他的著作,他从俄国回来,他的主张又变了,已经不是教育即生活了。美国是一个资本主义的国家,他们是零零碎碎的实验,有好多教育家想达到的目的不能达到,想实现的不能实现。然而在俄国已经有人达到了,实现了。假使杜威先生是在晓庄,我想他也必主张"生活即教育"的。

杜威先生是没有到过晓庄来的，克伯屈先生是到过晓庄来的。克伯屈先生离了俄国而来中国，他说："离莫斯科不远的地方，有一个人名叫夏弗斯基的，他在那里办了一所学校，主张有许多与晓庄相同的地方。"我见了杜威先生的书，他说现在俄国的教育，很受这个地方的影响，很注重这个地方。他们也主张生活即教育，社会即学校。克伯屈先生问我们在文字上通过消息没有？我说没有。我又问他："夏弗斯基这个人是不是共产党？"他说不是。我又问他："他不是共产党，又怎么能在共产党政府之下办教育呢？"他说："因为他是要实现一种教育的理想，要想用教育的力量来解决民生问题，所以俄政府许可他试验，他在俄政府之下也能生存。"我又对他说："这一点倒又和我相合，我在国民党政府之下办教育，而我也不是一个国民党党员。"这是克伯屈先生参观晓庄后与我所谈的话。

现在我们这里的主张，终于已经到了实现的时期了，问题是在怎样实现。这一点可以分作三个时期：

第一个时期，是生活是生活，教育是教育，两者是分离而没有关系的。

第二个时期，是教育即生活，两者沟通了，而学校社会化的议论也产生了。

第三个时期，是生活即教育，就是社会即学校了。这一期也可以说是开倒车，而且一直开到最古时代去。因为太古的时代，社会就是学校，是无所谓社会自社会、学校自学校的。这一期，也就是教育进步到最高度的时期。

其次，要讲生活即教育与社会即学校，有几方面是要开仗的，而且是不痛快的，是很烦恼的，而与我们有极大的冲突的。

第一，在这个时期，是各种思潮在中国谋实现的时期，中国几千年来传统教育所支配的许多传统思想都要在此时期谋取得它的地位。第二，是外来的各种文化，如德国的文化中心的教育，英国的绅士的教育，美国的拜金教育。第三，是外国的都在中国倾销，从各国回来的留学生便是推销外国文化的买办。

现在先说中国遗留下来的旧文化与我们的生活即教育是有冲突的。中国从前的旧文化，是上了脚镣手铐的。分析起来，就是天理与人欲，以天理压迫人欲，做的事无论怎样，总要以天理为第一要件。

他是以天理为一件事，人欲为一件事。人欲是不对的，是没有地位的。在生活即教育的原则之下，人欲是有地位的，我们不主张以天理来压迫人欲的。这里，我们还得与戴东原先生的哲学打一打通。他说，理不是欲外之理，不是高高地挂在天空的，欲并不是很坏的东西，而是要有条有理的。我们这里主张生活即教育，就是要用教育的力量，来达民之情，遂民之欲，把天理与人欲打成一片，并且要和戴东原先生的哲学联合起来。

与此有联带关系的就是“礼教”。现在有许多人唱“礼教吃人”的论调，的确，礼教吃的人，骨可以堆成一个泰山，血可以合成一个鄱阳湖。我们晓得，礼是什么？以前有人说，礼是养生的，那是与生活即教育相通的。这种礼，我们不惟不打倒，并且表示欢迎。假若是害生之礼，那就是要把人加上脚镣手铐，那是与我们有冲突的，我们非打倒不可。因为生活即教育是要解放人类的。

再次，中国从前有一个很不好的观念，就是看不起小孩子。把小孩子看成小大人，以为大人能做的事小孩也能做，所以五六岁的小孩，就要他读《大学》、《中庸》。换句话说，就是小孩子没有地位。我们主张生活即教育，要是儿童的生活才是儿童的教育，要从成人的残酷里把儿童解放出来。

还有一点要补充进去的，就是书本教育。从前的书本教育，就是以书本为教育，学生只是读书，教师只是教书。在生活即教育的原则之下，书是有地位的，过什么生活就用什么书。书不过是一种工具罢了。书是不可以死读的，但是不能不用。从前有许多像这样的东西，非推翻不可的，否则不能实现生活即教育。

现在外国传进来的思潮，也有许多与我们是冲突的。以文化做一个例吧，以文化做中心的教育，他的结果是造成洋八股。文化是人类创造出来的，固然是非常的宝贵，但他也不过是一种工具而已，不能拿做我们教育的中心。人为什么要用文化？是要满足我们人生的欲望，满足我们生活的需要。电灯是文化，我们用了它，可以把一切看得更明白。无线电是文化，我们用了它，可以更便利。千里镜是文化，我们用了它，可以钻进土星、木星里去。……所以文化是生活的工具，它是有它的地位的。我们不惟不反对，而且表示欢迎。欢迎它来做什么呢？就是满足我们生活的需要。有些人把它弄错了，认它做一种送人的礼物，这是不对的。文化要以参加做基础，有了这参加的最低限度的基础，才能了解，才能加上去。生活即教育与文化为中心的教育不同，就是如此。

还有训育与生活即教育的理论怎么样？生活即教育与训育

把训与教分家的关系怎么样？生活即教育与社会即学校如何实现？小学里如何把它实现出来？假使诸位以为是行得通的，最好是每一个人拟一个方案来交我，哪一部分可以实现，我们就拿那个地方当一个社会实现出来。

现在我举一个例说：去年因为天干，和平学园因为急于要水吃，就开了一个井。井是学校开的，但是献给全村公用，不久就发现了两大问题：

（一）每天出水二百担，不敷全村之用。于是大家都起早取水，后到的取不到水。明天又比别人早，甚至于一夜到天亮，都有取夜水的。到天亮时，井里的水已将干了。群聚在井边候水，一勺一勺的取，费尽了力气才打出一桶水。

（二）大家围着取水，争先恐后，有时甚至用武力解决。

这种现象，假使是学校即社会，就可以用学校的权力来解决，由学校出个命令，叫大家照着执行。社会即学校的办法就不然？他觉得这是与全村人的生活有关系的，要全村的人来设法解决，于是就开了一个村民大会，一共到了六七十个人，共同来做一个吃水问题的教学做。到会的人，有老太婆，也有十二三岁的小孩子，公推了一位十几岁的小学生做主席。我和许多师范生，就组织了一个诸葛亮团，插在群众当中，保护这位阿斗皇帝。老太婆说的话顶多，但同时有许多人说话，大家听不清楚，而阿斗皇帝又对付不过来。这回，诸葛亮用得着了，他就起来指导。结果，共同议决了几件事：

（1）水井每天休息十小时，下午七时至上午五时不许取水。违者罚洋一元，充修井之用。

(2)每天取水,先到先取,后到后取。违者罚小洋六角,充修井之用。

(3)公推刘君世厚为监察员,负执行处分之责。

(4)公推雷老先生为开井委员长,筹款加开一井,茶馆、豆腐店应多出款,富户劝其多出,于最短期内,由村民团结的力量,将井开成。

这几个议案是由村民大会通过的。这就是社会即学校的办法。由此,我有几个感触:

(一)民众运动,要以对于民众有切身关系的问题为中心,否则不能召集。

(二)社会运动,非以社会即学校,则不能彻底实行。而社会即学校,是有实现的可能的。

(三)不要以为老太婆、小孩不可训练,只要有法子,只要能从他们迫切的问题着手。

(四)公众的力量比学校发生的大,假使由学校发命令解决,则社会上了解的人少,而且感情将由此分离。

(五)民众没有指导是不行的,和平门饮水问题,倘无相当指导,可以再过四五十年也不会解决。

(六)做民众运动是要陪着民众干,不是替民众干。要想培养中华国民,非此不可。

这就是以小学所在地做学校的一个例,其余的例很多,不必多举。社会即学校要如何的实现,请大家一样一样的做个方案,二次开会的时候再谈。

这是证明“生活即教育”与“社会即学校”是相联的,是一个学理。

关于“生活即教育”，我现在再来补充一套。我们是现代的人，要过现代的生活，就是要受现代的教育。不要过从前的生活，也不要过未来的生活。若是过从前的生活，就是落伍；若要过未来的生活，就要与人群隔离。以前有一部书叫《明日之学校》，大家以为很时髦的，讲得很熟的。我希望乡村教师，要办今日之学校，不要办明日之学校。办今日之学校，使小学生过今日之生活，受今日之教育。

如何可以不做一个时代落伍者?*

——答复一位青年教师的信

接读你的信,知道你有努力上进之志,我是何等的欣慰啊!我们要不愿做时代的落伍者,必须专攻一门自然科学。自然科学是开向理想世界去的特别快车,你坐在上面,不要下来,决不致落伍。我现在也打算用我后半生之精力来专攻一门科学。我们同坐这部车儿去吧!从农业文明渡到工业文明,自然科学是唯一的桥梁。小学教师必须拿着科学的火把引导儿童过渡。不懂科学的人,不久便不能做教师了。但是有一件事你得留心:科学已被屠户用做杀人的利器。我们应当从屠户的手里把科学夺过来。我们要教学生用科学渡人不用科学阻人过渡。我们要拿科学来抑强扶弱。科学的使命是要造富的社会不造富的个人。自然科学没有成为国货以前,我们要取得自然科学上最新的知识与方法,还得精通一种外国文。这都是你要认清而必须准备的。你来,我们详说吧……

---

* 本篇原载于 1931 年 1 月 24 日《申报·自由谈》。

儿童用书选择标准*

书有两种:一种是吃的书;一种是用的书。

吃的书当中,有的好比是白米饭,有的好比是点心,有的好比是零食,有的好比是药,有的好比是鸦片。

中国是吃的书多,用的书少。吃的书中是鸦片的书多,白米饭的书少。

我从前写了四句三字经,警告了一般不劳而获的人:"不做事,要吃饭。什么人,是混蛋!"

吃饭不做事,尚且不可,何况吃鸦片而不做事!

一个过合理生活的人,三餐饭当然是要吃的,可是也不能忘记那八小时的工作。要想工作做得好,必须有用的书。用的书没有,如何去做?一个学校要想培养双手万能的学生,自然要多备用的书,少备吃的书,而吃的书中尤须肃清一切乌烟瘴气的书。

可是,现在中国学校里的情形,适得其反:只有吃的书,没有用的书,而吃的书中,多是一些缺少滋养料的零食与富有麻醉性

---

* 本篇原载于 1931 年 4 月 15 日《儿童教育》第 3 卷第 8 期。

的鸦片。在这些书里讨生活的学生们,自然愈吃愈瘦,愈吃愈穷,愈吃愈不像人。

我们要少选吃的书,多选用的书。我们对于书的态度之变更,是由于我们对于儿童的态度之变更。我们在《儿童生活》杂志上发表对于儿童的根本态度是:

儿童是新时代之创造者,不是旧时代之继承者。儿童是创造产业的人,不是继承遗产的人。儿童生活是创造、建设、生产,不是继承、享福、做少爷。新时代的儿童是小工人。这工人,是广义的工人,不是狭义的工人。在劳力上劳心便是做工。这样做工的人都叫做工人。新时代的儿童,必须在劳力上劳心,又因他年纪小一些,所以称他为小工人。小工人必是生产的小工人,建设的小工人,实验的小工人,创造的小工人,改革的小工人。儿童的生活便是小工人生活,小生产生活,小建设生活,小实验生活,小创造生活,小改革生活。

儿童用书便是小工人生活之写实与指导。这里面所要包含的是一些小生产、小建设、小实验、小创造、小改革、小工人的人生观。

无论他是生产也好,建设也好,实验也好,创造也好,改革也好,他必须做工,他必须在劳力上劳心,他必须在用手时用脑。

这里所画的画,是小工人做工之画;所唱的歌,是小工人做工之歌;这里所问的问,是小工人做工之问;这里所答的答,是小工人做工之答;这里所用的数,是小工人做工之数;这里所写之文字,是小工人做工之文字;这里所介绍的工具,是小工人做工之工具;这里所说的故事,是小工人做工之故事;这里所讲的笑话，是小工人做工之笑话；这里所主张的人生观，是小工人认真做工之人生观。

儿童用书既是以指导儿童做工为主要目的，那么，一本书之好坏，可以拿下列三种标准判断它：（一）我们要看这本书有没有引导人动作的力量，有没有引导人干了一个动作又干一个动作的力量。（二）我们要看这本书有没有引导人思想的力量，有没有引导人想了又想的力量。（三）我们要看这本书有没有引导人产生新价值的力量，有没有引导人产生新益求新的新价值的力量。

怎样叫产生新价值？鲁滨孙在失望之岛上需要一个缸子装水，愁着造不起来。一天，他看见锅灶前有一块碎土，拿起来觉得坚如石头。他想这或许是泥土见火变成的；继而他又想，碎土既能烧成石头，倘使把这种土做成一只缸儿，也或者可以烧成坚如石头的水缸。他于是动手做了三只小缸，架起火来烧了几十个钟头，渐渐地让它们冷下来，破了一只，其余两只居然是点水不漏。这里有动作，有思想，有新价值之产生——泥土的价值变为水缸的价值。

让我再举一个物质未变而价值变了的例子。贾母在大观园里请客游船。她和刘姥姥以及长一辈的坐了一只船向前走，后面宝玉、宝钗、黛玉姊妹们另外坐了一只跟着。宝玉说："这些破荷叶可恶！叫人来把他砍掉。"黛玉说："李义山的书我素不喜读，只喜他一句：'留得残荷听雨声。'"宝玉说："果然好句，以后再别叫人把荷叶砍掉。"宝玉要砍荷叶便是动作之始，黛玉想了一下，将她所想的结果，说给宝玉听，宝玉想了一想引起态度上一个根本的变化,破荷叶没有变而它的价值变了——可憎恶的破荷叶变成了天然的乐器。这叫做新价值之产生。

上述之三种标准是选择用书标准。这在用书众多的社会里固可以任您挑选,而在用的书少吃的书多之中国,这些标准实不啻虚设。但依此标准以编可用之书,也是有志造福儿童者之一件大事。暂时,如果用的书可选者很少,不妨在各书中选择可用的材料,沙里淘金,劳而后获。这些标准也似乎有它们的用处。

佛罗棱萨的教授*

伽利略发现木星的四个月亮之后，便写了一篇文字于一六一〇年一月二十四日在星座报告 Nuneius Siderius 里面发表出来。

这篇破天荒的文字出版之后，照现在看来，该是多么的宝贵，佛罗棱萨（Florence）的大学教授们却看它不起。

法赫在伽利略传中说帕雕亚（Padua）的哲学主任、教授用尽力量使大公爵不要相信木星四个月亮之存在，他说："动物头上有七窍，通气于周身，使它明，使它暖，使它滋长。这小宇宙之七窍是什么？两个鼻孔，两个眼睛，两个耳朵，一张嘴。同时，在诸天之大宇宙中有两颗吉星，两颗凶星，两颗发光的星，一颗超然未决的水星。这种类似之外，数不胜数，比如七金，即为一例。因此我们断定行星之数必为七颗无疑。何况木星的月亮不是人眼睛所能看见，所以在地上不能发生影响，所以无用，所以不存

---

* 本篇原载于1931年9月18日《申报·自由谈》，佛罗棱萨即意大利佛罗伦萨市。

在。而且犹太人，古代民族以及近代之欧罗巴人已定七天为一星期，并将七行星之名字称呼它们，如果我们将行星增加起来，岂不是把这美丽的系统整个的推翻了吗？”

伽利略自己说：

“我想请佛罗棱萨的教授们来看木星的四卫星，他们不但不愿意看星，连我的望远镜也不愿看。他们相信，在自然里没有真理可找。真理只在书本里。”

中国的教授，有哪几位不是从佛罗棱萨来的呀？国产的老夫子说：“真理只在古书里。”留洋的洋翰林说：“真理只在洋书里。”懒得看书的讲师说：“真理只在嘴巴里。”青年学生若信这些教授们的话，也就可算是佛罗棱萨人籍的学生了。谁能自造仪器向大自然瞄准？如果有这人，我是愿意拿着扫帚做他的斋夫了。

怎样学爱迪生*

未来的世界是一个电化的世界;未来的中国也必定要造成一个电化的中国,这是没有疑义的。我们的近邻日本和俄国都已经大规模的进行他们的电化全国的计划,我们决不可因循懈怠。电化中国最需要的是电学人才。青年学生中性情相近的是应该负起责任来研究这种学术。我们面前最好的一位老师便是爱迪生。学爱迪生决不是读读《爱迪生传》和他的发明报告就算完事。我们必得像他一样在电气实验上亲自动手去做,用脑去想,才不愧为他的学生。这还不够,我们必得天天做,天天想,一年到头,一世到老都在这上面下工夫才能希望有所成就。尝一尝,试一试,就放下手来,那是不会有什么大不了的贡献的。

据布赖恩(Brayan)说,他许多的发明中,只有留声机是偶然领悟到的,其余都是从有计划的苦功中得来。为着要求得一种最有效之电灯用的金属灯丝,他曾经用矿物做了一千六百次的试验。他检查过六千种的植物,为的要看哪一种植物最合乎制

---

* 本篇原载于1931年10月27日《申报·自由谈》。

造炭丝之用。他所发明的镍铁蓄电池是五万次试验之结果。

爱迪生有一句名言:“天才是劳动而有恒心。”他所说的劳动实含有劳力与劳心两方面。如果你要知道你在电学或任何学问上有无一些天才,只须问一问自己在这件事上是否肯动手用心去做,做得不肯歇手?

不如学阿尔*

(上)

阿尔(AL)是爱迪生做小孩儿时候的小名。爱迪生如汪洋大海,毕竟有些难学。与其学爱迪生不如学阿尔。

阿尔从始到终只上了三个月学。先生以为这孩子不可教,常喊他为坏蛋。他退了学在家里的地窖中玩化学把戏,这地窖便是他的一个小小实验室,别的功课便由他的妈妈指导。他把买糖果的钱省下买化学药品,不够,便去卖菜、卖报赚些钱来做实验。卖报卖上火车,就在火车上的行李间干起实验来。干了许多日子,一天铁轨出了毛病,药瓶掉在地上烧了起来,守车的给他一个耳光,使他一直聋到老。他说耳朵聋了一只倒能免他分心。阿尔的玻璃瓶一起被摔在站上,从此他又到家中去建造他的实验细胞了。

---

* 本篇原载 1931 年 10 月 28—29 日《申报·自由谈》。

这都是一个十二岁左右的孩子干的勾当,我们看了这段小史该作何感想?

如果你是一位教师,切莫轻于断定小朋友的品格。我们看他是坏蛋,他未必就是坏蛋。容或教师眼中之坏蛋,倒是一个真的爱迪生。千万不要把你的阿尔逼跑了,可是留他在学校里也不是甘言蜜语敷衍他所能了事。他欢喜玩科学的把戏,你得使他有可用的工具。倘使学校没有经费,可让他去卖报挣钱来干;倘使学校没有实验室,那无人要的地窖屋角何不借他一用?您得给他一些自由的空气呼吸,否则他的科学的幼苗便要闷死。他不愿闷死,便要跑了。刻印板的传统先生是活埋爱迪生的凶手。你们未下恶手之前,请你们想一想吧!

(下)

阿尔的母亲实在是不可多得,容许他在家里放那些毒药,多至二百瓶!那位火车上的守车也有意思,居然让他在行李车上开办实验室!这都是爱护科学和小朋友的天使。倘使没有这些天使,那么不容于正式学校之阿尔,又何能容于家庭与社会?小朋友们也不可自暴自弃。除了学校,便没有用功求学的地方吗?你看阿尔:他厌倦学校之死教育,回家便在家里做实验,上火车便在火车上做实验,没有钱便卖报卖菜,以所赚的钱来做实验。他过的是科学的生活,受的是科学的教育,这不是真正的生活教育吗?他和他的小伙伴一同自己做,自己学,自己教,不是教学做合一的证据吗?《纽约泰晤士报》说,现在爱迪生(长成的阿尔)的发明和他的发明所推动的事业上所投的资本共有一百五十万万美金,合华币七百五十万万元。大家都说中国穷得可怜。救穷之惟一方法是要造富的社会,不造富的个人。美国用爱迪生造了许多大富豪,我们却要用未来的爱迪生来造四万万人的富国和二十万万人的富世界。这未来的爱迪生是怎样来的啊?小时是阿尔,大时便自然而然的成了爱迪生。只要先生们少骂几句坏蛋,社会、家庭、政府多给一些自由空气,少用一些齐一手段,阿尔,是,爱迪生,便如雨后春笋一发而不可遏了。

科学的孩子*

问真、探真两位小宝宝：

你们知道现在是一个科学的世界。科学的世界里应该有一个科学的中国，科学的中国要谁去创造呢？要小孩子去创造！等到中国的孩子都成了科学的孩子，那时候，我们的中国便自然而然的变为科学的中国了。

我希望你们俩从今天起，立刻变为科学的孩子。你们或者要问："这科学的孩子是怎样的变法呀？"

你们要攀上科学树去摘几个科学果子，一吃，便会变成两个可爱的科学的孩子。我现在送你们两种书：一是小朋友书店出版的《儿童生活》；一是儿童书局出版的《儿童科学丛书》。这些书会教你们怎样攀上科学树，怎样去摘科学果子，怎样变个科学的孩子。

这些书不是给你们看的，乃是引导你们玩科学的把戏，做科学的实验。如果你们藏而不看，看而不做，那就算是辜负我的好

---

* 本篇原载于 1931 年 11 月 6 日《申报·自由谈》。

意了。

现在差不多要到冬天了,你们怕就要戴上手套吧? 科学的孩子的手是一天忙到晚,用不着手套。你们向妈妈禀告说:"今年我们都是科学的孩子,不再戴手套了,请您把买头绳的钱给我们买实验的材料吧。"

我寄给你们的东西,你们放心吃! 从前买可可糖送你们,我必先吃一块,看看里面坏了没有。这次送你们的科学果子,我都尝过,你们放心吃吧!

这些科学果子里,有几个是我亲自摘的,放在花篮里,一起送给你们。这样,我送给你们的果子,同时可以送给全国的小朋友一同尝。新时代的孩子一定赞成这个一举数得的办法。

你们吃了这些果子,我不希望别的报酬,只希望你们每星期写一封信,告诉我玩了几个科学小把戏,做了几个科学小实验,使我知道你们是的确变了科学的孩子,抱着决心去创造一个科学的中国,我就心满意足了。

祝你们努力向科学树上攀,攀得高高的,把那肥大的果子摘下来给全世界的人吃,不要只顾自己吃得一肚饱,忘了树底下的民众。

你们的爸爸也是你们的朋友

中国的人命*

我在太平洋会议的许多废话中听到了一句警语。劳耳说：

“中国没有废掉的东西，如果有，只是人的生命！”

人的生命！你在中国是耗费得太多了。垃圾堆里的破布烂棉花有老太婆们去追求，路边饿得半死的孩子没有人过问。花十来个铜板坐上人力车要人家拼命跑，跑得吐血倒地，望也不望，便换了一部车儿走了。太太生孩子，得雇一个奶妈。自己的孩子白而胖，奶妈的孩子瘦且死。童养媳偷了一块糖吃，要被婆婆逼得上吊。做徒弟好比是做奴隶，连夜壶也要给师傅倒，倒得不干净，一烟袋打得脑袋开花。煤矿里是五个人当中要残废一个。日本人来了，一杀是几百。大水一冲是几万。一年之中死的人要装满二十多个南京城（说得正确些，是每年死的人数等于首都人口之二十多倍）。当我写这篇短文的时候，每个字出世是有三个人进棺材。

“中国没有废掉的东西，如果有，只是人的生命！”

---

* 本篇原载1931年11月9日《申报·自由谈》。

您却不可作片面的观察。一个孩子出天花,他的妈妈抱他在怀里七天七夜,毕竟因为卓绝的坚忍与慈爱,她是救了他的小生命。在这无废物而有废命的社会里,这伟大的母爱是同时存在着。如果有一线的希望,她是愿意为她的小孩的生命而奋斗,甚而至于牺牲自己的生命,也是甘心情愿的。

这伟大的慈爱与冷酷的无情如何可以并立共存?这矛盾的社会有什么解释?他是我养的,我便爱他如同爱我或者爱他甚于爱我自己。若不是我养的,虽死他几千万,与我何干?这个态度解释了这奇怪的矛盾。

中国要到什么时候才能翻身?要等到人命贵于财富,人命贵于机器,人命贵于安乐,人命贵于名誉,人命贵于权位,人命贵于一切。只有等到那时,中国才站得起来!

莫轻看徒弟*

一百六十二年前发明蒸汽机之瓦特(James Watt)曾经做过徒弟。一百年前发明发电机之法拉第(Michael Faraday)曾经做过徒弟。产业革命和电化文明是徒弟们在知识之最前线领导着。

中国的希望,向来是放在学生身上。最初大家的目光都对着留学生。到了对留学生失了信仰,大家又转移目光对着大学生。到了对大学生失了信仰,大家又转移目光对着中学生,现在是渐渐的转移到小学生身上去了。如果先生和学生们没有根本觉悟,则中学生、小学生是同样的要令人失望。

文明是人类用头脑和双手造成的。只会劳心而不会劳力和只会劳力而不会劳心的人都是没有希望,何况爱用空嘴说白话的人,那是更不可救药了。如果肯得用手去做,用心去想,那末,留学生、大学生也有希望。否则两只手儿拢在袖里读死书,死读书,读书死,那末,连中学生、小学生也有一天要叫人失望咧。我

---

* 本篇原载于 1931 年 11 月 12 日《申报 · 自由谈》。

对于科学的青年的建议是：

一、做过学生的要做几年徒弟；

二、做过徒弟的要做几年学生。

思想的母亲*

行动是思想的母亲,科学是从把戏中玩出来的。

杜威先生分析反省的思想之过程,列举了如下的步骤:(一)困难之感觉;(二)审定困难之所在;(三)设法解决;(四)在许多方法中选一最有效的试试看;(五)屡试屡验之后再下断语。这反省的思想之过程便是科学思想之过程。

我拿杜威先生的道理体验了十几年,觉得他所叙述的过程好比是一个单极的电路,通不出电流。他没有提及那思想的母亲。这位母亲便是行动。路走不通,才觉有困难。走不通而不觉得困难,这是庸人。连脚都没有动而心里却虚造出万千困难,这是妄人。走不通而发现困难,便想出种种法子来解决困难,不到解决不止,这是科学家。所以我要提出的修正是在困难之前加一行动之步骤。于是整个科学的生活之过程便成了:行动生困难;困难生疑问;疑问生假设;假设生试验;试验生断语;断语又生了行动,如此演进于无穷。懒得动手去做,哪里会有正确的思想产生,又何能算是科学生活?

---

* 本篇原载于 1931 年 11 月 11 日《申报·自由谈》。

一个教师与家长的答复*

——出头处要自由

南京八日专电，载有戴传贤于本月七日给全国教育家及学生家长的一封公开信，上面写的是：

> 培植出一根树苗，要他长成端正的大树，要费几根大木头，四面撑住他。培植一个好青年，要牺牲几个成年人，四面去扶植他。树苗自由，不能成长；青年自由，不能成人。全国的教育家醒来，全国学生的父母兄弟姊妹醒来！救国先救国家命根的青年！救国先救教导青年的学校！

我虽然当不起教育家这个名词，但是一个当过十几年教师的人，总该跟着诸位教育家共听戴君之教益。我并且是几个小孩子的父亲，更该负起责任来发表我的见解。在戴君大声疾呼之下，我是醒了，想睡也睡不着了。我于是先把戴君的信介绍给

---

* 本篇原载1931年12月11～12日《申报·自由谈》。

孩子们看’，然后对他们发表我的意见，谁是谁非，让他们自己判断吧。我对他们所说的话是：

“你们要知道种树吗？底下可以安根，上面可以出头，幼苗才能种得活。有水分、肥料、空气、阳光，而无虫害，幼苗才能长成大树。园丁的责任在灌溉、施肥、除害虫而不没收它的自由的空气与阳光，则幼苗自能欣欣向荣了。花园里给人玩赏的树木四面是有死木头撑住，并有绳子把它们扎成种种曲线美。这些是树少爷，因为有树听差服侍它们；有的是树小姐，因为它们裹脚束腰，和人间不自尊的姑娘大同小异。树少爷，树小姐，只是人的玩物，这中间找不出栋梁材。栋梁材是长在森林里。兴安岭的幼树可有树听差服侍？谁见过它们裹过脚束过腰？如果你想叫幼苗端端正正的长起来，也难也容易。小树生在大树中间，若大树端正，则小树须向上吸收阳光，自必端正，这不是很容易呀？若大树惯于折腰，罩在小树上，小树得不着阳光，想它端正便是万难。所以‘出头处要自由！’树苗要伸出头来呼吸自由的空气，感受自由的阳光，才能活，才能长，才能端正。假使我们在幼苗的出头处加以压力，那末除非是幼苗肯像乌龟样把头缩进壳里去，它的自然的生长力是会把压力冲破，如同小鸡啄破蛋壳出世一样的不可制止。

“戴君认定你们青年是国家的命根，我也有此认识。你们也不可把自己小看了。不可做树少爷！不可做树小姐！不可给折腰的大树把你们笼罩住！与害虫奋斗！伸出头来向水分、肥料、空气、阳光进取！这样，你们才能把自己造成中国之栋梁之材，才可算是国家命根的青年。

“我既主张出头处要自由，那末‘自由’的涵义是什么也得说明。自由是以自己的意志指挥自己的行动。个人自由是以个人自己的意志指挥个人自己的行动。团体自由是以团体自己的意志指挥团体自己的行动。自由这个名词是含有自主、自决、自动、自得种种意义，扩而大之，是要各得其所。自由人是奉头脑做总司令；他的反面是奴隶。他自己不愿做奴隶，也不要人做他的奴隶。放荡不是自由；因为放荡的人是做了私欲嗜好的奴隶而不能自拔。一个人若做了私欲嗜好的奴隶便失掉自由。青年放荡固然不能成人；成年人放荡也只算是成年，不能算是成人。成年人、青年、小孩子都该在一个道德标准下生活。双层标准、三层标准只是恕道不足的结果。青年不可以假借自由之美名去过放荡的生活；教师家长也不可假借放荡之罪名去剥削青年小孩子生长所必需之自由。根据以上所说，我所得的断语，适与戴君相反。我的断语是：‘失掉自由，不能成人。’”

是　　非*

孟子说:“是非之心,人皆有之。”生理心理学家把人的头脑解剖实验了几千百次,至今没有找着这样一个专管是非的“心”。

是非只是判断行为的一种符号。这种判断的能力是在判断上得来的。它是在实际生活里学得的本领,不是与生俱来的良知良能。

在实际生活中,人们对于某一种行为加以某一种符号,丝毫不容假借,久而久之,习惯成自然,是的便会说是,非的便会说非,没有什么参差。如果在实际生活中,有人混乱黑白,指鹿为马,是的有时说作非,非的有时说作是,这样一来,是非便不能分明了。

为什么要颠倒是非?大凡自己讨便宜的时候,不愿是非分明;只要自己吃了一点亏,便大声疾呼的要人家辨别是非。“是非”是上算者的敌人,“明是非”是吃亏者的呼冤。人不能老是上算,也不能老是吃亏,故有时要是非,有时不要是非。

---

* 本篇原载 1932 年 1 月 21 ~ 22 日《申报·自由谈》。

靖节公有诗说:“荣衰无定在,彼此更共之。”“是”岂能专属于我?“非”岂能常属于人?

是非如贞操,既已挥之而去,何能招之即来?

当前的势力是占便宜的势力。拜倒在当前势力膝下的人的字典里,没有“是非”。如果有,便是另有注解。

只许自己是,硬派别人非,是当前势力之惯技。有时连呼冤也不许。在这种情形之下,受冤屈的人只有打出是非来。是非要靠武力打出来,那是多么不经济的一回事呀!

是非之判断大都含有时代性,地域性,阶级性。一时代有一时代之“是非”,一地域有一地域之“是非”,一阶级有一阶级之“是非”。

量布用尺,量米用斗,量是非的尺与斗是什么?我以现代中国大众的一分子提出是非标准如下:

(一)公者是;不公者非。增进大众福利者是;损害大众福利者非。大众福利与小集团福利冲突时,拥护大众福利者是;拥护小集团福利者非。

(二)真者是;不真者非。

(三)推动时代前进者是;阻碍时代前进者非。

儿子教学做之一课*

民国十七年,我用上等宣纸装订了一本美丽的大簿子放在办公桌上,以备学生们质疑问难。这本簿子的封面贴了一条泥金的标签,上面由我自己写了“人生问题”四个字。簿子旁边放了一张通告,欢迎大家将各人心窝里的问题写出来,使我可以预先考虑,再行答复。在美的簿子上写心中事是多么有诗意的一回事啊!不消说得,鸡脚字是不好意思写在上面。我的目的是达到了:同学们每人来写问题之先,必将问题里面的一些字练习好多次,才愿下笔。所以我这本簿子不但是网罗了如珠似玉的问题川流不息的来到,而且写问题的字无形中也就艺术化了。

一天,我把人生问题簿翻开一看,发现了这样一个问题:

“夫子的儿子教学做,可得而闻乎?”

这问题的涵义是丰富极了,给了我一个很深刻的戟刺。从此以后我便时常自己问自己说:“儿子教学做这门功课该如何去上?”现在把最近上的一课发表出来,以供有儿子的人们参考。

---

* 本篇原载于1932年1月23~24日《申报·自由谈》。

儿子要在做上学，在做上教，这是没有疑义的。我希望每个儿子做成一个什么样的儿子，我得把我自己先做成那样一个儿子。我要教儿子自立立人，我自己就得自立立人。我要教儿子自助助人，我自己就得自助助人。最近我和小孩们商议出一个自立立人、自助助人的教学做过程，内分四个阶段：

第一个阶段三餐喂得饱，个个喊宝宝；
第二个阶段小事认真干，零用自己赚；
第三个阶段全部衣食住，不靠别人助；
第四个阶段自活有余力，帮助人自立。

我现在第四个孩子，六岁，尚在第一个阶段。第三个孩子，十岁，在乡下时，已到第二阶段，现在进城来又回到第一阶段。第二个孩子十三岁是在第二个阶段。第一个孩子十七岁是上了第三个阶段。同时大家还在求学，一起向了第四个阶段努力前进。

中国社会对于小孩的教育普遍只有两个阶段：一是全然依赖；二是忽然自立。这中间缺少渐进的桥梁。倘若成人突遇变故，小孩失其所依，这是多么难受的痛苦啊！

主人教育*

人民是民国的主人,小孩子是民国的小主人。主人与小主人不该当作奴隶教。中华民国,顾名思义,所需要的教育是主人教育。主人教育的目的是教民众联合起来做主人:

做自己的主人,
做政府的主人,
做机器的主人,
做大自然的主人。

* 本篇原载于1932年1月11日《申报·自由谈》。

儿童科学教育*

在二十世纪科学昌明的时代,应当有一个科学的中国。然而科学的中国,谁来负起造就的责任?就是一班小学教师。造成科学的中国,责任大得很啦。小学教师们一定要说:"我们负不起这种重大的责任。"别怕。我想,造成科学的中国,也只有小学教师可以负责。因为要建设科学的中国,第一步是要使得中国人个个都知道科学,要使个个人对于科学上发生兴趣。年龄稍大的成人们,对于科学引不起他们的兴趣来。只有在小孩子身上,施以一种科学教育,培养他们科学的兴趣,发展他们科学上的天才。只要在孩子们中培养出像爱迪生那样的几个科学杰出人才,便不难使中国立刻科学化。所以我说要造成科学的中国,责任是在小学教师。但是谈到科学教育,在施行上大家都觉有些难色,因为科学是一种很高深很精微的学问,小学教师的本身,对于科学尚未登堂入室,而要负起科学教育的责任,谈何容易。殊不知科学并不是很难的东西,高深的科学,固然很难研

---

* 本篇原载杭州师范学校编《师范教育学术讲座讲演集》(第一辑)。

究，但是浅显的科学，我们日常玩着的，人人都会做。我们用科学的教育训练小孩子，譬如教小孩子爬树。你教人爬树，如果从小教起，到了长大，便会爬到树顶。如果教成年人爬树，势必爬到皮破血流，非特爬不到顶，并且于他的手足伤害甚多。所以我们必先造就了科学的小孩子，方才有科学的中国。

造成科学的小孩子，向来教师是不注意的。检查过去的事实，父亲母亲倒或有一些帮助。如今我要讲两个故事，一是讲述一个造就科学小孩子的父亲，一是讲述一个造就科学小孩子的母亲。我们不是大家都知道一位大科学家富兰克林(Franklin)吗？富氏是证明天空的电，和我们人工摩擦出来的电是一样的东西。天空的电，可以打死人，富氏于是制成避电针。他是在科学上一位很有贡献的学者。他的父亲是做肥皂和洋烛的，他自己能教小孩子。富氏入校读书不久，便去学手艺。他的父亲任凭他东去看看，西去做做，随意的、自由的去工作，去参观。他愿意做什么，便让他做什么，所以使他对于工厂中的化学和工作很有兴趣。富氏自传中谈起他四十岁然后从事于科学，然而富氏对于科学的兴趣，在很小时候，东看西玩的已经培养成了，这是他父亲的功绩。所以小学教师也须得率领儿童时常到工厂、农场和其他相当的地方去玩玩。

去世不久的爱迪生氏，举世都承认他是一位大科学家。他关于电气上的发明，数目真可惊人。他有一个很好的母亲。他不过进了三个月的学校。在校时，校中的教师，都当他是一个十分顽劣的小孩，所以人校三个月，便把他开除了。爱迪生从此以后也再没有进过学校。他的母亲知道自己的小孩子并非坏东西，反怪校中教师只会教历史、地理，不能适合自己孩子的需要。因为那个时候的爱迪生，十分爱玩科学的把戏，在学校的时候，也只爱玩这一套而不留心学业，所以遭受教师的厌恶。西洋人的家里，都有一个贮藏杂物的地窖，爱迪生即在他家中的地窖里玩他科学的把戏。他在地窖中藏着许多玻璃瓶，瓶里都是藏着化学品，有的药品而且是毒性猛烈的。爱迪生的母亲，起初亦不愿孩子玩那些毒药，要想加以制止，但是不可能，于是也任他去玩了。玩化学上的把戏，须要用钱买药品，爱氏在替他母亲出外买东西时，必定要揩一些油，藏几个钱来，去买药品。后来他做了报贩，在火车上卖报，他卖报赚下来的钱，大部分是去买化学药品的。他并且在火车上堆货包的车棚里，贮藏他的玩意儿，报纸卖完，便躲在车棚里玩他的把戏。有一回，车棚坏了，把他化学的瓶子打破，于是烈火熊熊，把破坏的车棚烧了起来。车上的警士跑来一看，知道是爱迪生出的岔子，于是猛力的向爱氏一个耳刮，把爱氏的耳朵打聋了。后来据他自己说，耳朵聋了以后，反而使他专心科学。

我希望中国的父亲，都学做富兰克林的父亲；中国的母亲，都学做爱迪生的母亲。任凭自己的小孩子去玩把戏，或许在其中可以走出一个爱迪生来。我更希望中国的男教师学做富兰克林的父亲，女教师学做爱迪生的母亲。所以说出这两个故事，作为我提倡科学教育的楔子。

再说我们提倡科学教育该怎样的来干呢？我们的教育向来有许多错误，小时读书便成了小书呆子，做教师时便成了大书呆子。因此我们中国没有什么科学，没有什么爱迪生的产生。不但是中等教育完全是洋八股，就是小学也成了小书呆子的制造场。我们提倡科学，就是要提倡玩把戏，提倡玩科学的把戏。科学的小孩子是从玩科学的把戏中产生出来的。我们要小孩子玩科学的把戏，先要自己将把戏玩给他看。任小孩子自由的去玩，不能加以禁止，不能说玩把戏的孩子是坏蛋。

西晋时，江苏宜兴有一位叫周处的，他有些无赖的行为。当时宜兴的父老，称说地方有三害，一是南山猛虎，一是长桥蛟龙，一就是指周处。周处听到了这话，他便杀了猛虎，刺死蛟龙，自己亦改过自新，替地方上除掉三害。我们从事教育的人，也要学做周处，须得自己悔悟，改过自新，再不要教成书呆的小孩子，而要造就科学的小孩子。然则取怎样的态度呢？我可以略为申述我的意见：

(1)每个教师都变成小孩子，加入小孩子队里玩把戏。所谓把戏，并不是上海"大世界"游艺场所玩的把戏。像教师这样的尊严，说加入孩子队中玩把戏，似乎不妥当。然而科学把戏，和别的把戏不同。把戏上面加着科学二字，冠冕得多。教师应当和小孩子一起玩，而且应当引导小孩子一同玩。大世界的把戏是秘密的，科学的把戏是公开的。知道的就告诉学生，能做的就做给学生看，总须热忱的去干。

(2)我们对于科学的把戏，既是愿意和小孩子一起玩了，但是没有玩的本领那怎么办呢？不要紧，有法儿可想，我们可以找教师，请他教去。我以前曾经写了一首白话诗，诗的第一句说："宇宙为学校。"此话怎讲？就是想把我们的学校除墙去壁，拆掉藩篱，把学校和社会、和自然联合一起。这样一来，学校的范围广而且大。第二句:“自然是吾师。”大自然便是我们的先生。第三、第四句说:“众生皆同学,书呆不在兹。”这样一来,我们研究切磋的同学很多,学问也因此很广,先生亦复不少。怎样把我们书呆的壳子脱掉?在我个人,中了书呆子的毒很深,要返老还童的再去学习,固然困难,然而我极力还想剥去书呆的一层壳。如今我报告我的几桩经过的事情。有一回,我买了一只表送我的母亲,这表忽然坏了,便送到修钟表匠那里去修理。修表的人说:“要一元六角修费。”我说:“可以,不过我有一个条件,在拆开的时候,我要带领我的小孩子来看你拆。”他于是答应了。修钟表匠约定在明天下午一时。到了那个时候,我带领了四五个人同去,看他修理,看他装。完结的时候,我向修钟表匠说,你们的工具和药水是到什么地方去买的?他以为我们也去开什么修理钟表店,未免抢了他的生意经,所以秘而不宣,随随便便回答我们说是外国来的。我想物件当然是外国来,但是中国店家,当然也有卖处。上海的钟表店,最大的有“亨达利”。我且到亨达利去问声,究竟有否出卖。谁知亨达利的楼上,多是卖修钟表器械和药水的场所,我便买了几样回来。当晚就到小押当里面去买到了一只表,花钱七角。拿回动手开拆,拆时不费多久,一下便拆开了,但是装可装不上去。直到晚上十二点钟,方才成功。于是大家欢天喜地,不亦乐乎。第二、第三天,大家学着做修表拆表的工作,学不多时,好而且快。有一位董先生,他是擅长绘画的,于是叫他拆一部画一部,经此一番工作,而装钟拆钟,全部告成。我们在这一桩事实中,可以说,社会各处都可求获一种技能。钟表店是我们的教室,钟表匠是我们的教师,一元六角便是我们所纳的学费；而我们同去学的儿子、父亲、朋友，都成了同学。回家学习，学习会的，便算对于这一课已经及格。在同道中间，只有我尚不及格，因为我小时手没有训练，书吃得太多，书呆程度太深了。如果我小时候的先生，他用这种方法教我，我不致如此啊！但是我们自己只要肯干，我们的先生很多，不要自己顾虑的。

我如今再举一个例子。南京的晓庄学校，自从停顿以后，校具都没有了。如今晓庄又开学了，几个小学校都已恢复，幼稚园的儿童已有八十多人。我写封信对主办的人说："你们此刻的工作对象，譬如一张白纸，白纸可以随意作画。我希望你们不要乱画。第一笔切须谨慎。"从前孔夫子的讲学，讲堂里没有凳子及桌子；苏格拉底率领弟子在树下讲学，把树根当作椅子。我说这两位先生，有些书呆气，既然没有椅子坐，为什么不自己制作起来呢？如今晓庄学校没有凳子，我们可以请一个木匠来做太先生，教教师和小孩子做凳，而且给以相当的工钱。做一工，或做一张椅子，便给他多少钱。这种工作十二三岁的小孩很会做。所以自己不会教，可以请太先生。有一天我在上海，走过静安寺路，看见一个女人，手提一花络，上面插着许多棕树叶做的好玩东西。这种东西，在小孩子眼光中看来，着实比洋囡囡好看。于是我便把她请到家里，做我们的教师，教了两小时，结果给我都学会了。做几个虾儿，几只蚱蜢，真是孩子们的好玩意儿。这样看起来，七十二行，行行都可做我们的教师。

自己愿意学了，先生有了，但是学校没有钱便怎样办呢？原来大家误会得很，以为施行科学的教育，一定要大大的花一笔钱;不知有些科学不十分花钱,有些科学简直一钱都不要花。我们在无钱的时候,可以做些无钱的科学,玩些不花钱的科学把戏。譬如教小孩子看天文,教小孩子看星宿。天文是一种科学,这种科学,你如果说要花钱,便千百万块钱也可花,因为造一个天文台,置些天文镜及其他仪器,那么百万千万块钱,用去也不嫌其多。说要不花钱的话,我们也可以研究天文,推求时刻和节气。我们两只眼睛,便是一对天文镜;用两根棒,便可做窥视星宿的器具。从前小孩子问他的老师说:“先生,这是什么星?”老师只摇着头说道:“不知。”如今教师懂得一些科学,知道一些天文,将天空的星宿指点给小孩子看,小孩子一定兴趣浓郁。所以教科学,有钱便做有钱的布置,无钱便做无钱的事业。还有我们可以利用现成的东西,玩我们科学的把戏,譬如一只杯子、一个面盆、一根玻璃管、一张白纸,可以玩二十套科学把戏。其他校中所有的仪器,可以充分利用,火柴废纸都可做玩科学把戏的工具。我们没有玻璃管,便可用芦柴管通个孔来替代。内地如果买不到软木塞,可以用湿棉花来做瓶塞,破布烂纸,都可利用。从不花钱的地方干去,这是很有兴趣的。如果推而广之,学校之外,也可给你去干,那是兴趣更浓了。所以我们没有钱,便拣着没有钱的先干。

我如今再可以举一个例子。上海有一个外国人,他专门研究上海所有的鸟,共历五年之久,如今他著成一本书,就署称《上海的鸟》。此书价格要四块美金。另有一外国人,研究中国南部的鸟,也著了一部书,买起来要花十二三元中国钱。居住在上海的中国人,以为上海人烟稠密,哪里有什么鸟。这是他们不留心研究的缘故。据这位外国人的研究,认为上海有四十九种鸟。我们别说上海了,就是内地的乡村,以为除了雀儿、燕子、老鹰、喜鹊四五种鸟之外,没有其他的鸟。这种见地狭窄得很。如果以宇宙为学校,则我们不必在教室中求知识,四处都可以找知识,四处都有相当的材料。要研究鸟类,真不必到什么博物院、动物园中去观察,随时随地都可研究。这位外国先生,他研究鸟的方法,就是在住宅旁边多种些树,树一长大,许多鸟儿便自己送来给他观察。到了冬天,他在树上筑几个窠,留鸟儿们来住宿,庭园里撒些谷类,留过往的鸟类吃点心。夏天置几个水盆,供给鸟儿洗澡。这些研究法,不必花钱,而所得者,都是很真切的知识。

惟在研究科学教育时,有一点要注意,要预防。小学中的教师,捉到一只蝶儿、蚱蜢,便用针一根,活活的钉在一块板上,把它处死,说是做标本。这我以为不对,因为我们观察生物,是要观察活的生物,要观察生物的自然活动。如今将活的生物剥制成死的标本,致将生物学成了死物学,生物陈列所变成僵尸陈列所。我近来曾写信和研究生物学的朋友讨论及此。我以为生物不应当把它处死做标本,只可待它死了以后,再用防腐剂保护它,看作朋友死亡了,保存遗躯留个纪念。把活的东西弄死,太嫌残忍,增长儿童残酷的心理,这是不行的。这种意见,我常与研究生物的朋友讨论,他们都说对,他们和我讨论的时候态度很诚恳,想不至于奚落我罢!上海科学社中养有白鼠,工人要拿几只回去,我不许,恐怕他拿了回去要弄死。我们教小孩子能仁慈,知道爱惜生物,这点是很紧要。达尔文研究生物学,他也不轻易杀害生物。中国老年人多爱惜生物,放生戒杀,虽近迷信,也是仁者胸怀。中国的蛙,向来由政府禁止捕捉的,但是在英国,别说普通人的捕捉,便是生物实验室中想要解剖一只蛙,也要向政府去纳护照。这是很正当的。所以我们要教小孩子养生,不当教小孩子杀生。生物学是一种有兴味的科学,研究起来,也要有许多材料,但是少杀生是要注意的。

我还可以申述我得到的感触。我们知道蛙是从蝌蚪变成的,蝌蚪是粒状,像灵隐的念佛珠般大小。有一天,一个孩子从河边,淘到一群蝌蚪,移殖到天井中的一个小小池潭里,过了几天,蝌蚪生尾了,再过几天,蝌蚪生足了,小孩子观察得很快活。再过几天,蝌蚪挤得一片墨黑。但是不久,一个都没有了,这并不是成了蛙跳走了的,原来都死光了。这是因为蝌蚪长大了,还是蹲在小潭里,生活条件不适合,所以非死不可。如果我们抱着宇宙即学校的观念,那么野外的池塘,便是我们蛙的实验所,我们要看蝌蚪的变化,我们就时常到那个池塘里去看,为什么要把蝌蚪捉到家中来呢?我们任凭生物在大自然安居乐业,过它们的生活。要观察便率领小孩到自然界去观察。我们须把我们学校的范围扩展,海阔天空便是一个整个的学校。这样一来,所观察的也就比较正确可靠,生物学也不致成为死物学。不然,要讲蛙时,便捞取许多蝌蚪,养育在学校中所备的缸或瓶里,结果死得精光。我希望这样的科学教育不能提倡,否则科学教育提倡得愈厉害,杀死的生物愈多,恐怕蝌蚪死尽,中国的蛙便绝迹了。

所以提倡科学教育,有一点很要注意。欧洲大战,人家都说是科学教育的结果。科学教育之提倡,徒使人类互相残杀。中国无科学，真是中国的长处。这是不信任科学、怀疑科学那一部分人的话。还有一部分人迷信科学，自己终日埋头的研究科学，然而忘了人类，所以拼命在科学上创造些杀人的利器。这实在错误之极。我们须知科学是一种工具，犹如一柄锋利的刀，刀可杀人，也可切菜；我们不能因为刀可杀人废弃不用，也不能专用刀去杀人，须要用刀来作切菜之用，做其有益人类的工作。科学是要谋大众幸福，解除大众苦痛。我们教小孩子科学，不要叫小孩子做少数富人的奴隶，要做大众的天使。不是徒供少数人的利用和享受，当使社会普遍的民众多受其实惠。应当用科学来养生，不当用科学来杀生。这是提倡科学教育最紧要的一点。

从教育上谋国难的出路*

——手脑并用

教育是解决问题的,如教育而不能解决问题,那就不算教育。那末教育究竟是什么呢?简单一句话,教育就是力的表现或变化。世界是力创造的,所以解决困难也必须拿力来才行。用力有以下几个定律:

1. 小的力敌不住大的力——以往传统的教育,因为专在少数人身上施行培养的功夫,所以产生不出力量。

2. 散漫的力敌不过有组织的力量——散漫完全是由封建教育造成的,不过谈到组织要小心,切勿走上乡绅之路。所以第一要紧的,是直接认识自食其力的真农人,惟有如此才能使组织生出力量。

真农人真工人和假农人假工人的区分,可以从下面的两个人看得出。

陶侃每天把砖由屋内搬出,然后再搬进去。他虽在工作,却

---

* 本篇原载于1932年9月20日《消息》。

不是真工人，因为他不靠做工吃饭，乃靠做官吃饭。

《儒林外史》上的王冕是真农人，因为他虽读书，却不靠读书吃饭。

3. 行动强于空谈——谈后继以行动，那就不算空谈。书本上得不到什么力量，惟有从行动上得来的真知识，才是真的力量。

王阳明的话我可以把他翻半个——180度的筋斗，意思就是把他的话来个倒栽葱。他说"知是行之始，行是知之成"，我的倒转法就是"行是知之始，知是行之成"。爱迪生是由试验才把电灯发明成功。婴儿明白火烫手，也是从实际经验得来。所以教育应培养行动，应当培养知识。

4. 被动敌不过自动——中国现在的教育完全是被动的，所以产生一种坏的现象，就是有的说而不动，有的简直不敢动。例如有人到乡间去开学办医院，这是替他们做事，所以不会生出力量。这好比小宝宝，由老祖母得到的抚摸一样。所以最要改的，是深人民间与他们同工。例如你同十人同工，走后还有九人能继下去，不然工作要停顿。所以惟有加人他们的队伍，才能把地狱变成合理的人间。

5. 用头脑不及手脑并用的力量大——读书人只能想出许多解决困难的方法，但却生不出力量。

传统教育的矛盾，可由孔老先生来作总代表。他是地主，所以他说："君子谋道不谋食。"他骂劳农是小人，然而他却说"非小人莫养君子"，这是多么的无赖。他又是好吃懒做的人，所以一个农人对子路骂他是"四体不勤，五谷不分"。"割不正"一段话，很可代表他的好吃。"民可使由之不可使知之"，这是他所主张的教育。中国从这位老先生以来,可说完全造成了一个书呆国家。

总之,人所以比禽兽厉害,就因为他有手,手能打仗,能生产,能建设,也能创造。所以如是大家想应付困难,就当竭力把知识分子变成工人,把工人变成知识分子。小孩要注意并指导他竭力运用手的活动。

一个母亲把弄坏一只表的小儿痛打一顿,这与小儿无关,倒把一个小的爱迪生打死了。

歌:

第一歌

我是小工人,
我有双手万能。
我要造富的社会,
不造富的个人。

第二歌

我是小盘古,
我不怕吃苦。
我要开辟新天地,
看我手中双斧。

第三歌

人生两个宝,
双手与大脑。
用脑不用手,

快要被打倒。
用手不用脑，
饭也吃不饱。
手脑都会用，
才算是开天辟地的大好佬。

所以四万万人，若都能用脑来指挥手，手来变化脑，那么组织起来，必能生惊人的力量，那时应付日本，一定不难。

目前中国教育的两条路线*

——教劳心者劳力，教劳力者劳心

中国有四千余年的历史，二千余年的文化，照理讲来应该站在时代的最前线。为什么现在不但不能和欧美各国并驾齐驱，而且还处处跟人不上？这个原因固很复杂，但是过去教育政策的失败，可以算是主因。

从前的教育是传统政策，单教劳心者，不教劳力者。《孟子》上说："劳心者治人，劳力者治于人。"从这里就可以看得很透彻了。

一般的知识阶级，他们是劳心而不劳力，读书而不做工，所以形成了"书呆子"。教书的人是"教死书"，"死教书"，"教书死"；读书的人是"读死书"，"死读书"，"读书死"。充其量只是做一个活书橱，贩卖知识而已。除此之外，他们的一双手总是不肯拿来使用。我们常常可以看见一般老先生们的手，老是叉在袖内，现在的新学辈却因洋衣袖太狭叉不进去，所以换个方式叉

---

* 本篇原载于1932年11月28日福建教育厅《教育周刊》第137期。

在裤袋里。这可以十足地表现出来中国的知识阶级是不肯用他们的贵手来与农工合作的。现在有一段故事把它引来说说,更可以明白些:二千年前孔老夫子有一次跑到乡间,有个农家儿子要请教老夫子学农圃的事。老夫子答应得好,你要学农圃的事,可以跟老农去学好了;我是教人读书的,不晓得农圃的事。由此可见一斑了。

农工阶级呢?他们是劳力而不劳心,做工而不读书,所以形成了"田呆子"。他们只知道"做死工","死做工","做工死"。除此之外,什么事情都可以不管,就使天翻地覆了,他们也只以为半天下雨,不知来由。他们受尽了剥削,还不知道什么道理,只是听天由命,叹几声命运的舛蹇而已。从前山东在张宗昌为督军时,连年饥馑,而张宗昌又极搜刮之能事,人民困厄,莫可言宣。但是当时的人民,反不知道这个原因究在哪里,只是晓得叩天求神来消除灾苦。试问哪里可以得到安慰?言之可悲而又可怜!

中国因为有了"书呆子"和"田呆子",所以形成了一个"呆子"国家。读书的人除劳心以外,不去劳力,除读书以外,不去做工,以致不能生产。他们寄生在社会上,只是衣架饭囊,为社会国家蝥蠹。中国目前的坏,坏在哪里?可以说完全是坏在这一班人身上。作工的人除劳力以外,不去劳心,除做工以外,不去读书,以致不能自保其利益,而受他人的横搜直刮。要他们做国家的主人翁,那更是在做梦。

中国现在危机四伏,存亡一缕。做成这个的原因,就是这山穷水尽的传统教育。我们要挽回国家的危亡,必须打破传统的教育而寻生路。我觉得目前中国的教育只有两条路线可以走得通：

(1)教劳心者劳力——教读书的人做工；

(2)教劳力者劳心——教做工的人读书。

站在现在的时代前，劳心不劳力的固然不行，劳力不劳心的也是不行。中国比不上外国，原因即在乎此。现在英美法意日俄的教育都注意到教劳心的人劳力，教劳力的人劳心，尤以俄国为显现。中国的教育自然也应该走这两条路线——教读书的人做工，教作工的人读书。

中国读书的人不去生利，是一个极不好的现象。现在的教育者要把他们的头脑灌输成科学化，使他们为自己创造，为社会创造，为国家创造，为民族创造。更要把他们的一双手解放开来，使他们为自己生利，为社会生利，为国家生利，为民族生利，这才是对的。南通中学现在应了这个要求，招了六十个学生，先行试试脑手同训练。他们一星期上课，一星期作工，每日工作六小时，所做的工作为金工、土工、木工、竹工，甚至磨豆腐、包面包都来。实行了半年之后，考查他们的学业，程度和其他学生相等，不过教学差些。这六十个学生，既然能够作工，并且能赶得上他们的学业，这是他们已经把两手解放了。我希望他们学校当局推广之，都实行这种工读的设计，同时更希望全国学校都采用，尤其是对于高等教育更为必要。

中国作工的人，不去求知，这也是一个极大的缺憾。无论哪一个国家的工人比中国的工人程度总要胜过一筹，这是事实，无须我们置辩的。因此我国的工人也就只配作被支配的阶级，做被剥削的民众。若要拿“主人翁”的一等金交椅给他们坐，他们是无所措其手足。所以教作工的人读书，是最重要的，而且是刻不容缓的。

现在已经把用脑的人要用手，用手的人要用脑的理由说过了。希望我们负有教育责任的人，都要注意注意。现在还有一首诗拿来劝劝大家手脑并用：

人生两个宝，
双手与大脑。
用脑不用手，
快要被打倒；
用手不用脑，
饭也吃不饱；
手脑都会用，
才算是开天辟地的大好佬。

科学训练要从幼稚园开始*

幼稚园要开辟新路径，要创造新材料。现有的故事、游戏、歌曲等，都得重新改造。公主、王子的童话，时代已经过去了。叫小孩趴在地上做猫捉老鼠的游戏，是要有极干净的地板才好做的。“狼来了！狼来了！快些跑！快些跑！”这一类的歌曲，简直把小羊的两支角砍掉了。用极精致的纸印刷极美丽的图来给小孩子认字，这是不适宜于大多数的一般的幼稚园。福氏和蒙氏的恩物从前我们在晓庄时是没有，因为那时以为要花一百多块钱才可以到美国去买来。但是，现在我已经在徐家角自己制造出来了。这两套恩物，我们虽然不同，但我们不能不知道它的用法。科学的训练是很重要，但是现在的一般幼稚园里是很少的。

---

* 本篇原载于 1934 年上海儿童书局出版《晓庄幼稚教育》。

手脑相长*

近来我在报纸上发表了卖艺的广告。过后不久就接得中社一封信:请我于民国二十二年元旦正午的时候来演讲。我很高兴,不过社会上有许多人或尚对我怀疑。有一位朋友做了一首小诗,替我卖艺取一个名字叫做“水门汀文艺”。这位朋友告诉我的意思是很深的。譬如有人在新世界门口水门汀上写了一大篇文字,说因为没有路费回家,求人解囊相助。我觉得这个名字很好,非常欢迎。这是对于我卖艺的解释。其次,刚才李先生问我:卖艺的生意好不好?我不敢说不好,因我说不好,人家不相信。有人要问我:为什么你要卖艺?今天我也要报告一下。在我的卖艺广告里有一句说:“乡下先生难度日。”要晓得乡下先生有许许多多人难度日,不只我一个乡下先生难度日。中国现在有许多人不得日子过。我的卖艺广告是等于一个报告,使人家都知道乡下先生都难度日,就如那陶知行也在卖艺了。我有一首诗描写乡下先生的苦况,现在可来背一下:

---

* 本篇原载于1933年1月16日《新社会》半月刊第4卷第2号。

生长三家村，去来五里店。知己遍天下，终身不相见。雪花飞满天，身上犹无棉。一天吃两顿，有油没有盐；有油没有盐，饿肚看水仙。试问甜后苦，何如苦后甜。进城来索薪，轮流候茶园；薪水领不着，大家凑茶钱。爸爸长叹气，妈妈也埋怨。已经三十岁，还没有家眷。

现在乡下先生只有三条路好走：(一)要么饿死，(二)要么革命，(三)要么去投河。在这种情形之下有十几万人没有把他们的出路问题解决。不过他们本身的问题不能在他们本身上解决。农民生活的问题没有解决，乡村教师的生活问题就不会解决。

我本来无产阶级出身，后来出洋回来渐渐变成了中产阶级中人。现在却由中产阶级渐渐地流落到无产阶级了。所以我对于中产阶级与无产阶级的情形都知道一点。我有一种信仰和决心：不要从中产阶级爬上去，而要爬下来。其实爬下来就是爬上去。要爬上去就要落下来。我为什么要走这一条路？可把我的一段历史来简单说一说：我在中产阶级登峰造极的时候，就是当中华文化教育基金委员会的干事，每月有四百元薪水、一百元公费。当时我家里的几个小孩子一起变成了少爷，没有小姐，因为我没有女孩子。他们添饭有人，铺床折被也有人。我小时候尚做些事，而他们现在一些事不做，将来大的时候不得了。慢慢享福惯了害我自己是小事，害这些小孩子是不得了的。因老妈子和佣人把我们小孩子的手都变坏了，成了无用的手；把我的小孩子的脚也变坏了，成了无用的脚。小时候不能动手用脚，大的时候当然一切事要别人做;小的时候做惯少爷,大的时候当然做老爷。我以为世界上最有贡献的人只有一种,就是头脑能指挥手指挥行动的人。中国都是用头脑的人不用手,用手的人不用头脑。年成虽好,农民生计仍很苦,这因为他们的头脑不会去想。一般人读书都是读死书,死读书,读书死。日本人打进来了,我们只会喊口号。可是我们干了几十年,到现在所用的电灯,所坐的汽车,都是外国人做的。我们自己不会造出来,这是什么缘故?这为了书呆子不去干科学的事业,因他不用手去试验,不用手去创造。一定要四万万人用手推动机器,才能把中华民国创造起来。头脑帮手生长,手帮头脑生长。

中国有两种病。一种是"软手软脚病",一种是"笨头笨脑病"。害"软手软脚病"的人,便是读书人,他的头脑一定靠不住。是呆头呆脑的。而一般工人农民都是害的"笨头笨脑病",所以都是粗手粗脚。一个人要有贡献于社会,一定要手与脑缔结大同盟。然后,可以创造,可以发明,可以建设国家,可以把东三省拿回来!要东三省拿回来,没有这么容易,必须要用手去拿回来!

老妈子和佣人天天替代我的小孩子的手,使他们的手都变成无用的手,故我决心把五百元一月的干事职位不要了,去当一百元一月的校长。我们学校里没有一个听差,没有一个斋夫,各事都是学生自己干。我写了两首歌,一首是勉励学生的,一首是戒人不要做双料少爷的。

第一首:"滴自己的汗,吃自己的饭;自己的事自己干。靠人靠天靠祖上,不算是好汉!"

第二首："自从家父做老爷，人人呼我阔少爷。谁知我还是自倒洗脸水，远不如进个学堂儿。上课看情书，下课拜小姐；不高兴闹个风潮儿，直要教员怕我如同儿子怕爹爹！请看今日卖国贼，哪一个不是当年的双料少爷！"

上面两首歌，一首是建设论，一首是破坏论。我们学校里没有听差，结果很好。男学生挑水烧饭，女学生倒马桶。饭是很好吃，为什么马桶不好倒？当那女学生初来投考我们的学校，我先要问她一声，愿意不愿意倒马桶？愿意倒马桶的来学。虽然倒马桶不能救国，但是它的进一步的意思很深。能倒马桶，小姐的架子打破了！她的一双手拿出来了，将来会玩出比外国更好的电灯出来，会玩出比外国更好的汽车出来，会玩出比外国更好的飞机出来。

至于各种人的手，如穿马褂子的人的一双手都缩拢在袖管里面；穿西装的人的双手都插在裤袋里；老先生的一双手指甲留得长长，成一种曲线美，双手镶在袖管里；女学生的一双手都用手套子套了起来。因一双可以创造的手，套起来了，故把中华民国一起都套进去了，不能出头！

现在再讲脚。脚也要动动。从前女子绕小脚，用布包包，现在学外国新法绕小脚，应用几何学原理，高跟鞋就是一种几何三角形的道理。穿了这种皮鞋，脚不易走动了，弄得不好，就要跌跤。这样的女国民，能与日本去奋斗吗？多一个人穿高跟皮鞋，就是少一个人去奋斗。要解放脚，非打倒高跟皮鞋不可。要解放手，非打倒手套不可。新近我写了一首歌，知道的人已很多了。现在再来背一下：

人生两个宝，双手与大脑。用脑不用手，快要被打倒。用手不用脑，饭都吃不饱。手脑都会用，方是开天辟地的大好佬。

这大好佬，人人都会做！只要两只手拿出来用就行。中华民国不是几千个人几万个人所能做得好的。一定要四万万人都来推动机器，才可创造成功！这非用手不可。

脑与手没有力量，因血脉不相联通。我下了两帖药，叫它们的血脉联通起来。第一帖药名叫"脑化手"，使人人都有脑筋变化过的手。还有一帖要给无产阶级的农人和工人吃的，药的名字叫"手化脑"，就是一面用手，一面要有思想。倘然就把用脑不用手的人的呆头呆脑拿来装过去却是不配的。几百年来，瞎子教育的成绩证明我们的一双手可以变化我们的脑筋。手做了工，脑筋就变化了。一经变化之后，手与脑筋互相长进。怎样变化的法子，我可举一个例子来说明。我在上海办过一个小小的试验。就大场地方租了一间房子，里面的凳子都是从乡下人那边借来用一下。我们要自己学来做，请了一个木匠师傅来。不当他小工，当他一位太上先生，由我这大书呆子带了一班小书呆子跟他学。我对他说："我们工钱不少你的，工钱照你的工作分配，所有四十只凳子一齐由你做好，我们一钱不给你。你能教会了一个书呆子做凳子，就有一个凳子的工钱。你教会了两个书呆子做凳子，就有两个凳子的工钱。"现在凳子都已做起来了，这样各人的手一用过后，自己买了一样科学仪器，自己就能仿造了。对这件事我已写了一首小诗：

他是木匠，我是先生。先生学木匠，木匠学先生。学学学，我变了木匠，他变了木匠先生。

脑筋与手联合起来，才可产生力量，把“弱”与“愚”都可去掉

二手与脑联起来，既有力量了，力量要在哪一方面表现出来？我以为力量要从两方面表现出来：

（一）要叫力量武装起来　全国的国民，武装了才有力量。这种力量才能广大。不说别的，就拿广西来说罢。据广西的民政厅长雷殷与新近从广西考察还沪的杜重远先生等讲，都很清楚，他们广西那边只有八个字：“寓兵于团，寓将于学。”过去的一年，已经练成三十六万民团。预计五年可练二百万民团。不是个人来当民团，是个个人背了枪来干。各地的县长就是武装的团长。全省正式军队只有两师（即五万人）。他们把省下来的钱培养人民武力。老实说，日本人未来上海之前，他们早已在训练民团，整个的省份武装起来了。现在已经有成效。民众团体化、纪律化、武装起来，才能做中华民国的主人翁，才能消灭内战，才能打破外来的帝国主义侵略。几时日本兵要到北平？我们不知道。不过谁敢说日本兵不来？所以我们应该有这种准备！

（二）力量不只在武力上表现，还要在生产上表现　要有计划有组织的生产。一般年纪大的人，再要学起来很难，可是我们不要忘记我们的小孩子。有几个小孩子的，总得让他们多受一

些科学的训练与生产的训练,从小的时候教起来。我们自己做一些粗工,不要老妈子和佣人去做,小孩子见了,也会跟着大人做了。我有几首儿童歌,是包含使儿童有创造的意思,现在背出来:

我是小盘古,我不怕吃苦。我要开辟新天地,看我手中双斧!(《小盘古》)

我是小牛顿,让人说我笨。我要用我的脑筋,向大自然追问。(《小牛顿》)

我是小孙文,我有革命精神。我要打倒帝国主义,像个球儿打滚。(《小孙文》)

我是小工人,我的双手万能。我要造富的社会,不是造富的个人。(《小工人》)

今天所讲的可归纳为三点:(一)脑与手联合起来才能产生力量;(二)力量要在自卫政策上表现出来;(三)科学生产上头才把这力量表现出来。西洋人的耳朵只听得进的一个字,就是“力”字。你有力,他们听你;你没有力,他们不听你。

现在,我还有四句话要说,就是:

“不愿做工的,不配吃饭;不愿抵抗的,不算好汉。”

今天是我卖讲的头一回,也可说今天是我的处女讲。

创造的教育*

诸位同学：

我今天的讲题是《创造的教育》。

什么是创造的教育？先说明“创造”两个字的意义。我举两个例子来说吧。鲁滨孙漂流到荒岛上去，口渴了，白天他走到海边用手去捧水喝，到黑夜里就没有办法了。他偶尔在灶的旁边，看见经火烧过的泥土，硬得如石子一样。他想到软的土经火烧了，就成坚固且硬的东西，于是他把土做成三个瓶子，放人火中去烧，烧碎了一个，其余的两个可以满满的盛着水。于是他口渴的问题完全解决了。我们把这件事分析起来，可以发现三点：他把手捧水喝，到黑夜发生了困难，是他的行动；发现泥土经过火烧变成坚固且硬的东西，也是他的行动；把泥土塑成了瓶，希望同烧过的土一样的坚固，是他的思想。结果，他瓶子盛水的计划成功了，是新价值的产生。由行动而发生思想，由思想产生新价值，这就是创造的过程。这个例子是“物质的创造”。再如《红楼

* 本篇原载于 1933 年 3 月《教育建设》第 5 辑。

梦》上刘姥姥游大观园，贾母请客，后来唤了二只船来，贾母同媳妇人等在前船先行，宝玉同姊妹们在后船后行。河内余满着破残荷叶，宝玉的船划不快，追不上前船。宝玉心里非常愤怒，马上要铲光破荷叶。薛宝钗说："现在仆人们很忙碌，等他们空了，再叫他们铲除吧！"林黛玉说："我平生最不喜欢李义山的诗，只有一句还可以。"宝玉问她究竟是哪一句呢？黛玉说，"留得残荷听雨声"一句。宝玉一想，觉得破荷叶很有用处，就不再要铲荷叶了。这个例子中，船行到荷叶中去，是行动；破荷叶妨碍行船，是行动；林黛玉提出李义山的诗句，是思想；宝玉心中厌恶的破荷叶，一变而为可爱的天然乐器，是产生了新的价值。这种新观念的成立，是"心理的创造"。

我现在再讲行动，关于教育上的行动。中国现在的教育是关门来干的，只有思想，没行动的。教员们教死书，死教书，教书死；学生们读死书，死读书，读书死。所以那种教育是死的教育，不是行动的教育。我们知道王阳明先生是提倡"知行合一"说的，他说"知是行之始，行是知之成"。他的意思是先要脑袋里装满了学问，方才可以行动。所以大家都认为学校是求知的地方，社会是行动的地方，好像学校与社会是漠不相关的，以致造成一班只知而不行的书呆子。所以阳明先生的两句话，很可以代表中国数千年的传统教育的思想。现在我要把他的话翻半个筋斗。如果翻一个筋斗，岂非仍是还原吗，所以叫他翻半个筋斗，就是说："行是知之始，知是行之成。"例如爱迪生发明电灯，不是从前的人告诉他的，是玩把戏而偶然发现的。小孩子不敢碰洋灯泡，是他弄火烫痛的经验；至于妈妈告诉他火是烫人的，不过使小孩子格外清楚一些。所以要有知识,是要从行动中去求来,不行动而求到的知识,是靠不住的。有人告诉你这是白的,那是黑的,你不行动,就不能知道哪个是真,哪个是假。有行动的勇敢,才有真知识的收获。书本子的东西,不过告诉你别人得来的知识。有许多人著书,东抄西袭,这种抄袭成章的知识,不是自己知识的贡献。你能行动,行动产生困难,想法解决了困难,才是真知识的获得。我现在介绍杜威先生思想的反省(Reflectria of Thinking)中的五个步骤:(一)感觉困难;(二)审查困难所在;(三)设法去解决;(四)择一去尝试;(五)屡试屡验,得到结论。我的意思,要在"感觉困难"上边添一步:"行动"。因为惟其行动,到行不通的时候,方才觉得困难,困难而求解决,于是有新价值的产生。所以我说行动是老子,思想是儿子,创造是孙子。你要有孙子,非先有老子、儿子不可,这是一贯下来的。但是我们知道,单独的行动,也是不能创造的,如中国农夫耕种的方法,几千年来,间有小小的改良外,其余的都是墨守成规,毫无创造。还有许多书呆子,书尽管读得多,也不能创造。所以要创造,非你在用脑的时候,同时用手去实验;用手的时候,同时用脑去想不可。手和脑在一块儿干,是创造教育的开始;手脑双全,是创造教育的目的。孟子说:"劳心者治人,劳力者治于人。"这是孟子当时的教育思想。时至今日,这种传统的思想已经起了一个极大的地震,渐渐地在那里崩溃了。我最近读了世界许多有名科学家的传记,觉得有发明的人,都是以头脑指挥他的行动,以行动的经验来充实他的头脑。中国的所谓学者,他们擅长的是高谈阔论,作空文章;而做劳工的人,又不读书,不肯用脑。所以一辈子在这种传统习尚下过生活,大科学家、大发明家哪里会产生?现在我们知道了,劳工教育啦,平民教育啦,都是时见时闻的。但是情势一变,“反动”、“嫌疑”等等名目都加上来,你就陷于四面碰壁的绝境。有许多教育界很有声望的、无阻无碍的人,他们又不愿去干,以致这种教育至今尚在萌芽时代。

行动的教育,要从小的时候就干起。要解放小孩的自由,让他做有意思的活动,开展他们的天才。至于我们一辈,从小是受传统教育的熏陶,到现在觉悟起来,成为一个半路出家的和尚。和尚是半路出家,他往往会想起他的家来。例如不吃鸦片的人,一见鸦片就生厌恶,但吃过鸦片的人,虽然戒了,至少对它有相当的感情。我们小的时候,有天赋的行动本能,不过一切工作都被仆人们代做去了,被慈善的妈妈代做去了。稍长一些,我们到小学校去读书,有阎罗王般的教师坐在上面,不许我们动一动。中学和大学的课程是呆呆的订死在那里,你要动亦不得动。到现在始费尽九牛二虎之力,挣扎着改变久受束缚的人生,还不能回复自然的行动本能。但是我们不要灰心,时机也并不算晚,富兰克林四十几岁才发明了电呢!不过行动的教育,应当从小就要干起,因为小孩子还没有斫丧他行动的本能,小小的孩子,就是将来小小的科学家。假使我们给小孩子自由行动,我相信千百孩子之中,一定有一个小孩是天才,是一个创造者、发明者。爱迪生小时候,是个很喜欢行动的小孩子。当时美国的教育,也同中国一样,小学教员是禁止小孩子活动的。爱迪生违反了教师的训条,就蒙到“坏蛋”的声名,不到三个月,爱迪生被“坏蛋”的空气逼走了。爱迪生的母亲不服气,她以为她的儿子并不是

“坏蛋”,“蛋”并没有“坏”,她就教他先在地窖里研究化学,后来研究物理,结果成了一个闻名的科学家。所以爱迪生的成功,幸而有他的妈妈,否则老早就把他的天才牺牲了。牛顿生下来的时候,小到像小老鼠一只,体重只有三磅。看护妇去请医生的时候,很不高兴地说:“这样小老鼠一般大的东西,等到医生来,早已一命归天了。”岂料小老鼠一般的东西,就是以后闻名的科学家,还活到八十多岁呢。据说牛顿小的时候,并不聪明。可见小孩子的时代,很难看得出哪一个是天才的儿童。

四月四号是世界儿童节,中华慈幼协会请我编了四支儿童歌:

(一)小盘古

我是小盘古,
我不怕吃苦。
我要开辟新天地,
看我手中双斧。

(二)小孙文

我是小孙文,
我有革命精神。
我要打倒帝国主义,
像个球儿打滚。

（三）小牛顿

我是小牛顿，
让人说我笨。
我要用我的脑筋，
向大自然追问。

（四）小工人

我是小工人，
我的双手万能。
我要造富的社会，
不造富的个人。

我们要打倒传统的教育，同时要提倡创造的教育。他的办法是怎样呢？我们知道，传统的教育，他们一个教室容纳四五十人，试问教师的力量有多么大，能够完全去推动全级学生？所以就发生了教育方法上的错误。我们现在的办法是教师教大徒弟，大徒弟再去教小徒弟，先生在上了几堂课以后，鉴别了几个较有天才、聪明的大徒弟。以后教师就专门去教大徒弟，所以他的精神容易去推动他们，学问也容易灌输到他们头脑中去。大徒弟再把他所得到的，分别的去教那些小徒弟。学生们很活动的去找寻知识，解释困难，贡献他所求得的知识，先生不过站在旁边的地位略加指点而已。我们认为这种教育，是行动的教育。有行动才能得到知识，有知识才能创造，有创造才有热烈的兴趣。所以我们主张“行动”是中国教育的开始，“创造”是中国教育的完成。我曾经参观过一个学校,这个学校是小孩子办的。我问他们说:“你们是大小孩子教小小孩子吗?”有一个小孩子回答说:“是的,不过有许多时候小小孩子也教大小孩子呢。”我说:“你的话是对的,是真理,比我的意见更进一层。”现在中国传统教育下的知识阶级,根本就看不起小孩子,看不起农人、工人。但是试问他们的力量有多么大?倭奴侵占我们的东三省,你有力量赶走他吗?不可能!我们要启发小孩子,启发农人、工人,运用大多数人的力量,才能够去创造,才能救国雪耻。我来举一个例子,证明农人的力量并不弱。从前我办一个学校,在校的旁边凿了一口井,专门供给学校用水的。有一年大旱,乡村中旁的井水都汲干了,所以乡民都集中到校旁井内来汲。后来这口井也涸竭了,于是我们校里,因为水的恐慌开了一个会。当时有人主张,把井收回自用。我不以为然。我说:“我们的学校,是以社会作学校的,不应该把社会圈出于学校之外。假如这样,我们将来推广农事和民众教育就不容易办了。用水既是大众的事,还不如请大众共同来解决。”于是请各村庄每家派一个代表,男的、女的、小孩子在十三岁以上的都可以,没有多少时候,礼堂上已挤满了代表。我们教员们,自觉居于孔明的地位,三个臭皮匠合做一个诸葛亮的地位,所以黄龙宝座的主席,推了一个十三岁的小孩子。我们略略讲了几条会场规则之后,就正式开会。那一天的会,非常有精彩,有力量,当时发言最多且最好者,要推老太婆!好!我们来听有一个老太婆的宏论。她说人是要睡觉的,井也是要睡觉呢;井不让它睡觉,一辈子就没有水吃。所以当时一致议决井要睡觉。自下午七时起至翌晨五时止,不得唤醒井,违者罚大洋一元,作修井之用。当这个老太婆发言未完,另有一个老太婆,也想立起来发言,就有第三个老太婆牵牵她的衣襟,制止她的发言,说:"不是方才先生说过的吗?"你想他们非但能够自治,而且还能管理他人,所以当时会场发言的人非常多,秩序还是一丝不乱的。他们讨论了好久,还制成几条议案:第二条就是汲水的程序,先到者先汲,后到者后汲,违者罚大洋五角,作修井之用;第三条就是再开凿一井,把太平天国时留下淤塞的废井加以开凿,经费富者多捐,贫者少捐,茶店、豆腐店也多捐一些;其四,推举奉天刘君世厚为监察委员,掌理罚款,调解纠纷。结果,一个大钱都没有罚到,因为这是出于农人自动的议决,所以大家能遵守。你看农人的力量是多么大,他们的话多么的公正和有效,这种问题来的时候,岂是少数人所能干得了吗?不过他们的旁边,还是需有孔明在那里指示,否则恐怕到如今,井还没有开凿成功。所以创造的教育应该启发农人、工人、学生……使他们得真的知识,才是真的创造。

其次我要讲的:现在中国的教育组织,是不能创造的。我们可以分两种来说:第一种是,学校是学校,社会是社会。他们认为学校是求知的地方,社会是行动的地方;他们说读书不忘救国,救国不忘读书。日本人的炮弹已经飞到他们面前,还是子曰子曰读他的书,这种教育是亡了中国还不够的。第二种,他们已经觉得学校是离不开社会的,所以他们主张"学校社会化"。他们想把社会的一切,都请到学校里来,所以学校里什么都有:公安局啦,卫生局啦,市政厅啦,什么都有。但是他们所做的与社会依旧是隔膜的。况且学校有多么大,能够包罗万象?他们的学校好像大的鸟笼,把鸟儿捉到笼里来养;又好像一只大缸,把鱼儿捉到缸里来养。结果鸟儿过不来鸟笼的生活,死了;鱼儿过不来鱼缸的生活,死了。所以这种似是而非的教育是不自然的、虚伪的和无力量的,也不是创造的教育。创造的教育是怎样呢?就是“以社会为学校”、“学校和社会打成一片”,彼此之间,很难识别的。社会含有学校的意味,学校含有社会的意味。我们要把学校的围墙拆去,那么才可与社会沟通。这种围墙不是真围墙,是各人心中的心墙。各人把他的感情、态度从以前传统教育那边改变过来,解放起来。实则这种教育,只要有决心去干,是很容易办到的。例如大夏大学的附近有许多村庄,庄上的人,都是散漫的,无教育的。假使我们把学校与村庄沟通,大学生都负责去创造新村,村上的人,都接受到知识,形成活泼的有力量有生命的村庄,再把全中国所有的村庄联合起来,构成一个有大生命的中国,民众的力量可以集中,国难也可共赴。这样做去,要普及教育,一年就可以成功。我们自近而后远,先小而后大,着手办去,把小孩子、农人、工人都培养起来,这才是创造教育的目的。中国现在的教育不是平等发展的,是畸形发展的,一方面有博士、硕士,一方面有一大群无知识的民众,迟滞的表示不出多大贡献。

现在我再要讲,创造的教育是以生活为教育,就是生活中才可求到教育。教育是从生活中得来的,虽然书也是求知之一种工具,但生活中随处是工具,都是教育。况且一个人有整个的生活,才可得整个的教育。举个例来说吧,有一个儿子,他是喜欢赌博的,他的母亲训斥他。不过他的母亲却悄悄地到邻舍去赌博了,他在窗内看见他的母亲赌博,于是也到别处去赌博了。这个孩子过的是赌博生活,受的是赌博教育,不期而然而成赌博的人生。某学校反对我"生活即教育"的主张,我去参观他们学校,适逢吃饭的时候。他们的饭菜是有等级的,厨子巴结先生,先生的菜特别好,学生的菜,简直坏之不堪。他们请我在先生一桌吃饭,我愿意同学生一块儿吃。学生的饭菜坏到怎样呢?他们名为一碗肉,肉仅在碗面上有几小块,学生在未下箸的时候,目光炯炯地早已看准那最大的一块,一下箸,一碗饭还没有吃完,而菜已吃得精光了。这种饕餮的状态,无形中在饭堂里更造成了许多小军阀。这个学校,是不把吃饭问题归人教育范围之内的。有许多学校对于男女学生的恋爱,他们是讳莫如深,但恋爱问题往往闹遍在学校里。现在生活的教育是怎样呢?我们知道恋爱、吃饭等问题都是非常重要的,所以,恋爱先生我怕你,请你进来;吃饭先生我怕你,请你进来,我们一块儿干吧!我们的教育非但要教,并且要学要做。教而不学,学而不做,叫做"忘三"。我们要能够做,做的最高境界就是创造。我们要能够学,学从生活中去学,只知学而不知做,就不是真的学。我们要能够教,教要教得其所,要有整个的教育,平等的行动的教育,不要像现在畸形的教育。有人说我的创造教育,不成其为学校,我做了一首诗:"谁说非学校,就算非学校。依样画葫芦,简直太无聊。"

行知行*

谢育华先生看了《古庙敲钟录》之后对我说:“你的理论,我明白了,是‘知行知’。知行底下这个知字是安得何等有力！很少的人能喊出这样生动的口号。”我向他表示钦佩之意之后,对他说:“恰恰相反。我的理论是,‘行知行’。”他说:“有了电的知识,才去开电灯厂;开了电灯厂,电的知识更能进步。这不是知行知吗?”我说:“那最初的电的知识是从哪里来的？是像雨一样从天上落下来的吗？不是。是法拉第、爱迪生几个人从把戏中玩出来的。说得庄重些,电的知识是从实验中找出来的。其实,实验就是一种有目的、有计划、有组织、有步骤、有创意的把戏。把戏或实验都是一种行动。故最初的电的知识是由行动中得来。那么,它的进程是‘行知行’,而不是‘知行知’。”

“既是这样说,你就应该改名了。挂着‘知行’的招牌,卖的是‘行知’的货物,似乎有些不妥。”

改名！我久有此意了。在二十三年前,我开始研究王学,信

* 本篇原载于 1934 年 7 月 16 日《生活教育》第 1 卷第 11 期。

仰知行合一的道理,故取名“知行”。七年前,我提出“行是知之始,知是行之成”的理论,正与阳明先生的主张相反,那时以后,即有顽皮学生为我改名,常称我“行知吾师”。我很乐意接受。自去年以来,德国朋友卫中先生,即傅有任先生,每每欢喜喊我“行知”。他说:“中国人如果懂得‘行知’的道理而放弃‘知行’的传统思想,才有希望。”近来有些人常用“知行”的笔名在报纸上发表文字,我不敢夺人之美,也不愿代人受过。本来,“知行”二字,不是我姓陶的所得据为私有。我现在所晓得的,在中国有黄知行先生、熊知行先生,在日本有雄滨知行先生,还有几位无姓的知行先生。知行队中,少我一个,也不见得寂寞,就恕我退出了吧。我对于二十三年来天天写、天天看、天天听的名字,难免有些恋恋不舍,但为求名实相符,我是不得不改了。

教育的新生*

宇宙是在动，世界是在动，人生是在动，教育怎能不动？并且是要动得不歇，一歇就灭！怎样动？向着哪儿动？

我们要想寻得教育之动向，首先就要认识传统教育与生活教育之对立。一方面是生活教育向传统教育进攻；又一方面是传统教育向生活教育应战。在这空前的战场上徘徊的、缓冲的、时左时右的是改良教育。教育的动向就在这战场的前线上去找。

传统教育者是为办教育而办教育，教育与生活分离。改良一下，我们就遇着“教育生活化”和“教育即生活”的口号。生活教育者承认“生活即教育”。好生活就是好教育，坏生活就是坏教育，前进的生活就是前进的教育，倒退的生活就是倒退的教育。生活里起了变化，才算是起了教育的变化。我们主张以生活改造生活，真正的教育作用是使生活与生活摩擦。

为教育而办教育，在组织方面便是为学校而办学校，学校与社会中间是造了一道高墙。改良者主张半开门，使“学校社会

---

* 本篇原载 1934 年 10 月 13 日《新生》第 1 卷第 36 期。

化”。他们把社会里的东西,拣选几样,缩小一下搬进学校里去,“学校即社会”就成了一句时髦的格言。这样,一只小鸟笼是扩大而成为兆丰花园里的大鸟笼。但它总归是一只鸟笼,不是鸟世界。生活教育者主张把墙拆去。我们承认“社会即学校”。这种学校是以青天为顶,大地为底,二十八宿为围墙,人人都是先生都是学生都是同学。不运用社会的力量,便是无能的教育;不了解社会的需求,便是盲目的教育。倘使我们认定社会就是一个伟大无比的学校,就会自然而然地去运用社会的力量,以应济社会的需求。

为学校而办学校,它的方法必是注重在教训。给教训的是先生,受教训的是学生。改良一下,便成为教学——教学生学。先生教而不做,学生学而不做,有何用处?于是“教学做合一”之理论乃应运而起。事该怎样做便该怎样学,该怎样学便该怎样教。教而不做,不能算是教;学而不做,不能算是学。教与学都以做为中心,在做上教的是先生,在做上学的是学生。

教训藏在书里,先生是教死书,死教书,教书死;学生是读死书,死读书,读书死。改良家觉得不对,提倡半工半读,做的工与读的书无关,又多了一个死:做死工,死做工,做工死。工学团乃被迫而兴。工是做工,学是科学,团是集团。它的目的是“工以养生”,“学以明生”,“团以保生”。团不是一个机关,是力之凝结,力之集中,力之组织,力之共同发挥。

教死书、读死书便不许发问,这时期是没有问题。改良派嫌它呆板,便有讨论问题之提议。课堂里因为有了高谈阔论,觉得有些生气。但是坐而言不能起而行,有何益处?问题到了生活教育者的手里是必须解决了才放手。问题是在生活里发现,问题是在生活里研究,问题是在生活里解决。

没有问题是心力都不劳。书呆子不但不劳力而且不劳心。进一步是:教人劳心。改良的生产教育者是在提倡教少爷小姐生产,他们挂的招牌是教劳心者劳力。费了许多工具玩了一会儿,得到一张文凭,少爷小姐们到底不去生产物品而去生产小孩。结果是加倍的消耗。生活教育者所主张的“在劳力上劳心”,是要贯彻到底,不得中途而废。

心力都不劳,是必须接受现成知识方可。先在学校里把现成的知识装满了,才进到社会里去行动。王阳明先生所说的“知是行之始,行是知之成”便是这种教育的写照。他说的“即知即行”和“知行合一”是代表进一步的思想。生活教育者根本推翻这个理论。我们所提出的是:“行是知之始,知是行之成。”行动是老子,知识是儿子,创造是孙子。有行动之勇敢,才有真知的收获。

传授现成知识的结果是法古,黄金时代在已往。进一步是复兴的信念,可是要“复”则不能“兴”,要“兴”则不可“复”。比如地球运行是永远的前进,没有回头的可能。人只见春夏秋冬,周而复始,不知道它是跟着太阳以很大的速率向织女星飞跑,今年地球所走的路绝不是它去年所走的路。我们只能向前开辟创造,没有什么可复。时代的车轮是在我们手里,黄金时代是在前面,是在未来。努力创造啊!

现成的知识在最初是传家宝,连对女儿都要守秘密。后来,普通的知识是当作商品卖。有钱、有闲、有脸的乃能得到这知识。那有特殊利害的知识仍为有权者所独占。生活教育者就要打破这知识的私有,天下为公是要建筑在普及教育上。

知识既是传家宝,最初得到这些宝贝的必是世家,必是士大夫。所以士之子常为士,士之子问了一问为农的道理便被骂为小人。在这种情形之下,教育只是为少数人所享受。改良者不满意,要把教育献给平民,便从士大夫的观点干起多数人的教育。近年来所举办的平民教育、民众教育,很少能跳出这个圈套。生活教育者是要教大众依着大众自己的志愿去干,不给知识分子玩把戏。真正觉悟的知识分子也不应该再要这套猴子戏,教大众联合起来自己干,才是真正的大众教育。

知识既是传家宝,那么最初传这法宝的必是长辈。大人教小人是天经地义。后来大孩子做了先生的助手,班长、导生都是大孩教小孩的例子。但小先生一出来,这些都天翻地覆了。我们亲眼看见:小孩不但教小孩,而且教大孩,教青年,教老人,教一切知识落伍的前辈。教小孩联合大众起来自己干,才是真正的儿童教育。小先生能解决普及女子初步教育的困难。小先生能叫中华民族返老还童。小先生实行“即知即传人”是粉碎了知识私有,以树起“天下为公”万古不拔的基础。

读书与用书*

一、三种人的生活

中国有三种人:书呆子是读死书,死读书,读书死。工人、农人、苦力、伙计是做死工,死做工,做工死。少爷、小姐、太太、老爷是享死福,死享福,享福死。

二、三帖药

书呆子要动动手,把那呆头呆脑的样子改过来,你们要吃一帖"手化脑"才会好。我劝你们少读一点书,否则在脑里要长"痞块"咧。工人、农人、苦力、伙计要多读一点书,吃一帖"脑化手",否则是一辈子要"劳而不获"。少爷、小姐、太太、老爷!你们是快乐死了。好,愿意死就快快的死掉吧。我代你们挖坟墓。倘

* 本篇原载于1934年11月10日《读书生活》第1卷第1期。

使不愿意死,就得把手套解掉,把高跟鞋脱掉,把那享现成福的念头打断,把手儿、头脑儿拿出来服侍大众并为大众打算。药在你们自己的身上,我开不出别的药方来。

三、读书人与吃饭人

与读书联成一气的有“读书人”一个名词,假使书是应该读的,便应使人人有书读;决不能单使一部分的人有书读叫做读书人,又一部分的人无书读叫做不读书人。比如饭是必须吃的,便应使人人有饭吃,决不能使一部分的人有饭吃叫做吃饭人,又一部分的人无饭吃叫做不吃饭人。从另一面看,只知道吃饭,不成为饭桶了吗?只知道读书,别的事一点也不会做,不成为一个活书架了吗?

四、吃书与用书

有些人叫做蛀书虫。他们把书儿当作糖吃,甚至于当作大烟吃,吃糖是没有人反对,但是整天的吃糖,不要变成一个糖菩萨吗?何况是连日带夜的抽大烟,怪不得中国的文人,几乎个个黄皮骨瘦,好像鸦片烟鬼一样。我们不能否认,中国是吃书的人多,用书的人少。现在要换一换方针才行。

书只是一种工具,和锯子、锄头一样,都是给人用的。我们与其说“读书”,不如说“用书”。书里有真知识和假知识。读它一辈子不能分辨它的真假;可是用它一下,书的本来面目便显了出来,真的便用得出去,假的便用不出去。

农人要用书,工人要用书,商人要用书,兵士要用书,医生要用书,画家要用书,教师要用书,唱歌的要用书,做戏的要用书,三百六十行,行行要用书。行行都成了用书的人,真知识才愈益普及,愈易发现了。书是三百六十行之公物,不是读书人所能据为私有的。等到三百六十行都是用书人,读书的专利便完全打破,读书人除非改行,便不能混饭吃了。好,我们把我们所要用的书找出来用吧。

用书如用刀,
不快就要磨。
呆磨不切菜,
怎能见婆婆。

五、书不可尽信

孟子说:“尽信书则不如无书。”在书里没有上过大当的人,决不能说出这一句话来。连字典有时也不可以太相信。第五十一期的《论语》的《半月要闻》内有这样一条:

据二卷十二期《图书评论》载:《王云五大辞典》将汤玉麟之承德归入察哈尔,张家口“收回”入河北,瀛台移入“故宫太液池”,雨花台移入南京“城内”,大明湖移出“历城县西北”。

我叫小孩子们查一查《王云五大辞典》，究竟是不是这样，小孩们的报告是，《王云五大辞典》真的弄错了。只有一条不能断定，南京有内城、外城，雨花台是在内城之外，但是否在外城之内，因家中无志书，回答不出。总之，书不可尽信，连字典也不可尽信。

六、戴东原的故事

书既不可以全信，那末，应当怀疑的地方就得问。学非问不明。戴东原先生在这一点上是给了我们一个很好的引导。东原先生十岁才能开口讲话。《大学》有经一章，传十章。有一条注解说这一章经是孔子的话，由曾子写的；那十章传是曾子之意，由他的门徒记下来的。东原先生问塾师怎样知道是如此。塾师说：朱文公（夫子）是这样注的。他问朱文公是何时人。塾师说是宋朝人。他又问孔子和曾子是何时人。塾师说是周朝人。“周朝离宋朝有多少年代？”“差不多是二千年了。”“那末，朱文公怎样能知道呢？”塾师答不出，赞叹了一声说：“这真是个非常的小孩子呀！”

七、王冕的故事

王冕十岁时，母亲叫他到面前说：“儿啊！不是我有心耽误你，只因你父亲死后，我一个寡妇人家，年岁不好，柴火又贵，这几件旧衣服和些旧家伙都当卖了。只靠着我做些针线生活寻来的钱,如何供得你读书?如今没奈何,把你雇到隔壁人家放牛,每月可得几钱银子,你又有现成饭吃,只在明天就要去了。”王冕说:“娘说的是。我在学堂里坐着,心里也闷,不如往他家放牛,倒快活些。假如我要读书,依旧可以带几本去读。”王冕自此只在秦家放牛。……每日点心钱也不用掉,聚到一两个月,偷空走到村学堂里,见那闯学堂的书客,就买几本旧书,逐日把牛拴了,坐在柳荫树下看。

现在学校教育是对穷孩子封锁,有钱、有闲、有面子才有书念。我们穷人就不要求学吗?不,社会就是我们的大学。关在门外的穷孩子,我们踏着王冕的脚迹来攀上知识的高塔吧。

传统教育与生活教育有什么区别*

前星期日来晚了，听说大家在此地讨论一个很有趣的问题，叫“吃人教育与生活教育有什么区别?”我不能参加讨论，没有发表意见。今天，又来晚了，现在我发表我的一点意见。

吃人教育与生活教育有什么区别？我的意思，不如说“传统教育与生活教育有什么区别?”所谓吃人教育，就是指传统教育而言的。现在，我们可以这样说：传统教育，是吃人的教育；生活教育，是打倒吃人的教育。

传统教育怎样是吃人的教育呢？他有两种吃法：

（一）教学生自己吃自己 他教学生读死书，死读书；他消灭学生的生活力，创造力；他不教学生动手，用脑。在课堂里，只许听教师讲，不许问。好一点的，在课堂里允许问了，但他不许他出到大社会里、大自然界里去活动。从小学到大学，十六年的教育一受下来，便等于一个吸了鸦片烟的烟虫，肩不能挑，手不能提，面黄肌瘦，弱不禁风。再加以要经过那些月考、学期考、毕业

---

* 本篇原载于1934年12月1日《生活教育》第1卷第20期。

考、会考、升学考等考试,到了一个大学毕业出来,足也瘫了,手也瘫了,脑子也用坏了,身体的健康也没有了,大学毕业,就进棺材。这叫做读书死。这就是教学生自己吃自己。

(二)教学生吃别人 传统教育,他教人劳心而不劳力,他不教劳力者劳心。他更说:"劳心者治人,劳力者治于人。"说得更明白一点,他就是教人升官发财。发谁的财呢?就是发农人、工人的财,因为只有农人、工人才是最大多数的生产者。他们吃农人、工人血汗,生产品使农人、工人自己不够吃,就叫做吃人的教育。

生活教育与传统教育则刚刚相反:

(一)他不教学生自己吃自己 他要教人做人,他要教人生活。健康是生活的出发点,他第一就注重健康。他反对杀人的各种考试,他只要创造的考成,也就是他不教人赶考赶人死。简单的说来,他是教人读活书,活读书,读书活。

(二)他也不教学生吃别人 他不教人升官发财,他只教中国的民众起来做主人,做自己的主人,做政府的主人,做机器的主人。他教人要在劳力上劳心。即使有人出来做官,他是要来服侍农人和工人,看看有吃农人或工人的人,他要帮助农人、工人把他干掉。做官并不坏,但只要能够服侍农人、工人就是好的。他更要教人做到"工以养生,学以明生,团以保生"。说得更清楚些是:教大众以大众的工作养活大众的生命;以大众的科学明了大众的生命;以大众的团体的力量保护大众的生命。

向时代的最前线追求*

普及教育,第一要整个民族现代化。孙总理说:“学外国要迎头上去”,不仅坐飞机汽车,还要自己研究造飞机汽车。有知识的人也要现代化,不仅是读死书自己有知识就算了,还要教人识字去取现代知识,使别人也现代化。第二要整个生活现代化。怎样叫整个生活现代化?不但是要读现代书,而且要过现代整个的生活。第三要整个寿命现代化。现在有人将四年义务教育变成一年,甚至于四个月,可以说是短命教育。我们要办的教育是活到老,做到老,学到老,教到老,团到老。整个寿命现代化,是一个人一辈子上进,是继续不断的向时代的最前线追求。上海的地位非常重要,因为上海是中国经济的首都,如果上海干得有办法,自会风行全国。这并不是“挟泰山以超北海”的不可能。希望各位今天回去就试试看,究竟小先生能不能干普及教育运动?

---

* 本文发表于 1934 年 3 月 26 日的《新夜报·普及教育》7 期

强迫教育新义*

好教育是人生的必需品,如同饭一样。好饭人人愿吃,吃饭也要强迫吗?强迫教育是成了问题。什么要强迫?怎样强迫?强迫谁?我们必定要弄个明白,才能向前干去。否则一味蛮干,难免走人歧路。

求学是顶有趣的一件事,强迫人求学的时代是已经过去了。强迫教育的意义,到了现在,不再是强迫人受教育了。但有许多人拿的是强迫教育的题目,做的是强迫受教育的文章,而且一点也不怀疑,实在令人不解。

好饭人人愿吃,你说的不错,但是有人偏偏不许人吃饭,或许人吃一点点而不许人吃饱。好书人人愿看,但是有人偏偏不许人看书,或许人看一点点而不许人看饱。有些老夫子会驳我说:"有人不愿看书。"但是你能点出一个人连图画书也不愿看吗?八岁的令妹已经给了人家做童养媳。我送她一本图画书,好把它当作宝贝样藏在枕头底。一天,她滴着眼泪告诉我,图画

---

* 本篇原载于1935年5月16日《生活教育》第2卷第6期。

书给婆婆撕掉了。大渡口一位小先生告诉我,他的学生是一个铁匠铺里的徒弟,被司务打得不敢再来了。徐家角有一家工厂里的工人要看书,好,凡看书的工人都辞退,教工人看书的先生都得回老家。安庆有几位小先生的头脑壳给老子敲得好痛啊!"小畜生!你要做小先生就不能做我的儿子!那些穷孩子不卫生,你好,把微生物带到家里来了。小畜生,你敢,老子收拾你!"看了这些例子,我们对于中国教育所以没有普及的原因,大概可以了解一些,对于强迫求学之迷梦大概可以清醒一些,对于强迫教育之真义也大概可以明白一些了。

我们要强迫有权者允许人求学。我们要强迫有知识者教人。凡阻碍别人求学、教人者都要罚得重,因为他们是妨害整个民族之进步。不识字者本身如不长进,亦当受点小罚,但是无论不识字者之为小孩或成人,强迫之重心要压在家长、店主、厂长、任何机关团体之负责人的身上,才算公平而有效力。铲除民众儿童上进之阻碍,使民众儿童有自动求学之可能,才是普及教育及教育采用强迫手段之真义。

文化细胞*

一般人只要一提到教育便联想到学校，一提到普及教育便联想到普设学校。他们好像觉得学校是惟一的教育场所，如果要想普及教育便非普设学校不可。倘使没有钱普及四年的学校教育，他们便退一步主张普及一年的学校教育，甚至于退到四个月、两个月、一个月的学校教育。万一不能普及全天的教育，他们想半天、二小时、一小时也是好的，但必须在学校里办。仔细把它考虑一下，这种意见只是一种守旧的迷信。我们若不跳出学校的圈套，则普及现代教育在中国是不可能。我不说学校没有用，但学校之外我们必须创造一种下层文化的组织，适合大多数人的生活，便利大多数人继续不断的长进，才是有了永久的基础。

我建议要创造一种文化细胞。每一家，每一店铺，每一工厂，每一机关，每一集团组成一个文化细胞。这种细胞里的分子有两种：一是识字的；一是不识字的。我们叫每一个细胞里的识

---

* 本篇原载于1935年5月1日《生活教育》第2卷第5期。

字分子教导不识字分子，说得正确些，我们要叫识字分子取得现代知识精神连文字一同教给不识字的分子，这样一来，每个文化细胞里的分子都能继续不断地长进。任何文化细胞里倘若识字分子过剩，可以分几个出去帮助缺少识字分子的细胞。这种文化细胞在山海工学团范围以内叫做工学队，为工学团最下层之组织单位。俞塘称它为生活教育团，安徽省会称它为普及教育团。有人建议称它为自学团，或共学团。名字不同，无关重要，但他们有一点相同，便是感到专靠学校来普及教育在中国是很勉强，不易做到，即使做到了，也是一种短命教育，没有久远的长进。所以要在学校之外创出一种较为自然之组织来救济，不但要谋教育之普及并要谋所普及之教育得以继长增高。他们用得着学校的地方不妨先开一个学校；铺中、家中连一个识字的人也没有的地方，不妨叫每家每铺先派一人每天来校学半小时或一小时，再依即知即传之原则，把各个文化细胞成立起来。

普及教育动员令一下，有暇进学校的尽可进学校；无暇进学校的在自己家里、店里、工厂里及任何集团里创起文化细胞来共谋长进。文化细胞成立后，必须向负责学校或教育行政机关注册，凡在文化细胞里自谋长进的，可以不进学校；凡在学校里求学的，必须常回到他的文化细胞里来尽义务教人。

学校是文化的旅馆，只能暂住而不可以久留；自学团，共学团，普及教育团，生活教育团，或工学团下之工学队才是文化之活细胞。

通不通？*

张耀翔先生在《教育杂志》上发表了一篇短评，驳我们的“读死书、死读书、读书死”的言论。他拿了许多证据出来证明这三句话不通。还是我们不通呢？还是他不通呢？这个我们愿意等候读者裁判，用不着我们自辩。但是他的短评里是有好几点引起了我们讨论的兴趣。

一

当我们劝告青年不要“读死书、死读书、读书死”的时候，我们接着就劝告大家要：

“用活书、活用书、用书活。”

我们的指针是“过什么生活，用什么书”。不用功的青年固不能藉口而丢掉书本，蛀书虫也不能断章取义说我们把书本抹煞。

---

* 本篇原载于1935年6月16日《生活教育》第2卷第8期。

二

张先生说:“近人提倡劳作,不惜毁谤读书。”我们所提倡的是“在劳力上劳心”,而不是寻常学校里“劳作”。在我所写的论文里,从来没有“劳作”这个名词。我们是要大家参加社会生活里的劳动,而参加这种劳动的时候是要手脑并用。这种劳动,并不是在学校里设一门劳作功课点缀点缀就算完事。有时这些装饰品的劳作,除了开展览会外,是别无用处,甚至于这种功课是侮辱工具、糟蹋材料、加倍消耗。我们之所以反对读死书、死读书、读书死的动机,绝不是为了要提倡这种与当前社会生存需要无关的劳作。

三

字典、辞源、电话簿,我们只承认是用的书而不是读的书。当张先生编《中国识字测验》和校对《善恶字汇》的时候,恐怕也只是用字典而不是读字典。用字典是谁也赞成;读字典便是死读书了。张先生还举了《推背图》、《烧饼歌》来证明那句“开卷有益”的老话。按他的意思,世界上是没有“死书”,只要是书,都是有用的。好,医学研究所的解剖室里的死尸何尝没有用!你能教大家都来研究死尸吗?你能因为医学家用得着死尸就说死尸是活人吗?

四

“死读书”,他是承认了一半。他说:“一说反复诵读一本不甚了解的书至烂熟为止,便是死读书。私塾里的儿童有这样的事。”但他一转身,又把承认的话吞了下肚。他以为不能责备这些儿童,“因为他们是被强迫使然的”。谁来责备小孩呢?但强迫小孩这样死读书的人就能宣告无罪吗?

五

他又说:“我以为如承认读书是件好事,正不妨多读。……书不像食物,吸收多了会停滞的;倒很像货财,多多益善。”这是多么精彩的一段读书发财论!我肥天下瘦,我智天下愚,本来是同一个人导演出来的两出悲剧。

六

张先生又说:“假若有人无需为目前个人衣食而劳作,致全力于读书,不管他为求学或为消遣,我们都不应非议他。”请问这位致全力于读书的先生的衣从何来?食从何来?正当大众吃树皮草根的时候,读书人还以“致全力于读书”为消遣,还不许人非议。好,“农夫心内如汤煮,公子王孙把扇摇”,我们看到这两句诗,再看看张先生的言论,当作何感想?

只吃桑叶而不肯吐丝的蚕,谁愿养?

七

“书呆子是社会的名称,不是科学上的名称。”

他这样为书呆子辩护。但是我们能够因为科学里没有书呆子的名称,就能否认书呆子的病态吗?张先生赞成读经,好,引一句经来证明吧。孔子说:“乡愿,德之贼也。”请问“德之贼”是个科学的名词吗?乡愿能用科学为盾牌而逃避“德之贼”的社会制裁吗?书呆子是个什么人?我就用张先生的话来答复:书呆子是一个致全力于读书的人。他除读书以外,不做别的工作:爸爸病了他不管;妈妈没有米下锅他不管;穷孩子不能上学他不管;邻居失火他不管;田里大旱他不管;逃荒的人吃树皮草根他不管;黄河决口他不管;甚至于日本夺了东四省,打到了上海都不管。管是管的:《本草纲目》、《孝经》、《齐民要术》、教育统计、水灾报告、“九·一八”和“一·二八”的历史,那一样不是读得熟透了吗?然而麻木不仁!这种麻木不仁的人,还不是和呆子差不多?还不要想个法子来为他们诊治诊治吗?

八

读书读得太多,把性命送掉,据张先生说,这就是所谓“读书死”。如果世间真有这种人,他倒愿意顶礼敬拜。现在信教自由,谁都让他去崇拜。但是我们对于“读书死”的认识,决不停止在个人的死活上。拼命读书,始而近视,继而驼背,终而吐血以至于夭折,这种狭义的死固然令人为他可惜。但是更可惜的是未死之前,整个生活之残废麻醉,失却人生、社会的正确意义。只管读书,不管父母死活而父母死;只管读书,不顾民族死活而民族死。这样,小己纵然读书成名,升官发财,而袖手坐看大已枯萎,我们要不称他为读书死也不行了。

九

张先生说:“嗜书者好沉默,因为他时刻在思想;不爱参加其他活动,因为他已经得着最高等、最愉快之活动。”这几句话实在是一个有闲的书呆子的小影。除了思想宜改为呆想或空想之外,我想这幅小影是画得不错。书是当作鸦片烟吃上瘾了。躺在烟铺上大抽其烟,虽有南面王也不愿做了。

十

不错,“犁耕是劳动,笔耕也是劳动”。但是“只问耕耘不问收获”的时代是过去了。我们必须问为什么耕?种的是什么?不管是犁耕也好,笔耕也好,而种出来的东西都是麻醉人的大烟,那末,虽然愉快一时,前途怎样呢?

十一

最后,张先生误认读书与求知为一件事。用书只是追求已经发现的知识的一种方法。用书虽然重要,但是如果以书本为一切知识之泉源,那就难免坐井观天了。法拉第做订书徒弟的时候,对于书是订一本看一本。一次,他装订一部百科全书,看到电气一章,觉得不够味。他以后关于发电机的发明,与其说是从书中得来,不如说是从书不够味中得来。

生活教育之特质*

你如果看过《狸猫换太子》那出戏，一定还记得那里面有一件最有趣的事情，就是出现了两个包龙图：一个是真的，还有一个是假的。我们仔细想想，是愈想愈觉得有趣味了。世界上无论什么事，都好像是有两个包龙图。就拿教育来说罢，你立刻可以看出两种不同的教育：一种叫做传统教育；另一种叫做生活教育。又拿生活教育来说吧，你又可以发现两种不同的说法：一种主张"教育即生活"；另一种是主张"生活即教育"。我现在想把生活教育的特质指出来，目的不但要使大家知道生活教育与传统教育之不同，并且要使大家知道把假的生活教育和真的生活教育分别出来。

（一）生活的　生活教育第一个特点是生活的。传统的学校要收学费，要有闲空工夫去学，要有名人阔佬介绍才能进去。有钱，有闲，有面子，才有书念，那末无钱、无闲、无面子的人又怎么办呢？听天由命吗？等待黄金时代从天空落下来吗？不！我们

---

* 本篇原载于1936年3月16日《生活教育》第3卷第2期。

要从生活的斗争里钻出真理来。我们钻进去越深,越觉得生活的变化便是教育的变化。生活与生活一摩擦便立刻起教育的作用。摩擦者与被摩擦者都起了变化,便都受了教育。有人说:这是“生活”与“教育”的对立,便是“生活”与“教育”的摩擦。我以为教育只是生活反映出来的影子,不能有摩擦的作用。比如一块石头从山上滚下来,碰着一块石头,就立刻发出火花,倘若它只碰着一块石头的影子,那是不会发出火花的。说得正确些,是受过某种教育的生活与没有受过某种教育的生活,摩擦起来,便发出生活的火花;即教育的火花;发出生活的变化,即教育的变化。

(二)行动的 生活与生活摩擦,便包含了行动的主导地位。如果行动不在生活中取得主导的地位,那末,传统教育者就可以拿“读书的生活便是读书的教育”来做他们掩护的盾牌了。行动既是主导的生活,那末,只有“为行动而读书,在行动上读书”才可说得通。我们还得追本推源的问:书是从哪里来的?书里的真知识是从哪里来的?我们是毫不迟疑的回答说:“行是知之始”,“即行即知”,书和书中的知识都是著书人从行动中得来的。我要声明著书人和注书人抄书人是有分别。人类和个人的知识的妈妈都是行动。行动产生理论,发展理论。行动所产生发展的理论,还是为的要指导行动,引着整个生活冲人更高的境界。为了争取生活之满足与存在,这行动必需是有理论、有组织、有计划的战斗的行动。

(三)大众的 少爷小姐有的是钱,大可以为读书而读书,这叫做小众教育。大众只可以在生活里找教育,为生活而教育。

当大众没有解放之前，生活斗争是大众惟一的教育。并且孤立的去干生活教育是不可能的，大众要联合起来才有生命可过；即要联合起来，才有教育可受。从真正的生活教育看来，大众都是先生，大众都是同学，大众都是学生。教学做合一，即知即传是大众的生活法，即是大众的教育法。总说一句，生活教育是大众的教育，大众自己办的教育，大众为生活解放而办的教育。

（四）前进的 有人说，生活既是教育，那末，自古以来便有生活，即有教育，又何必要我们去办教育呢？他这句话，分析是对的，断语是错的。我们承认自古以来便有生活即有教育。但同在一社会里，有的人是过着前进的生活，有的人过着落后的生活。我们要用前进的生活来引导落后的生活，要大家一起来过前进的生活，受前进的教育。前进的意识要通过生活才算是教人真正的向前去。

（五）世界的 课堂里既不许生活进去，又收不下广大的大众，又不许人动一动，又只许人向后退不许人向前进，那末，我们只好承认社会是我们惟一的学校了。马路、弄堂、乡村、工厂、店铺、监牢、战场，凡是生活的场所，都是我们教育自己的场所。那末，我们所失掉的是鸟笼，而所得的倒是伟大无比的森林了。为着要过有意义的生活，我们的生活力是必然的冲开校门，冲开村门，冲开城门，冲开国门，冲开无论什么自私自利的人所造的铁门。所以，整个中华民国和整个世界，才是我们真正的学校咧。

（六）有历史联系的 这里应该从两方面来说。第一，人类从几千年生活斗争中所得到，而留下来的宝贵的历史教训，我们必须用选择的态度来接受。但是我们要留心，千万不可为读历史而读历史。我们必须把历史的教训,和个人或集团的生活联系起来。历史教训必须通过现生活,从现生活中滤下来,才有指导生活的作用。这样经生活滤过的历史教训,可以使我们的生活倍上加倍的丰富起来。倘使一个人停留在自我或少数同伴的生活上,而拒绝广大人类的历史教训,那便是懒惰不长进,跌在狭义的经验论的泥沟里,甘心情愿的做一只小泥鳅。第二,中国已经到了生死关头,争取大众解放的生活教育,自有它应负的历史的使命。为着要争取大众解放,它必须要争取中华民族的解放;为着要争取中华民族的解放,它必须教育大众联合起来解决国难。因此,推进大众文化以保卫中华民国领土主权之完整,而争取中华民族之自由平等,是成了每一个生活教育同志当前所不可推却的天职了。

文化解放*

(一)什么是文化

文化是什么?初看起来是一个很容易答复的问题,但是仔细想一下,却有些困难。我们看到一本书,大家都可以承认它是属于文化方面的东西,但是遇着一把"石斧"的时候,我们的意见就要分歧了。有的人承认它是古代文化的遗产;有的人就不免要把它划进别的部门里面去。如果我们承认它是文化的遗产,那末一切生产工具都可以包括在文化的范围里面去了。石斧既是属于文化,那末,锄头乃至机器都可以算为文化了。这样一来,文化范围可就广大了。除了大自然之外,凡是人类所创造的一切都是文化了。凡是可以用来生产、战斗、交通、享乐、治理、思想的工具以及这些工具所引起的变化都可以当作文化看待了。这是一个顶宽的看法,也是一种顶简单的看法。照这样看

---

* 本篇原载1936年6月14日《生活日报》星期增刊第1卷第2期。

法,文化是与大自然相对起来的。世界上的一切可以分成两大类;一类是没有加上人工的,叫做自然;另一类是人工所创造的,叫做文化。但是在这个广大的定义之下,研究讨论的工作是不易进行。因此我们要从这广大的事物里抽出一部分来,特别叫它为"文化"。这部分便是记录思想,传达思想,发展思想,改变思想的符号、工具和行动。照这样看法,在文化里面是包含了书籍、报纸、戏剧、电影、学校教育、社会教育、民众运动、高深学术研究等等;在本质方面看,文化工作反映着人类经济政治的思想。这个定义是与一般人普通所想的接近。

(二)对谁解放

大众是文化的创造者。最初连语言文字都是从劳动中产生出来的。从哼呀哼呀的呼声里发现了语言,这是不可否认的事实。在树皮上画游猎的路线是文字起源之一。石斧、石刀、种地、造房子不是什么圣人发明的,乃是许多劳苦大众一点一点地积起来的贡献。近代工人对于发明上千千万万的贡献都给科学家偷了去,写在自己的账上。文化是大众所创造的。文化是被小众所独占。现在应该将文化从小众的手里解放出来,创造文化的大众应该享受创造的结果。文化是无疑的要对大众解放,使整个文化成为大众的文化。现在的文化解放运动可以说是大众文化运动。

(三)认识上的解放

文化有什么功用,我们必得把它认识清楚,才能谈它的解放。有些人把文化当作装饰品看待,以为大众用不着这个东西。我承认现在所谓"文化"当中有一部分是好比金刚钻戒指。但是有一部分是思想斗争的武器,这武器必定要解放出来,给大众抓住,然后民族、大众的解放才有很快的发展。其次,有些人以为大众文化是要等到大众政治实现以后才有可能。我承认大众文化的普及是要等到整个政治变成大众的政治。但是,大众的政治决不是凭空从天上掉下来的,它是要靠着大众继续不断的奋斗才能实现。这奋斗是要运用文化的武器以转变大众的思想,才能保证胜利。另外,特别是从事文化工作的人,太夸大文化的工作,或把文化看作一个孤立的东西。他们相信文化万能,或者是为文化而文化。这样会叫文化工作脱离了现实而变成一个没有作用的东西。殊不知文化所要记录、传达、发展、改变的思想乃是人类生活中心的思想,即是政治经济的思想。文化脱离了政治经济便成了不可思议。我们认识了文化是政治经济斗争的武器,就没有这个毛病了。最后,还有一种人以为文化的工作是纯粹的头脑工作。他们把它看成一个静的东西,可以静坐而得,静坐而传。他们忽略了行动与思想的关系。他们没有认识文化运动的作用。我们如果认识文化是民族大众解放的斗争的武器,这个静止文化的错解也就消灭了。我们对于文化的功用至少要有这点认识,然后才能把它从错误歪曲的观念里解放出来,也惟有把文化从错误歪曲的观念里解放出来，文化才能发生真正的作用。

(四)工具的解放

中国的思想符号主要的是汉字。读书人要花一两千块钱，学它十年二十年，才可以读点古书；平常的人花它百把块钱，一两年只是一撇一直的像稻草一样吃到肚里去不能消化，俗语叫作不通，读书没有读通。这难写难识的汉字只好留给那少数有钱有闲的少爷小姐去学，无钱无闲的大众和苦孩子必得另找出路。这出路就是近年提倡的易写易认的新文字。大众只须一个月每天费一小时就会写新文字的信，看新文字的报，读新文字的书，那是多么便利啊！大众文字的解放是大众文化解放的钥匙。

(五)方法的解放

传达文化之方法，依我看来，有三点最要解放。第一点，灌注的教授法最要不得。它把接受文化的人当作天津鸭儿填。民族大众解放运动最需要的不是灌注的演讲而是对于时事之讨论。这种相互之自由讨论，如果有前进书籍杂志作参考最能启发人的思想。学生和大众应该普遍的从灌注的教授法里解放出来，跑到这种自由讨论的空场上呼吸些新鲜空气，晒一晒太阳光。第二点，是知识封锁也要不得。从前的观念是学问自己受用，学校变成守知奴的制造厂。我们应该把自己从这知识私有卑鄙习惯里解放出来,我们对于真理应该即知即传,不肯教人的人不配受教育。从前写文章的人,是写得越深越觉得得意。现在呢,连白话文都得解放成大众文,使得大众易于了解。这的确对于传布文化起很大的作用。觉悟的知识分子都得把自己的作风解放出来使得大众易懂。第三点,要不得的是教而不做,学而不做。我们要在行动上来推进大众文化。我们要从静的方法解放出来,使大众加入真理的行动以追求行动的真理。

(六)组织上的解放

文化的组织是被小众捏得死死的,学校里的训育管理变成官僚化,学生只是被治而失去了自治。我们要把文化从模范监牢里解放出来,使它跑进大社会里去。社会即学校。文化的场所多着哩,茶馆、酒楼、戏院、破庙、茅棚、灶披、晒台,甚至于茅厕在今日都成了大众的课堂;整个民族解放运动成了大众的课程。平常的课程如果是和民族解放运动配合起来就不得不起质的变化。例如算学吧,那是看作一门纯粹的学科,然而把整个中国失掉的领土富源算一算,便立刻从平常的课程跳入非常的课程里面来了。在新的组织里教师、学生和大众是站在一条民族自救的大路上,从前教师与学生间、学生与大众间的围墙都要打通,这样大众的文化才能充分传达发展。

(七)时间的解放

有些传统的学校,名为认真,实际是再坏无比。他们把无所谓的功课排得满满的,把时间挤得点水不漏,使得学生对于民族前途和别的大问题一点也不能想;并且周考、月考、学期考、毕业考、会考弄得大家忙个不了,再也没有一点空闲去传达文化、唤起大众。说得不客气些,这就是汉奸教育、奴化教育、亡国教育。另一方面,大众一天做十二小时工,甚至于有的要做十六小时的工,他们是没有空闲接受文化。时间是文化战的最大关键,我们必须争取时间来推进大众文化,时间解放是大众文化解放的焦点。

(八)新文化创造的解放

新文化之创造是社会进步之特征,同时也是帮助社会更进一步的一种推动力。新兴的文化多少总是于大众有益的文化,所以新文化的创造是受着前进者之欢呼,同时是遭着落伍者之妒忌。前进的书籍、杂志、戏剧、电影种种,是在热烈的欢迎里遭着最惨酷的虐待。明明是一部最好的电影,他会给你东剪一条,西剪一条,剪得使你失去了原来的生命。好比人家生了一个小孩,假如管户口册的人要批评你这孩子那里生得对,那里生得不对,你一定是要觉得他做得太过分了;又假如他不但是随嘴乱说,并且手里还拿了一把剪子,看到孩子耳朵长得太长便毫不客气的剪掉一点，看到孩子鼻子长得太高又毫不客气的剪掉一点，你该觉得这是一个什么人啊！你能忍心的坐在旁边让他剪吗？这样的刽子手是等在文化界的门口，一看见新的作品出来就给它几剪。从这把剪子的虎口里把新文化解放出来，是整个文化界不可推诿的责任。

(九)怎样取得文化解放

中国从前有一样东西叫做裹脚布，把姑娘们的脚紧紧的裹，裹得肉烂骨头断，裹成一双三寸金莲，好嫁一个好人家。我想和这裹脚布相配的还有一样东西，叫做裹头布，把中国的小孩、青年、大众的头脑壳，紧紧的裹，裹得呆头呆脑，裹成一个三寸金头，好做一个文化奴隶。这裹头布便是加在大众头上的一切文化的压迫。不愿做文化奴隶的人联合起来，争取大众文化之解放！前进的知识分子在推进大众文化上固然能起重要的作用，但是大众文化运动决不能由少数知识分子代办。大众文化是大众的文化，是大众为自己推动的文化，是大众为自己谋幸福除痛苦而推动的文化。大众文化的解放是要大众运用集体的力量来争取的。它决不是小众可以送来的礼物。并且民族解放、大众解放、文化解放是一个分不开的运动。必得要联起来看、联起来想、联起来干，才会看得清楚，想得透彻，干得成功。

抗日战争时期

（1937~1945）

陶行知谈战时民众教育*

生活为抗战,抗战即生活。

己知教不知,能者教不能。

办战时民众教育之原则,需认定五点:(一)社会与学校应打成一片,爰当此坚持长久抗战时期,应使全民皆具有抗战信念,须将社会与学校,彼此互相推动,以构成全民抗战之事实。(二)生活与教育联为一气。办战时民众教育应养成民众战时之生活,使各个民众一切生活动作,悉含有抗战之意味,而战时教育之实施,处处以抗战为对象。生活为抗战,抗战即生活。(三)节省时间以办战时民众教育,应以最短之时间,而收较大之效果,决不应使时间浪费。(四)节省经济。办战时民众教育,应以最少数之经费,办多数之学校,如目前课本发生困难,可由各个学生利用土纸抄写,供不识字民众之用。此即节省经费而收效较

---

* 本篇原载于 1938 年 11 月 5 日重庆《新华日报》发表时,原题为《陶行知谈战时民众教育》。

大之一端。(五)即知即传。任何民众,对于抗战一切问题,即其所知者,即传达别人,倘人人能即知即传,则抗战知识可普遍于各阶层,收效当然很大。至于实施办法:第一,从教学方面言之,不分老幼性别,使知识较高者,教知识较低者,已知者教不知者。虽儿童亦可教成年。第二,应训练民众,能用脑用手用机械。譬如开汽车、接电线之机械技能,亦可有助于抗战。台儿庄战役期间,台儿庄孩子歌咏团用自己的言行,威胁小汉奸黄姓小儿转变为小战士的故事,殷盼各报代为披露,以表彰歌咏团对抗战宣传之伟大。

余目前着重于两件工作:一、拟办晓庄学校以推进抗战时期之民教,前次在汉时已向蒋委员长详细陈述,蒋委员长亦深表同情。地点将在湖南,现尚未完全决定。二、拟积极提倡组织普及教育会,希望有普及教育之志趣者,完全参加,共同推进民教。

纵谈战时各种教育问题*

关于生活教育社原有十几年的历史,亦干过不少的工作;直到本月十五日才在桂林正式立案成立,重新展开工作。

生活教育社从事了好几个运动。最初,针对着广大乡村的落后,就掀起了乡村教育运动。到了都市,为了矫正教育的私有与独占,就展开普及教育运动。直到日人步步侵略,华北汉奸猖獗,处在国难当头的时候,就以国难教育配合着当时的需要。抗战开始了,一切都要服从抗战,国难教育就沿进为抗战教育。现阶段的抗战是全面抗战,所以现在要展开全面教育来配合全面抗战的需要。全面教育的主要任务,就是要把教育展开到我们的前方和日人的后方去。对象不仅是青年、壮丁,而且包括小孩与老太婆。……这几个运动的形式虽然不一,而其中心却只有一个,就是普及教育运动,不过它是随着客观形势的发展而发展罢了……

生活教育的宗旨是什么?扼要地说:

---

* 本篇原载于1939年1月1日香港《申报》。

一、提高生活水准

二、启发警觉性

三、培养创造力

这，无疑地是我国今日当务之急。

新近在广西，我们发现山洞学校。空袭的时候，广西的人民几乎一半是在山洞中，为了逃避飞机而钻进山洞里去空过几个钟头、或半日、或几天，没有事情干，实在是很可惜的。山洞教育的可能，第一是因为山洞是天然的安全教室，用不着一个铜板的建设。第二是老百姓钻进来，不愁没有学生。第三是在避难群中，什么类型的分子都有，亦不愁没有知识分子可以在山洞充当教师。山洞学校的课程内容是男女老少什么人都应该学习。可以学习抗战的知识和各种抗战应用的技能。现在广西省政府已积极在训练山洞学校的指导员。山洞学校亦就是生活教育的一部分，比方老太婆肩上压了一个担子，双手还要拉着小孩。这时，在进入山洞避难途中，青年人就应该帮同抱小孩，帮同挑东西，让老小好好地避难。这种“服务”，就是“生活教育”的精神。换句话说，生活教育应该“跟老百姓走”，跟到山洞去，跟到树林去，跟到……什么地方去。一切的道理与办法都由“跟老百姓走”五个字演绎出来。但是，亦不是跟老百姓逃难，而是从乱七八糟的逃难群中整理一个条理出来，使分散的力量集中起来，使难民成为斗士。

将在桂林成立晓庄研究所，在各处展开教育研究工作。凡是战时发生的教育问题，如军队教育问题、壮丁教育问题、伤兵教育问题、难民教育问题……都是目前急待研究的教育问题，很需要提供实施的方案贡献给政府与各方面的参考与施行。这次来港的任务,就是要来筹备一切。

这实在是可喜可慰的佳音。晓庄之再生,象征着教育之黎明,象征着民族的复兴。

青年教育与思想问题*

（一）民主政治下的教育，应当具备下列条件：

甲、天下为公，教育为公，不以教育为一党一派及任何小集团谋利益；乙、尊师重道，不以侦探作教员，不使教员兼侦探；丙、使师生之间没有隔阂；丁、使学生打开眼睛看事实；戊、关于政治社会经济问题，学生有阅读自由，讨论自由，批评自由；己、学校内团体生活，要有民主的组织使学生在民主生活中学习更进步之民主；庚、动员广大民众，在真正民主的组织生活中学习真正的民主。

（二）三民主义一开始就说："大凡人类对于一件事，研究其中的道理，首先是发生思想，思想贯通以后方生信仰，有了信仰方生力量。"我首先指出："思想统制"与"思想贯通"是不能相容的。其次可以分两方面说，那不得已而受统制的人是越弄越没有追求真理的兴趣，结果不是思想统一而是思想消灭，统一于

* 本篇原载1944年6月25日重庆《新华日报·青年生活》第84期《青年教育与思想问题特辑》。

愚;那不甘心受统制的人,一部分倒会突破千磨万击,而发展出更高的思想与更大的智慧。

(三)领导一二人,可用豆油灯;领导一二十人,可用火把;领导一国之众及全世界就要太阳,至少要月亮那样大的光明。统而言之,无论领导多少人,总是要拿着真理之光,照着人向那正确的道路走去。如果领导的人把火熄了,或把跟随的人的眼睛闭了看不见光,或者甚至把他们的嘴也封起来了,连路上遇着危险也不能喊,那领导的人们不但是费力不讨好,而且大家在半途上难免会出岔子。

育才学校创办旨趣*

我们在普及教育运动实践中,常常发现老百姓中有许多穷苦孩子有特殊才能,因为没有得到培养的机会而枯萎了。这是一件非常可惜的事情,这是民族的损失,人类的憾事,时时在我的心中,提醒我中国有这样一个缺陷要补足。

抗战后,从国外归来,路过长沙汉口时,看到难童中也有一些有特殊才能的小孩,尤其在汉口临时保育院所发现的使人更高兴,那时我正和音乐家任光先生去参观:难童中有一位害癞痢的小朋友,但他是一位有音乐才能的孩子,不但指挥唱歌有他与众不同的能力,而他也很聪敏,任光先生给他的指示,他便随即学会。

又有一次,我在重庆临时保育院参观,院长告诉我一件令人愤愤不平的事。他说近来有不少的阔人及教授们来挑选难童去做干儿子,麻子不要,癞痢不要,缺唇不要,不管有无才能,唯有面孔漂亮、身材秀美,才能中选。而且当着孩子的面说,使他们

---

* 本篇原载于1951年4月《育才学校》。

蒙上难堪的侮辱,以至在他们生命中,烙上一个不可磨灭的印象。

以上三个印象,在我的脑子里各各独立存在了很久,有一天,忽然这三个意思凝合起来了,几年来普及教育中的遗憾须求得补偿,选干儿子的做法,应变为培养国家民族人才幼苗的办法,不管他有什么缺憾,只要有特殊才能,我们都应该加以特殊之培养,于是我便发生创办育才学校的动机。当时就做了一个计划,由张仲仁(一磨)先生领导创立董事会,并且得到赈委会许俊人(世英)先生之同意而实现,这是去年一月间的事。

创办育才的主要意思在于培养人才之幼苗,使得有特殊才能者的幼苗不致枯萎,而且能够发展,就必须给予适当的阳光、空气、水分和养料,并扫除害虫。我们爱护和培养他们正如园丁一样,日夜辛勤的工作着,希望他们一天天的生长繁荣。我们拿爱迪生的幼年来说吧,他小时在学校求学,因为喜欢动手动脚,常常将毒药带到学校里来玩,先生不理解他,觉得厌恶,便以"坏蛋"之罪名,把仅学了三个月的爱迪生赶出学校。然而他的母亲却不以为然,她说她家的"蛋"没有坏,她便和她的儿子约好,历史地理由她教他,化学药品由他自己保管,将各种瓶子做记号,并且放在地下室里,他欣然的接受了母亲的意见,于是这里那里的找东西,高高兴兴的玩起来。结果,就由化学以至电学,成为世界有名的大发明家,虽然那三个月的学校教育是他一生仅有的形式教育,但是由于他母亲的深切的理解他,终能有此造就。像爱迪生母亲那样了解儿童的精神,是值得我们学习的。假如他的附近有化学家电学家的帮助,设备方面又有使用之便利,则可减少他许多困难。我们这里便想学做爱迪生的母亲,而又想给小朋友这些特殊的便利。

我们这里的教师们，要有爱迪生母亲那样了解儿童及帮助儿童从事特殊的修养，但在这民族解放战争中，单为帮助个人是不够也是不对的，必须要在集体生活中来学习，要为整个民族利益来造就人才。因此，我们要引导学生们团起来做追求真理的小学生；团起来做自觉觉人的小先生；团起来做手脑双挥的小工人；团起来做反抗侵略的小战士。

真的集体生活必须有共同目的、共同认识、共同参加，而这共同目的、共同认识和共同参加，不可由单个的团体孤立的建树起来。否则，又会变成孤立的生活、孤立的教育，而不能充分发挥集体的精神。孟子说："先立乎其大者，则其小者不能夺也。"我们中国现在最大的事是什么？团结整个的中华民族，以打倒日本帝国主义而创造一个自由平等幸福的中华民国。我们的小集体要成了这个大集体的单位才不孤立，才有效力，才有意义。与这个大集体配合起来，然后我们的共同立法，共同遵守，共同实行，才不致成为乌托邦的幻想。

我们的学生要过这样的集体生活，在集体生活中，按照他的特殊才能，给予某种特殊教育，如音乐、戏剧、文学、绘画、社会、自然等。以上均各设组以进行教育，但是小朋友确有聪明，而一时不能发现他的特长，或是各方面都有才能的，我们将来要设普通组以教育之。又若进了某一组，中途发现他并不适合那一组，而对另一组更适合，便可以转组。总之，我们要从活生生的可变动的法则来理解这一切。

但是，育才学校有三个不是，须得在此说明：

一、不是培养小专家。有人以为我们要揠苗助长，不顾他的年龄和接受力及其发展的规律，硬要把他养成小专家或小老头子。这种看法是片面的，因为那样的办法也是我们极反对的。我们只是要使他在幼年时期得到营养，让他健全而有效地向前发展。因此，在特殊功课以外，还须给予普通功课，使他获得一般知能，懂得一般做人的道理，同时培养他的特殊才能，根据他的兴趣能力引导他将来能成为专才。

二、不是培养他做人上人。有人误会以为我们要在这里造就一些人出来升官发财，跨在他人之上，这是不对的。我们的孩子们都从老百姓中来，他们还是要回到老百姓中去，以他们所学得的东西贡献给老百姓，为老百姓造福利；他们都是受着国家民族的教养，要以他们学得的东西贡献给整个国家民族，为整个国家民族谋幸福；他们是在世界中呼吸，要以他们学得的东西帮助改造世界，为整个人类谋利益。

三、我们不是丢掉普及教育，而来干这特殊的教育。其实我们不但没有丢掉普及教育，而且在帮助发展它。现在中国处在伟大的抗战建国中，必须用教育来动员全国民众觉悟起来，在抗战建国纲领之下，担当这重大的工作，所以普及教育，实为今天所亟需。是继续不断的要协助政府，研究普及教育之最有效之方法，以提高整个民族的意识及文化水准。育才学校之创立，只是生活教育运动中的一件新发展的工作，它是丰富了普及教育原定的计划，决不是专为这特殊教育而产生特殊教育，也不是丢掉普及教育而来做特殊教育。

填鸭教育*

厚德福是北碚最道地的北方馆子。我在这里第一次看见填鸭,听到填鸭的道理,自然而然的联想到久已闻名的填鸭教育。

我从厚德福里一位伙计所得到的填鸭的知识是如此:第一步是买鸭皮。先把那些皮儿可能长肥的鸭儿买来。皮儿不可能长肥的鸭就不要。这要靠选择。目光好,选择准确,那么喂它半个月、二十天就会长得很肥,这好像是传统学校的入学考试。

第二步是预备填料,此地用的填料是四分米六分黑面,搓成"食指"大小的小条,填入鸭儿的食道。每天填三餐,每餐填八条,费钱八分光景。这好比是预备现成教材,按照一定钟点上课,全体一律受教,不管个性如何。在教育界里面是有不少的办法和填鸭相仿佛。谁个要在学生需要之外悬立目的,超出学生自愿容量去灌注教材,一心一意指望学生们快快的照他主观的模样长成,使他和他的主顾可以享受,只须如此,他便是在办填鸭教育。

---

* 本篇原载于1939年11月25日《战时教育》第5卷第2期。

厚德福的朋友还告诉我,北方的填料跟这里有些不同。北方普通用的是面粉、高粱、麸子拌起来用,有时也用玉米。我说四川玉米价钱低,为什么不用玉米呢?他说,这儿鸭子喉咙小,用玉米填下去会把鸭儿胀死;因为填死几只鸭,我们才知道玉米对于四川鸭不合用。我愿意教育者有这样的周到,材料如果用得不对,填鸭可以填死,被人填死的学生有多少啊!

谈生活教育*

——答复一位朋友的信

××吾友：

接读十二月十二日手书，知道我们在重庆相左，不能见面谈一谈，那是很可惜的一件事。承你对于生活教育和生活教育者提出一些意见，我们很感谢。你所勉励我们的话多半是对的，我们是朝着你所指示的路向不断的努力。但是你批评生活教育有一些不正确。这不能怪你，因为如你所说，你不能把全部生活教育研究之后再提出意见。为着要答复你的好意，我想把我认为不正确的地方提出来和你谈谈。

第一，你说："生活教育者好像不懂得'真正生活教育的实现，只有在没有人剥削人的制度里存在'。"你仔细想想之后，便知道这样的看法是机械的看法而不是发展的看法；是静态的看法而不是动态的看法；是等待的看法而不是追求的看法。你心里的理想的社会不是从天上落下来的，而是人类依着历史发展

* 本篇原载于1943年4月《行知教育论文选集》。

的趋势努力创造出来的。真正的生活教育自古以来一直存在到今天,即发展到今天,而且还要一直存在下去,发展下去,而达到最高的生活即最高的教育。为着最高的目的而忘了发展的过程,和为了发展的过程而忘了最高的目的,都是错误。

第二,你说:"生活教育者企图不经过突变而欲达到质变。"我们没有这样的企图。除非你所遇到的是没有常识的"生活教育者"。水热到摄氏一百度突变而为水蒸气。我们不能幻想着水蒸气而忽视了砍柴、挑水、烧锅的工作。

第三,你说:"生活教育者之努力……即使能完成任务,那也只限于一部分被……提拔的'天才者',群众是没有份的。"这"天才者"大概是指我们所选之具有特殊才能之儿童吧。他们是从难童中选来,不能说他们与民众无关。我们当然不应该为"天才"而办"天才"教育,但是为着增加抗战建国的力量而培养特殊才能的幼苗,使他们不致枯萎夭折,也是值得做的工作。我们当然不应该教他们做人上人,但是为着社会进步,让他们依据各人的才能、志愿做一群人中人,而且把他们的贡献发挥出来以为民众服务,也是值得干的工作。若只注重"天才"教育而忽略一般教育那是不可以;但是生活教育者自始就发动普及教育运动,到近来才感觉到具有特殊才能之儿童之被忽视而开始唤起社会之注意。我们所希望的是"从民众那里来"的"回到民众那里去"。

第四,你说:"生活教育者没有把革命与教育联系起来。"这要看你心中的革命是一件什么事,你心中的联系是如何联系法。在我们看来,现在的民族解放斗争是革命的行动,我们以一个民众学术团体对于团结抗战建国,是用了全副精神参加,不敢有丝毫之懈怠。至于你所说,一个教育工作者同时应该是一个革命者,我很同意。但我希望补充一句:一个真正革命者必然是一个真正生活教育者。即使他不承认他是一个生活教育者,按着生活教育的理论说来,他也是一个道地的生活教育者。

第五,你说:"你的很多朋友不知道生活教育是什么?"并且说:"生活教育的受人忽视的主要原因是因为缺少革命的联系。"生活教育之被一部分人忽视,那的确是事实,但完全归咎于缺少革命的联系,从上面说明看来,也不见得完全对。我想除我们自己力量有限外,生活教育之被人忽视还有下述之原因:一、过生活而忽视教育的人必然忽视生活教育。二、受教育或施教育而忽视生活的人亦必然忽视生活教育。三、忽视民众生活而又忽视民众教育的人固然不要生活教育,而高谈革命理论而无革命实践的象牙塔里的"革命家",也无由知道生活教育之宝贵。

末了,你希望我们能够出版一部生活教育大纲,我们正在着手编这样一部的集体创作。现在为你参考起见,我想把生活教育的理论提出几个要点和你谈谈。从定义上说:生活教育是给生活以教育,用生活来教育,为生活向前向上的需要而教育。从生活与教育的关系上说:是生活决定教育。从效力上说:教育要通过生活才能发出力量而成为真正的教育。"教学做合一"是生活法亦即教育法。为要避去瞎做、瞎学、瞎教所以提出在"劳力上劳心"以期理论与实践之统一。"社会即学校"这一原则要把教育从鸟笼里解放出来。"即知即传"这一原则要把学问从私人的荷包里解放出来。"行是知之始,知是行之成"是教人从源头上去追求真理。工学团或集体主义之自我教育是在团体生活里争取自觉之进步。“教育是民族解放、大众解放、人类解放之武器”，这种教育观是把教育从游戏场、陈列室解放出来输送到战场上去。时间不许我细说，总之，生活教育理论是半殖民地半封建的中国争取自由平等的教育理论。我希望你把研究之门大开起来。如果有机会，我想和你谈谈。千万不要因为一时之倒霉，少数人之不忠实，就误断一个运动的命运。

一九三九年十二月

生活教育运动十三周年纪念告同志书*

我所敬爱的同志们:从十二周年纪念到现在,有几件比较重要的事,想先向各位报告:(一)晓庄研究所已经建立起来,而且已有好几个研究报告,印成学术研究专刊以与教育及科学界人士交换意见。(二)育才学校已于去年七月二十日开学。现已成立音乐组、戏剧组、文学组、社会科学组、绘画组、自然科学组。工艺组及农艺组,希望于今年下半年成立。现在已选拔到校之学生有一百二十余名,要陆续增加到五百名。全校教育以集体生活为基础并努力使抗战教育与建国教育合一起来。(三)新安旅行团在伤兵难民及保卫大西南的工作上成绩都很好。他们也建立了适合儿童之集体主义之自我教育。这次敌人进攻西南,一部分团员应政治部之号召,组织了南路工作队。最近才从宾阳突围而出。(四)云和、英山及山西省之数县以县为范围试用生活教育理论进行战时教育,学生比平时增加数倍,可见生活教育理论对于战时有特殊之效用。(五)本社社友五百余人在江南

---

* 本篇原载于1943年4月《行知教育论文选集》。

一带工作,据最近报告,在过去一年中已经殉国者有四十余人。这些同志的壮烈牺牲是树立了我们的表率。我们应当踏着他们的脚迹,负起他们遗下来而未完成的任务。

在去年的告同志书里我曾提出三个口号:一,学术即力量;二,组织即力量;三,行动即力量。年年今日,我们每一个人,或每一个集体或整个的社,都得对这三种力量清算一下,并继续不断的在这三方面增长我们的力量以为民族与人类服务。

我提起笔来想写的真是千言万语,但时间不许可,今天特别想说的就是今日中国教育最需要而最忽略的一点——觉悟之启发。启发自觉是包含在我们立社的宗旨里面。社的宗旨是要"探讨最合理最有效之新教育原理与方法,促进自觉性之启发,创造力之培养,教育之普及,及生活之提高"。但是我们对于启发自觉性并没有充分讨论过,战时教育运动开始的时候,本社提出"集体主义的自我教育"。这自我二字若作自觉解是更正确。集体教育要通过"自觉"才成为有效的教育,即集体的自觉教育和自觉的集体教育。

中山先生讲三民主义首先就说这个道理。他讲"大凡人类对于一件事,研究当中的道理,最先发生思想;思想贯通以后,便起信仰;有了信仰,就生出力量"。这思想贯通便是觉悟。对于觉悟的本人说便是自觉。有了觉悟才起信仰而生出力量。但觉悟又从何而来?从研究而来。研究是追求真理即是求知之行。那末觉悟是从行而来,从"求知之行"而来。

中国古代教育是一贯的注重觉悟。"大学之道在明明德。"明德即真理。第一个明字便是明白和阐明。明白是自觉,阐明是觉他。这个道理和“先知觉后知”,“先觉觉后觉”是相通的。并且觉悟是智仁勇三达德之康庄大道。“仁者不忧,智者不惑,勇者不惧。”因为不惑,才能不忧、不惧,不惑便是思想贯通而觉悟了。《中庸》说:“不诚无物。”无论是“自诚明”,或是“自明诚”都离不了诚。不诚便没有觉悟。诚心追求真理才能自觉觉他。要负起自觉觉他的任务必定要忠实于真理。比如一个人必定要忠于追求抗战建国的真理才能在抗战建国上自觉觉他,才能对抗战建国生出信仰并发挥出力量来。

人人都可以觉悟而往往到老还不觉悟反而妨碍别人觉悟,除这是由于成见、武断、私心、偶像崇拜、公式主义、教条主义,或是由自己闭了觉悟之门,或是由外力封锁了觉悟之路,客观的真理反映不到头脑里去,或是能到头脑而不能正确的反映出来。以致自己不肯觉悟,不能觉悟甚至不愿别人觉悟。

当伽利略用风琴管自制望远镜发现了木星的四个月亮,他诚恳地去请佛罗棱萨大学教授来参观。这些教授不但是不愿来看,而且武断他们用不着看。他们说:人有七窍,天有七明(金、木、水、火、土、日、月),哪能再来四个月亮?他们不但拒绝伽利略的邀请参观并且设法陷害,说伽利略谣言惑众,违背教规大逆不道。伽利略于是饱受折磨。但真理毕竟不能埋没,伽利略之发现,实是千古不朽,那些不肯觉悟的教授当年固然威风十足,现在可有一点贡献遗留下来呢?所以一个教育者的重要任务是把自己和学生的成见、武断、私心、偶像心理、公式主义、教条主义从头脑里肃清出去,并把客观环境与头脑之间的门户开得好好的,使得真理可以清楚而正确的反映出来,这种反映的收成便是从大彻大悟中形成信仰而生出力量。

最近教育部颁布十六字的训育方针：自治治事，自信信道，自养养人，自卫卫国。我想倘使把自觉觉他的意思贯彻进去，则不但教育内容更加丰富而且更能发挥出管教养卫的力量。有自觉的纪律则自治治事更可严谨。有自觉的信心则自信信道更可坚定。自觉的做工是斯大汉诺夫运动的灵魂，不但生产激增而且做工的人个个兴高采烈，只觉做工之乐不觉做工之苦。自觉去当兵则知为中国死，愿为中国死，与敌人拼命时必可以一当十、以一当百的去打倒日本帝国主义而收复已失的河山。

现在要粉碎敌人“以华制华”的阴谋自必扩大反汪运动，以毁灭这“以华制华”的工具。但是想把这个运动做得比以前更有效也得要把它变成自觉的反汪运动，使得民族正气，充塞天地，连跟他跑的人都反正过来，自必势穷力竭，终归消灭。

民主的宪政是保证精诚团结抗战建国的根本大计。我们必须把宪政运动和国民教育民众教育联起来，使大家对于制宪有共同了解、共同参加、共同信仰。这种共同的了解参加信仰必能发出伟大的力量来保证精诚团结和由精诚团结而来的最后胜利。换句话说：制宪也要启发人民的自觉。

生活决定教育。教育要通过自觉的生活才能踏进更高的境界。通过自觉的集体生活的教育更能发挥伟大的力量以从事于集体之创造。

这次所提出的这点关于“启发自觉”的意见，只是供大家讨论参考，关于启发自觉之方法，希望大家来一个集体探讨。

一九四〇年三月十五日

创造宣言*

创造主未完成之工作，让我们接过来，继续创造。

宗教家创造出神来供自己崇拜。最高的造出上帝，其次造出英雄之神，再其次造出财神、土地公、土地婆来供自己崇拜，省事者把别人创造现成之神来崇拜。

恋爱无上主义者造出爱人来崇拜。笨人借恋爱之名把爱人造成丑恶无耻的荡妇来糟踏，糟踏爱人者不是奉行恋爱无上主义，而是奉行万恶无底主义的魔鬼，因为他把爱人造成魔鬼婆。

美术家如罗丹，是一面造石像，一面崇拜自己的创造。

教育者不是造神，不是造石像，不是造爱人。他们所要创造的是真善美的活人。真善美的活人是我们的神，是我们的石像，是我们的爱人。教师的成功是创造出值得自己崇拜的人。先生之最大的快乐，是创造出值得自己崇拜的学生。说得正确些，先生创造学生，学生也创造先生，学生先生合作而创造出值得彼此崇拜之活人。倘若创造出丑恶的活人，不但是所塑之像失败，亦

---

* 本篇原载于1951年4月《育才学校》。

是合作塑像者之失败。倘若活人之塑像是由于集体的创造,而不是个人的创造,那末这成功失败也是属于集体而不是仅仅属于个人。在一个集体当中,每一个活人之塑像,是这个人来一刀,那个人来一刀,有时是万刀齐发。倘使刀法不合于交响曲之节奏,那便处处是伤痕,而难以成为真善美之活塑像。在刀法之交响中,投入一丝一毫的杂声,都是中伤整个的和谐。

教育者也要创造值得自己崇拜之创造理论和创造技术。活人的塑像和大理石的塑像有一点不同,刀法如果用得不对,可以万像同毁,刀法如果用得对,则一笔下去,万龙点睛。

有人说:环境太平凡了,不能创造。平凡无过于一张白纸,八大山人挥毫画他几笔,便成为一幅名贵的杰作。平凡也无过于一块石头,到了飞帝亚斯、米开朗基罗的手里可以成为不朽的塑像。

有人说:生活太单调了,不能创造。单调无过于坐监牢,但是就在监牢中,产生了正气歌,产生了苏联的国歌,产生了尼赫鲁自传。单调又无过于沙漠了,而雷塞布(Lesseps)竟能在沙漠中造成苏彝士运河,把地中海与红海贯通起来。单调又无过于开肉包铺子,而竟在这里面,产生了平凡而伟大的平老静。

可见平凡单调,只是懒惰者之遁辞。既已不平凡不单调了,又毋需乎创造。我们是要在平凡上造出不平凡;在单调上造出不单调。

有人说:年纪太小,不能创造,见着幼年研究生之名而哈哈大笑。但是当你把莫扎尔特、爱迪生及冲破父亲数学层层封锁之帕斯加尔(Pascal)的幼年研究生活翻给他看,他又只好哑口无言了。

有人说:我是太无能了,不能创造,但是鲁钝的曾参传了孔子的道统。不识字的慧能,传了黄梅的教义。慧能说:“下下人有上上智。”我们岂可以自暴自弃呀!可见无能也是借口。蚕吃桑叶,尚能吐丝,难道我们天天吃白米饭,除造粪之外,便一无贡献吗?

有人说:山穷水尽,走投无路,陷入绝境,等死而已,不能创造。但是遭遇八十一难之玄奘,毕竟取得佛经;粮水断绝,众叛亲离之哥伦布,毕竟发现了美洲;冻饿病三重压迫下之莫扎尔特,毕竟写出了安魂曲。绝望是懦夫的幻想。歌德说:没有勇气一切都完。是的,生路是要勇气探出来,走出来,造出来的。这只是一半真理;当英雄无用武之地,他除了大无畏之斧,还得有智慧之剑、金刚之信念与意志,才能开出一条生路。古语说,穷则变,变则通。要有智慧才知道怎样变得通,要有大无畏之精神及金刚之信念与意志才变得过来。

所以:处处是创造之地,天天是创造之时,人人是创造之人,让我们至少走两步退一步,向着创造之路迈进吧。

像屋檐水一样,一点一滴,滴穿阶沿石。点滴的创造固不如整体的创造,但不要轻视点滴的创造而不为,呆望着大创造从天而降。

东山的樵夫把东山的茅草割光了,上泰山割茅草,泰山给他的第一印象是:茅草没有东山多,泰山上的“经石峪”、“无字碑”,“六贤祠”、“玉皇顶”,大自然雕刻的奇峰、怪石、瀑布,豢养的飞禽、走兽、小虫,和几千年来农人为后代种植的大树,于他无用,都等于没有看见。至于那种登泰山而小天下之境界，也因急于割茅草看不出来。他每次上山拉一堆屎，下山撒一泡尿，挑一担茅草回家。尿与屎是他对泰山的贡献，茅草是他从泰山上得到的收获。茅草是平凡之草，而泰山所可给他的又只有这平凡之草，而且没有东山多，所以他断定泰山是一座平凡之山，而且从割草的观点看，比东山还平凡，便说了一声："泰山没有东山好。"被泰山树苗听见，想到自己老是站在寸土之中，终年被茅草包围着，徒然觉得平凡、单调、烦闷、动摇，幻想换换环境。一根树苗如此想，二根树苗如此想，三根树苗如此想，久而久之成趋向，便接二连三的，一天一天的，听到树苗对樵夫说："老人家，你愿意带我到东山去玩一玩么？"樵夫总是随手一拔，把它们一根一根的和茅草捆在一起，挑到东山给他的老太婆烧锅去了。我们只能在樵夫的茅草房的烟囱里偶尔看见冒出几缕黑烟，谁能分得出哪一缕是树苗的，哪一缕是茅草的化身？

割草的也可以一变而成为种树的老农，如果他肯迎接创造之神住在他的心里。我承认就是东山樵夫也有些微的创造作用——为泰山剃头理发，只是我们希望不要把我们的鼻子或眉毛剃掉。

创造之神！你回来呀！你所栽培的幼苗是有了幻想，樵夫拿着雪亮亮的镰刀天天来，甚至常常来到幼苗的美梦里。你不能放弃你的责任。只要你肯回来，我们愿意把一切——我们的汗，我们的血，我们的心，我们的生命——都献给你，当你看见满山的幼苗在你监护之下，得到我们的汗、血、心、生命的灌溉，一根一根的都长成参天的大树，你不高兴吗？创造之神！你回来呀！只有你回来，才能保证参天大树之长成。

罗丹说："恶是枯干。"汗干了，血干了，热情干了，僵了，死了，死人才无意于创造。只要有一滴汗、一滴血、一滴热情，便是创造之神所爱住的行宫，就能开创造之花，结创造之果，繁殖创造之森林。

一九四三年十月十三日写于凤凰山

实施民主教育的提纲*

今天只是提出一些问题作为日后讨论的提纲,希望大家予以修正补充和指教。

一、旧民主与新民主

旧民主,是少数资产阶级作主,为少数人服务。新民主,是人民大众作主,为人民大众服务。

二、创造的民主与庸俗的民主

庸俗的民主是形式主义、平均主义,只是在形式上做到,如投票等等。创造的民主是动员全体的创造力,使每个人的创造力得到均等的机会,充分的发挥,并且发挥到最高峰,所以创造的民主必然与我以前所讲的民主的创造有关联。民主的创造,

---

* 本篇原载于1945年5月《战时教育》第9卷第2期。

是要使多数人的创造力能够发挥。在专制时代，少数人也能创造，但多数人的创造的天才被埋没，或因穷困忙碌而不能发挥，即使发挥也会受千磨万折，受到极大的阻碍。民主的创造为大多数人的创造，承认每一个人都得到创造的机会，这是与专制的创造不同的地方。

三、民主运用到教育方面来

民主运用到教育方面，有双重意义：第一，民主的教育是民有、民治、民享的教育。“民有”的意义，是教育属于老百姓自己的。“民治”的意义，是教育由老百姓自己办的。例如从前山海工学团时代，宜兴有一个西桥工学团，是老百姓自己办的，农民自己的孩子把附近几个村子的教育办起来，校董是老百姓，校长也是老百姓。又如晓庄学校封闭后，晓庄学生不能回晓庄办教育，而老百姓又不要私塾，所以小孩子自己办了一个佘儿岗自动小学。又如陕北方面是提倡的民办教育，也都是这意思。“民享”的意义，是教育为老百姓的需要而办的，并非如统治者为了使老百姓能看布告，便于管理，就使老百姓认识几个字。由此可见有民有、民治、民享的政治，才有民有、民治、民享的教育。

第二，民主的教育必须办到各尽所能，各学所需，各教所知。各尽所能，就是使老百姓的能力都能发挥。各学所需，因为经济条件没有具备，所以办不到。但各教所知是可以做到的。在民主政治下：特别是中国有许多人民没有受教育，需要多少教员才能把各地教育办起来？如一人能教四十人，二百万教师才能教八千万小孩。这些教师是师范所不能训练出来的,所以还必须每人各教所知。各尽所能,各学所需,各教所知三点都办到了,民有、民治、民享的教育也就成功了。

四、教育的对象或教育的目的

“文化为公”、“教育为公”是教育的目的,但又不妨因材施教。国民教育,与人才教育略有不同。国民教育,是人人应当免费受教育,但如有特殊才能的,也应加以特殊的教育,使其才能能充分发挥,这就是人才教育。但人才教育并不是教他们升官发财,而是要他们将学得的东西贡献给大众,所以这也是“文化为公”。

男女也应有平等受教育的机会。目前有些地方,例如南充男女界限分得很严,男女学生不能互相说话,这种地方,女子教育一定不发达。

无论贫富,也应该有均等受教育的机会。前次社会组在草街乡调查失学儿童,占学龄的儿童百分之七十四。能来中心小学读书的儿童,大多是小地主的孩子,佃农恐怕很少。民主教育要使穷人也有受教育的机会。

无论老少,也应该受教育。生活教育很早就提出活到老,学到老。最近听说西北也是如此。生活教育运动中最老的学生为八十三岁之王老太太,她说:“我也快进棺材了,还读什么书?”但经她的孙儿曾孙的鼓舞,她的热情也烧炽起来了。因为她的缘故,她的媳妇也得读书了。

还有资格的问题:现在是有资格就能上进,没有资格就该赶出大门外。但民主教育是只问能力,不问资格的。本来资格是有能力的证明,既有直接的证明,又何须资格。只要证明是有能力的就可上进。

民族教育现在也成一个问题。过去把少数民族取名为边民,不承认他们为民族。我们对于苗族等小民族的教育,强迫他们学汉文,还要用汉人教师去教他们。但民主教育是让他们学习他们自己的文字,没有文字的,就帮助他们制造文字,让他们自己办学训练各民族的人才来教育他们自己的人民。过去蒙古人受教育时,是雇人来上课的。这种教育又有什么用?

还有一点,无论什么阶级,都要有受教育的机会。受教育的机会被剥夺最多的是农工及子弟。农工阶级忙碌一天,还陷入吃不饱饿不死的状态,当然再谈不到受教育。民主教育是要力求农工劳苦阶级有机会受教育。

总结起来,"教育为公"就是机会均等:入学时求学的机会均等,长进的机会均等,离校时复学的机会均等,失学时补习机会均等,而且老百姓有办学管教育的机会。

五、民主教育的方法

民主的教育方法,要使学生自动,而且要启发学生使能自觉,要客观,要科学,不限于一种,要多种多样,因材施教,要生活与教育联系起来,并且在中国要会用穷办法,没钱买教科书,用尽种种办法来找代用品,招牌可以作课本,树枝可以作笔,桌面可以当纸张。八路军行军时，带着一套文化工具，即是一支木笔，行军停下来时，就在地面上画字认字。新民主主义既是农工领导，就必须用穷办法使老百姓受教育。单是草街子如每人买一支铅笔，就要花去四十万元，因此只有不用铅笔另想穷办法，才能做到教育为公。

另外还有一个办法，学生不能来上课的可以送去教，“来者不拒，不能来者送上门去”，看牛的送到牛背上去，这样“教育为公”才有办法。最后，我们必须重提要着重创造，让学生自动的时候，不是让他们乱动，而是要他们走上创造之路，手脑并用，劳力上劳心。这需要六大解放：（一）解放眼睛——不要带上封建的有色眼镜，使眼睛能看事实。（二）解放双手。（三）解放头脑——使头脑从迷信、成见、命定、法西斯细菌中解放出来。（四）解放嘴——儿童应当有言论自由，有话直接和先生说，并且心甘情愿和先生说。首先让先生知道儿童们一切的痛苦。（五）解放空间——不要把学生关在笼中，在民主教育中的学校应当大得多，要把大自然、大社会作他们的世界。空间放大了，才能各学所需；扩大了空间，才能各教所知；扩大了空间，才能各尽所能。（六）解放时间——不是以此标榜，然而并未完全做到。师生工友都应当有一点空闲的时间，可以从容消化所学，从容思考所学，并且干较有意义的工作。

六、民主的教师

民主的教师，必须要有：（一）虚心；（二）宽容；（三）与学生共甘苦;(四)跟民众学习;(五)跟小孩子学习——这听来是很奇怪的,其实先生必须跟小孩子共甘苦,并不是说完全跟小孩子学,而是说只有跟小孩子学,才能完成做民主教师的资格,否则即是专制教师。现在民主国家的领袖,都是跟老百姓学,否则即成专制魔王;(六)消极方面:肃清形式、先生架子、师生的严格界限。

七、民主教育的教材

民主教育的教材应从丰富中求精华,教科书以外求课外的东西,并且要从学校以外到大自然、大社会中求得活的教材。

八、民主教育的课程

(一)内容。现在人民所以大部分在贫穷中过生活,因为贫富不均,所以了解社会是很重要的。另外科学不发达,不能造富,所以应该有科学的生产,科学的劳动。抗战如不能胜利,整个中国就完了!因此教育要拿出一切力量来争取胜利,要启发民众,用一切力量来为抗战为反攻而努力。

(二)课程组织。组织应敷成多轨,即普及与提高并重,使老百姓都能受教育,并且有特殊才干的也能发挥。

(三)课程要有系统,但也要有弹性,要在课程上争取时间的解放。

九、民主教育的学制

民主教育的学制,包含三原则:单轨出发。学制在世界上各国分成几种,如德国的学制是双轨制,穷苦的人民受国民教育,再受职业教育。有钱的人,则由中学而直升大学。民主教育开始是单轨,不分贫富从单轨出发,以后依才能分成多轨,各人所走路线虽不同,但都将力量贡献给抗战,贡献给国家,这叫多轨同归。并且还要换轨便利,让他们在才干改变时有调换轨道的便利。

旧时的学校,学生忙于赶考。赶考是缩小学生时间的一原因,并且使学生没有时间思考。民主教育也是要考的,但不要赶考,而是考成。也不鼓励个人的等第,只注意集团的成绩。而成绩也不以分数定高下。

民主也不是绝对的自由。民主有民主的纪律,与专制纪律不同。专制纪律是盲从。民主纪律是自觉的集体的,不但要人服从纪律,还要人懂得为什么。

此外应当广泛的设立托儿所,农村的,工厂的,公务员的,可以将妇女从家庭中解放出来。在大学,要做到下列几点:(一)入学考试不应过分着重文凭,应增加同等学力的录取比例;(二)研究学术自由,读书自由,讨论自由;(三)增设补习大学及夜大学。这应该跟日本学,在日本夜大学很多。我们要帮助工厂里的技术工人,合作农场中的技术农人,得到受大学教育的机会。至于留学政策,凡是在中国可以学到的应在中国学,请外国教授来中国教。如设备不可能在中国设置的学科,才能派大学毕业有研究能力的研究生出外留学。

十、民主教育的行政

(一)鼓励人民办学校,当然人民自己所办的,并不能像美国私立学校那样宣传某种宗教的偏见,而是为民主服务。

(二)鼓励学生自己管自己的事。

(三)肃清官僚气的查案,以及资格的作风。视察员及督学有三个作用:(1)鼓励老百姓办学;(2)考察学校是否合乎民主道理;(3)不是去查案,是积极指导学校如何办得好。老百姓的学校,大概粗糙简陋,所以视察员到时,不是带来恐怖,而是带来春风。

民主的校长,也有四种任务:(1)培养在职的教师,教师是从各处来的,校长应负有责任使教师进步;(2)通过教员使学生进步并且丰富的进步;(3)在学校中提拔为老百姓服务的人,如小先生之类;(4)应当将校门打开,运用社会的力量,使学校进步,动员学校的力量,帮助社会进步。他应当有社会即学校的观点,整个社会是学校,学校不过是一个课堂,这样才能尽校长的责任。并且对于大的社会,才能有民主的贡献。而学校本身就可以成为民主的温床,培育出人才的幼苗。

十一、民主的民众教育

有人民的地方,就是民主教育到的地方。家庭、店铺、茶馆、轮船码头,都是课堂。甚至防空洞中,也可以进行教育。博物馆,电影院,图书馆,都是进行有系统的教育地方。应当请专家讲演,深入浅出。没有专家的地方,也应有好的办法,使老百姓无师自通。

十二、民主教育的文字

要老百姓认二千个字,好比要他们画二千幅画。有人说汉字太难,应当打倒,有人主张,不用拉丁化,而用注音字母。我主张汉字、新文字、注音字母三管齐下。(一)认得汉字的人,照估计有八千万人,假使最低估计有五百万人可能教汉字,这是一股很大的力量,我们不但不用推倒他,而要运用他。(二)运用新文字教老百姓,我们在上海试过,教起来非常方便。一个月就可以使老百姓看懂信件,学过英文的人,三个钟头就可以学会。(三)醉心注音字母也好,就用注音字母来帮助老百姓。我希望文字也像政党似的来一个民主联合,汉字好比是板车木车,注音字母好比是汽车,新文字好比是飞机。各种文字的提倡人联合起来,做到多样的统一。

创造的儿童教育*

创造的儿童教育，不是说教育可以创造儿童，儿童的创造力是千千万万祖先，至少经过五十万年与环境适应斗争所获得而传下来之才能之精华，发挥或阻碍，加强或削弱，培养或摧残这创造力的是环境。教育是要在儿童自身的基础上，过滤并运用环境的影响，以培养加强发挥这创造力，使他长得更有力量，以贡献于民族与人类。教育不能创造什么，但他能启发解放儿童创造力以从事于创造之工作。

我们晓得特别是中国小孩，是在苦海中成长。我们应该把儿童苦海创造成一个儿童乐园。这个乐园不是由成人创造出来交给小孩子，也不是要小孩子自己单身匹马去创造，我们造一个乐园交给小孩子，也许不久就会变为苦海，单由小孩子自己去创造，也许就创造出一个苦海，所以应该成人加入小孩子的队伍里去，陪着小孩子一起创造。

一、把我们摆在儿童队伍里，成为孩子当中的一员 我们加

---

* 本篇原载于1944年12月16日《大公报》。

入到儿童队伍里去成为一员，不是敷衍的，不是假冒的，而是要真诚的，在情感方面和小孩子站在一条战线上。我曾经写过一首小诗，描写过我们在小孩队中应有和不应有的态度。

儿童园内无老翁，
老翁个个变儿童，
变儿童，
莫学孙悟空！
他在狮驼洞，
也曾变过小钻风，
小钻风，
脸儿模样般般像，
拖着一条尾巴两股红。

我们要加入儿童队伍里，第一步要做到不失其赤子之心。做成小孩子队伍里的一分子。

二、认识小孩子有力量　我们加入儿童生活中，便发现小孩子有力量；不但有力量，而且有创造力。我们要钻进小孩子队伍里才能有这个新认识与新发现。

从前当晓庄学校停办的时候，晓庄的教师和师范生不能回晓庄小学任职，私塾先生又被小孩拒绝，农人不好勉强聘请，不得已，小孩自己组织起来，推举同学做校长当教员，自己教，自己学，自己办，并自称自动学校。这是中国破天荒的创造。我听见了这个消息以后，就写了一首诗去恭贺他们：

有个学校真奇怪：

大孩自动教小孩。

七十二行皆先生，

先生不在学如在。

写好之后，交给几位大学生，请他们指教，他们说尽善尽美，于是用快信寄去。

第三天，他们回一封信，向我道谢之外，说这首诗有一个字要改。大孩教小孩，难道小孩不能教小孩吗？大孩能够自动，难道小孩不能自动吗？而且大孩教小孩有什么奇怪呀？这一串炸弹把个“大”字炸得粉碎，我马上把他改为“小孩自动教大孩”，这样一来，是更好了。黄泥腿的农村小孩改留学生的诗，又是破天荒的证明，证明小孩有创造力。

又有一次我到南通州去推广“小先生”，写了一篇一分钟演讲词，内中有一段：“读了书，不教人，甚么人？不是人。”我讲过后有一个小孩子马上来说，陶先生，你的演讲最好把“不是人”改为“木头人”，“木头人”比“不是人”更好了。因为“不是人”三个字不具体，桌子不是人，椅子也不是人，而“木头人”是给了我们一个具体的印象。这也证明小孩子有创造力。我们要真正承认小孩子有创造力，才可以不被成见所蒙蔽。小孩子多少都有其创造的能力。

三、解放儿童的创造力　我们发现了儿童有创造力，认识了儿童有创造力，就须进一步把儿童的创造力解放出来。

（一）解放小孩子的头脑。儿童的创造力被固有的迷信、成见、曲解、幻想层层裹头布包缠了起来。我们要发展儿童的创造力,先要把儿童的头脑从迷信、成见、曲解、幻想中解放出来。迷信要不得,成见要不得,曲解要不得,幻想更要不得,幻想是反对现实的。这种种要不得的包头布,要把他一块一块撕下来,如同中国女子勇敢地撕下了裹脚布一样。

自从有了裹脚布,从前中国妇女是被人今天裹、明天裹,今年裹、明年裹,骨髓裹断,肉裹烂,裹成一双三寸金莲。

自从有了裹头布,中国的儿童、青年成人也是被人今天裹、明天裹,今年裹、明年裹,似乎非把个个人都裹成一个三寸金头不可。如果中华民族不想以三寸金头出现于国际舞台,唱三花脸,就要把裹头布一齐解开,使中华民族的创造力可以突围而出。三民主义开宗明义就说:大凡人类对于一件事,研究其中的道理,首先发生思想,思想贯通,以后才生信仰,有了信仰,才生力量。思想贯通,便等于头脑解放。唯独从头脑里解放出来的创造力,才能打退日本鬼,建立新中国。

(二)解放小孩子的双手。人类自从腰骨竖起,前脚变成一双可以自由活动的手,进步便一天千里,超越一切动物。自从这个划时代的解放以后,人类乃能创造工具武器文字,并用以从事于更高之创造。假使人类把双手束缚起来,就不能执行头脑的命令。我们要在头脑指挥之下用手使用机器制造,使用武器打仗,使用仪器从事发明。中国对于小孩子一直是不许动手,动手要打手心,往往因此摧残了儿童的创造力。一个朋友的太太,因为小孩子把她的一个新买来的金表拆坏了,在大怒之下,把小孩子结结实实打了一顿。后来她到我家里来说:"今天我做了一件极痛快的事,我的小孩子把金表拆坏了,我给了他一顿打。”我对她说恐怕中国的爱迪生被你枪毙掉了。我和她仔细一谈,她方恍然大悟,她的小孩子这种行动原是有出息的可能,就向我们请教补救的办法。我说:“你可以把孩子和金表一块送到钟表铺,请钟表师傅修理,他要多少钱,你就给多少钱,但附带的条件是要你的小孩子在旁边看他如何修理。这样修表铺成了课堂,修表匠成了先生,令郎成了速成学生,修理费成了学费,你的孩子好奇心就可得到满足,或者他还可以学会修理咧。”小孩子的双手是要这样解放出来。中国在这方面最为落后,直到现在才开始讨论解放双手。在爱迪生时代,美国学校的先生也是非常的顽固,因为爱迪生喜欢玩化学药品,不到三个月就把他开除!幸而他有一位贤明的母亲,了解他,把家里的地下室让给他做实验。爱迪生得到了母亲的了解,才一步步的把自己造成发明之王。那时美国小学的先生不免也阻碍学生的创造力。我们希望保育员或先生跟爱迪生的母亲学,让小孩子有动手的机会。

(三)解放小孩子的嘴。小孩子有问题要准许他们问。从问题的解答里,可以增进他们的知识。孔子人太庙,每事问。我从前写过一首诗,是发挥这个道理:“发明千千万,起点是一问。禽兽不如人,过在不会问。智者问得巧,愚者问得笨。人力胜天工,只在每事问。”但中国一般习惯是不许多说话,小孩子得到言论自由,特别是问的自由,才能充分发挥他的创造力。

(四)解放小孩子的空间。从前的学校完全是一只鸟笼,改良的学校是放大的鸟笼。要把小孩子从鸟笼中解放出来,放大的鸟笼比鸟笼大些,有一棵树,有假山,有猴子陪着玩,但仍然是个放大的模范鸟笼,不是鸟的家乡,不是鸟的世界。鸟的世界是森林,是海阔天空。现在鸟笼式的学校,培养小孩用的是干腌菜的教科书。我们小孩子的精神营养非:常贫乏,这还不如填鸭,填鸭用的还是滋养料让鸭儿长得肥胖的。我们要解放小孩子的空间,让他们去接触大自然中的花草、树木、青山、绿水、日月、星辰以及大社会中之士、农、工、商、三教九流,自由的对宇宙发问,与万物为友,并且向中外古今三百六十行学习。创造需要广博的基础。解放了空间,才能搜集丰富的资料,扩大认识的眼界,以发挥其内在之创造力。

(五)解放儿童的时间。现在一般学校把儿童的时间排得太紧。一个茶杯要有空位方可盛水。现在中学校有月考、学期考、毕业考、会考、升学考,一连考几个学校。有的只好在鬼门关去看榜。连小学的儿童都要受着双重夹攻。日间由先生督课,晚上由家长督课,为的都是准备赶考,拼命赶考,还有多少时间去接受大自然和大社会的宝贵知识呢?赶考和赶路一样。赶路的人把路旁风景赶掉了,把一路应该做的有意义的事赶掉了。除非请医生、救人,路是不宜赶的。考试没有这样的重要,更不宜赶,赶考首先赶走了脸上的血色,赶走了健康,赶走了对父母之关怀,赶走了对民族人类的责任,甚至于连抗战之本身责任都赶走了。最要不得的,还是赶考把时间赶跑了。我个人反对过分的考试制度的存在。一般学校把儿童全部时间占据,使儿童失去学习人生的机会,养成无意创造的倾向,到成人时,即有时间,也不知道怎样下手去发挥他的创造力了。创造的儿童教育,首先要为儿童争取时间之解放。

四、培养创造力 把小孩子的头脑、双手、嘴、空间、时间都解放出来,我们就要对小孩子的创造力予以适当之培养。

(一)需要充分的营养。小孩的体力与心理都需要适当的营养。有了适当的营养,才能发生高度的创造力,否则创造力就会被削弱,甚而至于夭折。

(二)需要建立下层的良好习惯,以解放上层的性能,俾能从事于高级的思虑追求。否则必定要困于日用破碎,而不能够向上飞跃。

(三)需要因材施教。松树和牡丹花所需要的肥料不同,你用松树的肥料培养牡丹,牡丹会瘦死;反之,你用牡丹的肥料培养松树,松树受不了,会被烧死。培养儿童的创造力要同园丁一样,首先要认识他们,发现他们的特点,而予以适宜之肥料、水分、太阳光,并须除害虫,这样,他们才能欣欣向荣,否则不能免于枯萎。

最后,我要提醒大家注意创造力最能发挥的条件是民主。当然在不民主的环境下,创造力也有表现。那仅是限于少数,而且不能充分发挥其天才。但如果要大量开发创造力,大量开发人矿中之创造力,只有民主才能办到,只有民主的目的、民主的方法才能完成这样的大事。民主应用在教育上有三个最要点:

(一)教育机会均等,即是教育为公,文化为公。我们要求贫富的机会均等,男女的机会均等,老幼的机会均等,各民族各阶层的机会均等。

(二)宽容和了解。教育者要像爱迪生母亲那样宽容爱迪生,在爱迪生被开除回家的时候,把地下室让给他去做实验。我们要像利波老板宽容法拉第,法拉第在利波的铺子里作徒弟,订书订得最慢,但是利波了解他是一面订书一面读书,终于让法拉第在电学上造成辉煌的功绩。

(三)在民主生活中学民主。专制生活中可以培养奴才和奴隶,但不能培养人民做主人。民主生活并非乱杂得没有纪律。民主要有自觉的纪律,人民只可以在民主的自觉纪律中学习做主人翁。在民主动员号召之下,每一个人之创造力都得到机会出头,而且每一个人的创造力都能充分解放出来。只有民主才能解放最大多数人的创造力,而且使最大多数人之创造力发挥到最高峰。

敲碎儿童的地狱，创造儿童的乐园*

儿童是应该快乐的，而现在中国的儿童是非常痛苦。固然有许多人才是从痛苦中长大起来，但是成人的责任是应该把社会改造得好一点，使未成熟的儿童少吃点苦，多享点福。我们应该负起责任来，敲碎儿童的地狱，建立儿童的乐园。不够，我们应该引导儿童把地狱敲碎，让他们自己创造出乐园来。

要怎么样除苦造福

第一，我们应该承认儿童的人权。儿童的人权从怀胎的时候开始。打胎虽有法律禁止，但是社会上还是流行着。为着恐怕私生子为人轻视，便从源头上取消了他的生存权。也有因为贫穷而不能教养而出此残忍手段，使已得生命之胎儿不能见天日。我们只需读一读孔子、耶稣的故事，便知道剥削儿童生存权

* 本篇原载于 1944 年 12 月 16 日《时事新报》。

是何等的罪恶。每逢饥荒便听得见“易子而食”,这虽然说是被迫无法才出此下策,但也是把小孩的生命当作次一等所致。我们要解除儿童痛苦增进儿童福利,首先要尊重儿童的人权。

第二,我们应该了解儿童的能力需要。儿童有许多痛苦是由于父兄师长之不了解。不了解则有力无处用,有苦无处说。我们要知道儿童的能力需要,必须走进小孩的队伍里去体验而后才能为小孩除苦造福。我们必须重生为小孩,不失其赤子之心,才能为儿童谋福利。

第三,承认了儿童的人权并了解了儿童的能力需要,才有可能谈儿童福利,否则难免隔靴搔痒,劳而无功,我们在尊重儿童人权及了解儿童能力和需要两条原则下,来提出几件具体的建议。

提出十点具体建议

(一)解除儿童的恐怖。中国的儿童在心理上是处在一个恐怖的世界里。老婆婆、老妈子一到夜晚没有事便讲鬼说怪,小孩们连在梦里都要惊醒。我们应该使小孩与这些鬼怪故事隔绝,以保持精神之安宁。

(二)打破重男轻女之风尚。这重男轻女的风尚连在文化界还是难免。男的受过分栽培,女的受偏枯的待遇;表面虽然似乎是一乐一苦,但在长大的过程中两者都难免受伤。

(三)提倡儿童卫生。儿童卫生是民族健康之基础,这基础必须用水泥钢骨打得稳固。但是平常做父母的多不注意。儿童卫生有一百件具体的事要做，我只举一件，把食物嚼碎给小孩吃，是害了许多儿童，使家庭的肺病一代代地传下去。革除这一坏习惯，是使许多儿童得到终身的幸福，至于营养要充足，环境要卫生，那是不消说了。

（四）拯救文化饥荒。成千成万的孩子对于学校是不得其门而入，那些已经进学校的是在吃干腌菜的课文。我们一方面要求教育之普及，一方面还要改造学校教育，使教育与生活密切的联系起来，使每一个人都能享受文化的精华。并且要革除体罚，改良赶考，注意启发，使小孩接受教育的时候，有求学之乐趣，而无不必要之恐怖与烦恼。

（五）培养人才幼苗。人才的幼苗当从小培养，如果家庭里、学校里、铺子里的孩子，在小的时候，已被发现有特殊的才干，那末，立刻就应该给他以适当之肥料、水分、阳光，使他欣欣向荣。十二岁的爱迪生因为醉心于科学把戏，三个月便被冬烘先生开除了，那对于爱迪生的小心灵是多么大的打击。爱迪生的母亲却了解他，给他在地下室做实验。那对于爱迪生又是多么大的幸福啊。

（六）提倡儿童娱乐。现在流行的戏剧电影，有好些是给了儿童不好的影响。许多父母因为影响不好便因噎废食，绝对不许子女看书看电影。假使我们有好的儿童剧、儿童电影，可以寓教于娱乐，那儿童又是多么的高兴啊！

（七）开展托儿所运动。女工农妇及职业妇女要顾到工作便顾不得小孩，顾到小孩便顾不到工作！其实她们是必得双方兼顾，不顾工作便没有饭吃，小孩是自己的亲血肉，哪能不顾。于是她们为着两样都舍不下的工作和小孩,是一面牺牲了自己,又一面使小孩吃了许多苦。唯一的办法是多设工厂托儿所农村托儿所和一般的托儿所。

(八)建立儿童工学团。流浪儿、低能儿、聋盲儿、社会问题儿童等特殊儿童,一概用工学团方式培养,不冠以流浪儿教养院或低能儿训练所一类违反心理之名称。每种使小孩就其性之所近,依“工以养生,学以明生,团以保生”之原则,把他们培养成自助长进有用之人。

(九)培养合理之教师父母。儿童痛苦之完全消灭及儿童福利之完全实现,是有待于天下为公。在这过渡时代与儿童幸福痛苦息息相关的,是父母与教师(包括艺徒之师傅)。我们要培养新父母和新教师,以培养更有福的后一代。旧父母和旧教师,凭主观以责儿童之服从;新父母和新教师,客观的根据他们的需要能力以宣导他们的欲望而启发他们的自觉的活动。新父母与新教师,要跟儿童学,教儿童启示自己如何把儿童教得更合理。这种对儿童有了解有办法的新父母、新教师不是从天上落下来,我们需要新的普通学校、新的师范学校和新的父母学校,来培养后一代之新教师与新父母,这是过渡时代之儿童福利之泉源。

(十)抢救战区儿童。抢救难童,在武汉失守前后达到了最高峰。许多英勇青年投身抢救工作及保育事业,当我回国之初,到处所见的,几乎尽是救苦救难的观音大士。以后,随着团结之松懈,民主之退隐,战区难童就好像没有人管了。自湘桂战起,全国儿童福利工作人员开代表大会于陪都,提出紧急动议,组织急救战区儿童联合委员会,加紧抢救工作,这是值得庆幸的好消息，当千千万万难童伸出手来等待援助的时候，在陪都是举行着中国儿童福利协会之成立大会。我希望以后协会的任务是抢救抢教双管齐下，才对得起后一代之期望与整个民族之付托。我曾经听过两种被救的难童的经验谈：一种是官僚化的抢救，领队者刚愎自用，剥削难童，先难童之乐而乐，后难童之忧而忧，弄成乌合之众，害得许多小孩死于饿，死于冻，死于病，死于非命！一种是民主式的抢救，领队者虚心听取民意，与难童共休戚，共甘苦，有组织，有计划，有纪律，分工合作，一路学习玩耍奋斗而来，使得大家有远征之乐，没有逃难之苦。为难童服务的人们，是应当革除官僚的习气而采取民主的精神。

两种心理有害儿童

我们对于儿童有两种极端的心理，都于儿童有害。一是忽视；二是期望太切。忽视则任其像茅草样自生自灭，期望太切不免揠苗助长，反而促其夭折。所以合理的教导是解除儿童痛苦增进儿童幸福之正确路线。我们必须沿这路线进行，才能使儿童脱离苦海进入乐园。

民　　主*

民主的意义还是在发展，因为它的内容还是在发展。照我看来，真正的民主必需包含：一、政治民主；二、经济民主；三、文化民主；四、社会民主；五、国际民主。林肯总统在葛梯斯堡所说的"民有民治民享之政府不致从大地上消灭掉"一语，是指政治民主。中山先生所说之民生主义，罗斯福总统所说之无不足之自由，是指经济民主。山海工学团所主张之教育为公，和陕甘宁边区所实行之民办学校，是指文化民主。中国五四运动在社会关系上所发动之种种改革，例如男女平等，是走向社会民主。威尔逊总统"所提出之民族自决，中山先生所倡导之民族主义，是走向国际民主；然而从英国对印度，对希腊，对安南，对南洋，和美国对日本管制，对原子弹管制的态度行动看来，我们离国际民主之实现简直是十万八千里之远。从总的方面说：古人所讲的话而现在还起引导作用的，莫过于"大道之行也，天下为公"；近人毛泽东先生写的新民主主义，和中国民主同盟临时全国代表

---

* 本篇原载于原载1945年11月1日《民主教育》创刊号。

大会所通过的纲领,都系实现真正民主的路线。民主是中国之起命仙丹。民主能叫四万万五千万老百姓团结成一个巨人。民主能给我们和平,永远消除内战之危机。民主好比是政治的盘尼西林,肃清一切中国病。民主又好比是精神的维他命,给我们新的力量,来创造一个自由独立进步的新中国和一个富足平等幸福的新世界。民主第一!人民万岁!

民主教育*

民主教育是教人做主人,做自己的主人,做国家的主人,做世界的主人。把林肯总统的话引伸到教育方面来说:民主教育是民有、民治、民享之教育。说得通俗些:民主教育是人民的教育,人民办的教育,为人民自己的幸福而办的教育。现在把这样教育的内容和方法,扼要的提出几点,供给从事举办民主教育的朋友参考。

(一)教育为公以达到天下为公。全民教育以实现全民政治。积极方面我们要求教育机会均等。对人说,无论男、女、老、少、贫、富、阶级、信仰,以地方说,无论远近城乡都应有同等机会享受教育之权利。消极方面我们反对党化教育,反对党有党办党享的教育,因为党化教育是把国家的公器变做一党一派的工具。

(二)教人民肃清法西斯细菌,以实现真正的民主。

(三)启发觉悟性。教人民进行自觉的学习,遵守自觉的纪

---

* 本篇原载于 1945 年 11 月 1 日《民主教育》创刊号。

律，从事自觉的工作与奋斗。

（四）培养创造力以实现创造的民主和民主的创造。解放眼睛，敲碎有色眼镜，教大家看事实。解放头脑，撕掉精神的裹头布，使大家想得通。解放双手，剪去指甲，摔掉无形的手套，使大家可以执行头脑的命令，动手向前开辟。解放嘴，使大家可以享受言论自由，摆龙门阵，谈天，谈心，谈出真理来。解放空间，把人民与小孩从文化鸟笼里解放出来，飞进大自然、大社会去寻觅丰富的食粮。解放时间，把人民与小孩从劳碌中解放出来，使大家有点空闲，想想问题，谈谈国事，看看书，干点与老百姓有益的事，还要有空玩玩，才算是有点做人的味道。有了这六大解放，创造力才可以尽量发挥出来。

（五）各尽所能，各学所需，各教所知，使大家各得其所。

（六）在民主的生活中学习民主。在争取民主的生活中学习争取民主。在创造民主的新中国的生活中学习创造民主的新中国。

（七）尽量采用简笔汉字、拉丁字母，双管齐下，以减少识字困难，使人民特别是边民易于接受教育。

（八）充分运用无线电及其他近代交通工具，以缩短距离，使边远地方之人民、小孩，可以加速的享受教育。

（九）民主教育应该是整个生活的教育。他应该要工以养生，学以明生，团以保生。他应该是健康、科学、艺术、劳动与民主织成之和谐的生活，即和谐的教育。

（十）承认中国是从农业文明开始过渡到工业文明，经济是极端贫穷。我们必须发现穷办法，看重穷办法，运用穷办法，以办成丰富的教育。开始的时候,唯独这样办才能使绝大多数之劳苦大众及其小孩得以享受教育;否则只有少数少爷小姐享受教育,不能算是真正的民主教育。

民主教育之普及*

民主教育一方面是教人争取民主,一方面是教人发展民主。在反民主的时代或是民主不够的时代,民主教育的任务是教人争取民主;到了政治走上民主之路,民主教育的任务是配合整个国家之创造计划,教人依着民主的原则,发挥各人及集体的创造力,以为全民造幸福。

无论是争取民主或是发展民主,都要靠广大人民的群策群力才会成功。这广大人民在数量上是愈广大愈有力量,在认识上是认识得愈深刻愈有力量。因此民主教育需要普及。我们所要普及的是救命的民主教育,要全国老百姓无论男女老少贫富都能很快的得到救命的民主教育。

但是中国现在还是一个农业国,大家靠着一双手和锄头斧头生产,所以生活是穷苦得很;尤其是经过一百年的帝国主义侵略,三十多年的内战和八年的抗战弄得万分穷苦。我们要在穷社会里找出穷办法来教一切穷人都得到教育,得到丰富的教育,

---

* 本篇原载于原载 1945 年 12 月 1 日《民主教育》第 2 期。

得到民主的教育，才算是达到了我们普及教育的目的。

大概是六年前，我在成渝公路上的来凤驿住了一晚。吃晚饭的时候，有一群苦孩子来到面前讨饭，我们就把吃不完的饭菜统统给了他们。他们高兴地吃完之后，还是站在门口玩耍闲谈。我乘这个机会，点着他们好学的火焰。我问"你们如果愿意读书，我很愿意帮你们的忙"。"愿意，我们没有书。"我指着对门一块招牌"中华餐馆"说"这就是书"；又指着另一块招牌"民国饭店"说："那也是书。"我便引导他们开始读书。

"中华餐馆，民国饭店；

中华民国，中华国民；

中国，国民；

（我是）中华国民。"

读完，我看见一个标语，"有力出力，有钱出钱"，于是又开始引导他们读第二课。

"有力出力，有钱出钱。"

"有力出力（又）出钱，有钱（不）出钱（又）（不）出力。"

读完了，我问："要不要学写字？"一个小孩子说："没有笔。"我拿出我的右手的第二个指头说："这就是笔。"又一个小孩子说："没有纸。"我拿出左手的手掌说："这就是纸。"于是我就教大家学写字。对着招牌和标语学写，写了四五次，我又叫他们围在一张八仙桌的周围，看我在桌上写字，然后让他们自己在桌上学写。每人都用指头，沾点清水在桌上写，读的字都会写了。后来，我想把这工作继续下去，就教他们组织起来，推举了一个聪明而能干的小孩做队长，带领着别的小孩每天在街上学习，并公请我住的旅馆老板做先生,这组织与推举也可算是一点民主教育。这办法算是顶穷的办法了。但是来凤驿的十几位苦孩子便因此而受了民主教育的洗礼,并因此而立下继续求学的原始组织。只要知识分子念头一转,肯帮助人好学,不须花费一个钱,便可以帮助老百姓识字受到民主的教育。如果全国八千万识字的人都肯这样做,都肯即知即传,而且跟他们学的人也即知即传,那四万万五千万人的普及民主教育不是有了办法吗?因此动员这八千万识字的人来进行普及民主教育是一件顶大的事,也是一件可能做到的事。教人,好学,都是传染的,等到大家都传染了教人、好学的习惯,便教人、好学成了瘾,整个中华民族便成了一个教人、好学的民族,万万年的进步是得到了保证。古人云:学然后知不足。一个人感到不足,他便要向高处追,向深处追,是不会有止境了。因此民主教育不但可能做到全面普及,并且可能做到立体的普及。

把武训先生解放出来*

——为武训先生诞辰一百零七周年纪念而写

武训先生已经被人画进小圈子了。让我们把他解放出来，把他从小圈子里解放出来。当心不要再蹈覆辙，把他关进"我们的小圈子"里去。他在别人的小圈子里和在我们的小圈子里是一样的不得其所。

张默生先生是武训先生的好朋友，为他写了一篇顶好的传。可惜张先生把武训传编入异行传，这就等于把武训先生送进异行的小圈子里面去了。人家在异行传里看见武训先生，不免要以为他是一个奇怪的人，说的是奇怪的话，做的是奇怪的事，于我们的日常生活难以发生关系。武训传成了今古奇观中之一篇，供人茶余酒后谈话之资料，最多不过是谈了之后赞叹几声罢了。

武训先生不是异人，不是异行人。他是一个平常的人。他是一个平常的老百姓。他一生只做了一件平常的事：兴学，兴

---

* 本篇原载于1945年12月《民主星期刊》第10期。

学，兴学。在一个教育不发达的国家内，文盲竟占了人口百分之八十，兴学这件事是每一个平常人的责任。大家都忘了这个责任，而武训先生却将这责任负了起来。讨饭三十年，开办了三个学校，因此大家看看，有点奇怪。于是平常的责任变成异行，武训先生变成异行的人。我们要把武训先生从异行的小圈子里解放出来，还他一个老百姓尽其在我的本来面目。等到兴学的"异行"变为每个老百姓的日常生活，然后全民教育、教育为公才可实现。

有些进步的朋友觉得武训先生是一种刻苦修行的人，在这革命的大时代，刻苦修行是分散了革命的力量。他们认错了武训先生，画了一个"苦行"的圈子，让武训先生站在里面，使一切进步的青年望而生畏，连武训先生对于启蒙运动的宝贵贡献也一同封锁在"苦行"圈里，拒人于千里之外。

武训先生不是一个苦行者。他是抱着一件大事，高高兴兴的干，把一些私人的小小的痛苦都忘掉了。看他一面讨饭，一面做工，一面唱歌。朝朝暮暮，快快乐乐，三十年如一日，只是为着要完成他心目中的一件兴学的大事。他何曾是一个苦行者。现在革命教育最新而最有效的组织当推"民办学校"。武训先生实在可算是办学校之开山祖师。我不是说他办的学校有今天的民办学校内容的丰富而进步。内容是时代所决定，武训先生的时代和他的修养决不能办到这样丰富与进步。但是顾名思义他所办的三所学校实在是老百姓自己办的学校。我们要把武训先生从"苦行"的小圈子里解放出来，使大家知道武训先生是一个快乐的人，是一个以兴学为无上快乐的人。倘使大学都以兴学为大快乐，不是在兴学中追寻大快乐，而是以兴学本身为大快乐，以不能兴学、不敢兴学为大痛苦，我想民办学校——民有民办民享的学校，必定会如雨后春笋，千千万万的普遍全中国而办起来了。

最近有一位朋友为武训先生写纪念文，我一看标题"武训——现代的圣人"大吃一惊。这位朋友是把武训先生画进"圣人圈"了。圣人是五百年才产生一位，这位朋友虽是崇拜武训先生，但是他这一举动是不知不觉的把武训先生画人更小的圈子里去了。我苦口向我的朋友建议，换一个题目，想把武训先生从圣人圈里救出来，武训先生不是圣人。他做梦也没有想到他会得到这个封号，他只是一位老百姓，平凡而伟大的老百姓。他所想的，老百姓都想得到。他所说的，老百姓都说得出。他所干的，老百姓都干得了。只要肯学习武训先生的尽其在我，每一个老百姓都可以成为武训先生，四万万五千万老百姓都可以成为千千万万不同样的武训先生。中国需要一百万位武训先生来完成普及教育的任务，假使我们要等候五百年才出一位武训先生，那末要等候五万万年才能产生一百万位，不但是普及教育干不成功，一切的一切都没有希望了。假使四万万五千万人，人人都有成为武训先生之可能，那末不但是普及教育于得成功，而且在二三十年内创造出一个独立自由平等幸福进步的新中国也并不太难。

最后我听人说：武训诞辰是我们的纪念节；又听一种人说：纪念武训是陶派的把戏。这两种人，一种是我们自己把武训先生画人我们的小圈子；另一种是别人把武训先生推进我们的小圈子,好像和他们漠不相关。无论是主动的把武训先生画人我们的小圈子,或是被动的让大家把武训先生向我们的小圈子里推,都是因为我们有了小圈子所以连累了武训先生也被封锁。我要声明:武训先生不属于我们的小圈子。他不属于一党一派。他是属于各党各派,无党无派。他是属于整个中华民族。他是属于四万万五千万人中之每一个人。让我们把武训先生从我们的小圈子里解放出来吧。让武训先生从我们的圈子里飞出去,飞到四万万五千万人每一个人的头脑里去,使每一个人都自动的去兴学,都自动的去好学,都自动的去帮助人好学,以造成一个好学的中华民族,保证整个中华民族向前进,向上进,进步到万万年。

十二月五日为武训先生诞辰一百〇七周年纪念日。是日在七星岗江苏同乡会举行纪念会,有舞蹈音乐演讲节目。上午九时至十二时欢迎小孩参加;下午二时至五时欢迎成人参加。入场券请向和平路管家巷二八号生活教育社索取,发完为止。

陶附记

最后时光
（1946）

领导者再教育*

平常人对于教育有一种不够正确的了解，以为只有成人教育小孩，上司教育下属，老板教育徒弟，知识分子教育文盲。其实，反过来的教育的行动影响作用，不但是可能，而且是普遍习见的现象，不过很少的人承认它罢了；至于承认它而又能运用它来互相教育，使学问交流起来，以丰富彼此之经验，纠正彼此之看法，推动彼此之进步，那是更少了。但是一个民主的国家，实在是要看重这种互相教育之现象，并扩大学问交流的效果，加速度的走向共同创造之大道。

中国人受了二千年之专制政治之压迫，几乎每个人一旦有了权便会仗权凌人。好像受了婆婆压迫的媳妇，一旦自己做了婆婆便会更加压迫她的媳妇。在中国，几乎每一个有权的人都是一个独裁。有大权的是大独裁。有小权的是小独裁。自主席以至于保甲长，都免不了有独裁的作风。就是我这个区区的校长，也不是例外，常常不知不觉的独断独行，违反了民主的精神。

---

* 本篇原载于1946年3月《民主》第24期。

一经别人提醒，才豁然大悟。在一个民主国家里面，做一个独裁校长是千不该、万不该的事情。但江山易改，本性难移，过不了多少时候，病又复发了。那只有再接再厉的多方想法，以克服这与民主精神不相容的作风。

民主的时候已经来到。民主是一种新的生活方式。我们对于民主的生活还不习惯。但春天已来，我们必须脱去棉衣，穿上春装。我们必须在民主的新生活中学习民主。不但老百姓要学习民主，大大小小的领袖们都得学习民主。领袖们是已经毕过业了，还要学习吗？不错，还要学习，只有进了棺材才不要学习。他们虽然有些学问，但是他们从来没有学过民主，所以还要学习，还要学习民主。他们虽然受过教育，但是没有受过民主教育，所以还要再受教育，再受民主教育，把受过不合民主的教育从生活中肃清掉。

这种再教育应该怎样进行呢？

第一，自己觉得需要再教育 自己觉得既往的习惯不足以应付民主的要求。自己承认在民主的社会里做领袖和在专制的社会里做领袖是有了根本之不同，那末在本人的生活上也必须起根本的变化，才能适应客观之变化。从前，白健生先生有一次和我闲谈“以不变应万变”的道理。我提议在不字下面加一横，意思是“以丕变应万变”，丕变即是大变，我们要在生活上起大的变化，才能应付民主政治所起的大变化。民主政治所起的变化是很大的。例如承认个人之尊严，便不能随便侵犯别人的基本自由；采用协商批评之方法便须放弃“我即是”，“朕即真理”；要使人了解你，同时又要使你了解人便须放弃“民可使由之，不可使知之"，又必须虚心下问，集思广益；实行共同创造，便须放弃少数人包办之倾向。我们若深刻的感觉到旧习惯不足以应付这种大变化，而又不愿被淘汰，那就一定觉得有再受教育之必要了。

第二，多方学习 自己既已感觉到有再受教育之必要，那就好办了。地位无论大小，只要对于民主的生活感觉到如饥如渴之需要，那不啻是走了一半的路程了。学习方法虽多，总靠自己虚心。随时随地愿听逆耳之言，和颜悦色地欢迎干部和别人的批评，有事先商量而后行都很重要。民主先贤的传记著作如林肯、哲斐孙、汤佩恩的都能给我们有力的指示。国外民主国之游历，国内民主政治比较进步的地方的参观，都能帮助我们进步。但是，最重要的是在"做"上学，在实行民主上，在发挥民主作风上，学习民主。

第三，我们最伟大的老师 我们最伟大的老师是老百姓，我们最要紧的是跟老百姓学习。我们要叫老百姓教导我们如何为他们服务。我们要钻进老百姓的队伍里去和老百姓共患难，彻底知道老百姓所要除的是什么痛苦，所要造的是什么幸福。

我前些日子写的一首小诗，可供领导人自我再教育之参考：

民之所好好之。
民之所恶恶之。
为人民领导者，
拜人民为老师。

领导者再教育之三部曲是:第一部跟老百姓学习;第二部教老百姓进步;第三部引导老百姓共同创造。也只有肯跟老百姓学习的人,才能做老百姓的真正领导者。

为新中国之新教育继续奋斗[*]

——致育才学校全体师生

绿芷、博禹、意林、微林、公泽、永扬、冷云、蒋路、启刚、让能、再为、彭松、百令、淑怡诸位同志：

七月十三日的信刚才收到，至为感谢。下关事件发生后，也接到你们的慰问信。大家，尤其是我，从这些信里，得到了无上的鼓励，使我知道我努力的方向没有错，也不是孤军奋斗。我今天也知道，我向援华会提议增加预算和增加薪金的建议已经通过，每月薪金加二万元，合计五万元。究自何月起，容我问明再行奉闻。自四月份起最好聚起来做点有益的生产，每月可以多得营养，这只是一点有胜于无的补助。希望它能给大家一点小小的安慰。从重庆来的报告都使我兴奋。由于各位同志、同学、同工的集体合作，育才是比我在渝时办得精神好，我在此向大家致敬。

---

* 这是陶行知生前所写的最后一封亲笔信。7 月 25 日凌晨，陶行知突发脑溢血症，逝世于上海。

公朴去了，昨今两天有两方面的朋友向我报告不好的消息。如果消息确实，我会很快地结束我的生命。深信我的生命的结束，不会是育才和生活教育社之结束。我提议为民主死了一个，就要加紧感召一万人来顶补，这样死了一百个就是一百万人，死了一千个就有一千万人。死了一万个就有一万万人肯得为民主牺牲，而中华民族才活得下去。此地我们现在第一要事，是感召一万位民主战士来补偿李公朴之不可补偿之损失。只有这样才是真正的追悼。平时要以“仁者不忧，知者不惑，勇者不惧，达者不恋”的精神培养学生和我自己。有事则以“富贵不能淫，贫贱不能移，威武不能屈，美人不能动”相勉励。前几天，女青年会在沪江大学约我演讲《新中国之新教育》，我提出五项修养：一为博爱而学习，二为独立而学习，三为民主而学习，四为和平而学习，五为科学创造而学习。这些也希望大家共勉并指教。

我这封信是写给全体的。只因为诸位写了信给我，也就是同时给了诸位的回信。肖生、竹因以及其他没有写信的朋友，都希望使他们知道这信的内容，麻烦之处，容当后谢。

敬颂

康健！

陶行知

卅五、七、十六

社会大学运动[*]

社会大学有两种:一是有形的社会大学;二是无形的社会大学。社会大学运动是要把有形的社会大学普及出去,并且要给无形的社会大学一个正式的承认,使每一个人都承认这无形的社会大学之存在,随事随地随时进行学习。

无形的社会大学,是只有社会而没有“大学”之名。它是以青天为顶,大地为底,二十八宿为围墙,人类都是同学,依“会的教人,不会的跟人学”之原则说来,人类都是先生,而且都是学生。新世界之创造,是我们的主要的功课。无形的社会大学,虽无社会大学之名,实实在在它是一个最伟大的大学,最自由的大学,最合乎穷人需要的大学。我们穷人一无所有,有则只有这样一个社会大学,这无形的社会大学既然是我们的,我们就应该承认它,认识它,把它当作我们自己的宝贝,运用它来教育我们自己,使自己和同伴近邻养成好学的习惯,活到老,学到老,进步到老。把这个意思打进每一个人的心里,是社会大学运动的第一

---

* 本篇原载于 1947 年 3 月《陶行知教育论文选辑》。

个任务。

当黄齐生先生参加中华职业教育社的一个会议的时候，他在名单上列为第一名。有些青年干部不服气质问主席说，黄先生是哪个大学毕业的？江问渔先生回答："黄先生是社会大学毕业生。"大家才没有话说。江先生所说的社会大学，便是我所指的无形的社会大学。黄齐生先生既因这无形的社会大学而有所成就，让我们大家都紧紧地把握着这个大学来进行学习，追求真理，以为老百姓服务。

有形的社会大学是夜大学、早晨大学、函授大学、新闻大学、旅行大学、电播大学。

重庆开办的社会大学，是夜大学，纯粹由职业青年自动创办的。有些地方的职业青年，早晨要到九点钟才上工。早晨可以进行二三小时的学习，便可以开办早晨大学，以应这种青年之需要。

可能进夜大学、早晨大学的青年，依我估计中国足足有四百万人。每年高中毕业生有十一万人，能考取正式大学者只有一万多人，那末每年就是九万多人不得其门而入。人生从十六岁到四十岁，至少应该努力学习。这样算来便有二百十六万人，除去死亡害病十六万，应有二百万高中毕业生，要求社会大学予以进修的机会。

此外还有大学一年级、二年级、三年级删下来，而不得不找工作养活自己的青年。还有受过大学四年级教育的人，而觉得时代已经变动需要再学习。还有大群的自学青年，倘使得到社会大学的便利，进步可能更为迅速。只要能听讲而又能记笔记，便有入学资格。这样估计起来，至少再加二百万人，因此，我估计中国全国有四百万职业青年需要社会大学帮助他们进修。我们应该在全国展开社会大学运动，在各大都市建立夜大学和早晨大学，来应济这广大的需要。正统大学能附设夜大学、早晨大学固然可以，但是单独设立尤有必要。它可以由职业青年、进步学者或热心社会人士分头或合力发起组织。一切要简而易行，不要让自己的幻想野心把办法弄得太困难，而阻碍了发展与普及。普及与发展夜大学、早晨大学，是社会大学运动的第二个任务。

至于函授大学、电播大学，是要集中地办。旅行大学，包括海陆空三方面。新闻大学，是以好报为中心，辅以好杂志，并助以经常的座谈会。把这几种事业有效地办起来，是社会大学运动的第三个任务。

社会大学，无论有形的无形的，要有一个共同的大学之道。孔子的大学之道是："在明明德，在亲民，在止于至善。"现在时代不同了，我们提议修改几个字，成为：

"大学之道：在明民德，在亲民，在止于人民之幸福。"

社会大学之道，首先要明白人民的大德。人民的大德有四：(一)是觉悟。人民要觉悟中华民国是一个大公司，个个国民都是老板：男的是男老板，女的是女老板，大的是大老板，小孩是小老板。(二)是联合。做老板要有力量，力量从联合而来。不联合没有力量，凶恶的伙计是不会理睬我们的！所以要联合，四万万五千万人要联合起来做老板才行。(三)是解放。有了力量便需进行解放。我们要联合起来在进行解放的斗争中增长我们的力量。我们要学习争取六大解放:(1)头脑解放,(2)双手解放,(3)眼睛解放,(4)嘴解放,(5)空间解放,(6)时间解放。(四)是创造。解放出来的力量要好好的用,用在创造上,创造新自己,创造新中国,创造新世界。

社会大学之道,要亲近老百姓。我们认为亲民的道理,比新民的道理来得切。我们要钻进老百姓的队伍里去和老百姓亲近,变成老百姓的亲人,并且要做到老百姓承认我们的确是他们的亲人。

社会大学之道,是要为人民造幸福。一切的学问,都要努力向着人民的幸福瞄准。所谓人民的幸福,用老百姓自己的话说便是福禄寿喜。照着人民所愿望的福禄寿喜四大幸福进行,我们的学习才于人民有益,才配称为社会大学。也只有社会大学与人民幸福打成一片,而后社会大学运动才为人人应该参加的富有意义的大运动。

1946 年 3 月

小学教师与民主运动*

我这次到上海，在一个小宴会上，听了几句令人深思的话。我的朋友说：抗战八年来，五位教师之中，有一位逃难去了，一位做生意去了，一位变节了，一位死了，只剩了一位仍旧还在这里做教师，我们是多么寂寞啊！我说剩下的这一位，头上是裹着裹头布，嘴上是上了封条，肚子是饿凶了，被迫得只有干腌菜喂后一代。我们接着谈论胜利后的他们：逃难的难得回乡；做生意的倒胜利霉；变节的无法戴罪立功；死者不可复生；站在岗位上的，头上的裹头布仍旧裹着，嘴上的封条仍旧封得很紧，肚子饿得更凶了，除了干腌菜还没有别的精神粮食给学生吃。这谈话指示我们，如果我们要为民主奋斗，我们得加强自己，改变自己，武装自己，而且要为教育招兵，为民主募马。

首先我们自己需要再教育，再受民主教育。中华民国虽然成立了三十五年，我们只上了很少的民主功课。细算起来，民国初立的几个月，推翻袁世凯的几个月，五四运动后的一两年，推

* 本篇原载于1947年3月《陶行知教育论文选辑》。

翻复辟后的几个月，五卅惨案以及北伐前后的一二年，一二·九到抗战开始后一年，算是断断续续的上了几课，但是一曝十寒，胜不过二千年传下来的专制毒，和这十余年来的有系统的、反民主的、变相的法西斯蒂训政。特别是我们做教师的人，需要再教育来肃清一切不民主，甚至反民主的习惯与态度，并且积极的树立真正的民主作风。校长对于我们，我们对于学生，多少都存在着一些要不得的独裁作风。中国现在，自主席以至于校长教师，有意无意的，难免是一个独裁，因为大家都是在专制的气氛中长大，为独裁作风所熏陶，没有学习过民主作风。我们所要学习的民主作风，至少应该包含这些：

（一）民为贵。人民第一。一切为人民。

（二）天下为公。文化为公。不存心包办，或征为私有。

（三）虚心学习，集思广益，以建立自己的主张。

（四）自己要说话，也让别人说话，最好是大家商量。自己要做事，也让别人做事，最好是大家合作。自己要吃饭，也让别人吃饭，最好是大家有饭吃。自己要安全，也让别人安全，最好是大家平安。自己要长进，也让别人长进，最好是大家共同长进。

（五）民主未得到之前，联合起来以争取民主为己任，人民基本自由得到之后，依据民主原则共同创造，创造新自己，创造新家庭、新学校、新中国、新世界。

这是一种全新的生活、方式，我们必须天天在实际的生活中学习，学习再学习，才能习惯成自然，造成民主的作风。

个人学习不如集体学习，偶尔学习不如经常学习。为着进行经常的集体学习，最好是联合起来组织社会大学、星期研究会以实施共同之进修。这些新的学习组织，在重庆已经施行有效，应该在各地举办起来；以应好学的教师与好学的青年的需要。孔子说："学而不厌，诲人不倦。"我看出这两句话有因果的关系。惟其学而不厌才能诲人不倦；如果天天卖旧货，索然无味，要想教师生活不感觉到疲倦是很困难了。所以我们做教师的人，必须天天学习，天天进行再教育，才能有教学之乐而无教学之苦。自己在民主作风上精进不已，才能以身作则，宏收教化流行之效。我们在民主作风之外，要学习的东西很多，应该按着自己的兴趣，才能和工作岗位的需要继续不断的学习，活到老，学到老。但是最重要的不能忘了社会科学。每一位现代的教师，必须把基本的政治问题、经济问题、世界大势、社会的历史的发展和正确思想方法弄清楚，最好是要参加教师进修的组织，如社会大学、星期研究会，凭着集体的力量督促自己长进，在没有社会大学或星期研究会的地方，小学教师们应该主动发起创办。这是如同吃饭一样的急不容缓，不可等待。

我们进行自我再教育，不能没有先生，我们要三顾茅庐请出第一流的教授来帮助我们进行各项学习。第一流的教授具有两种要素：一、有真知灼见；二、肯说真话，敢驳假话，不说谎话。我们必须拿着这两个尺度来衡量我们的先生。合于此者是吾师，立志求之，终身敬之。

在各位大师之中，我要介绍两位最伟大的老师。

一位就是老百姓。我们要跟老百姓学习，学习人民的语言，人民的情感，人民的美德，努力发现老百姓的问题、困苦，和他们心中所希望达到的目的，并认识他们就是中华民国真正的主人，

要他们告诉我们怎样为他们服务才算满意。我愿把我写的一首小诗献给每一位小学教师,共同勉励:

民之所好好之。民之所恶恶之。

教人民进步者,拜人民为老师。

还有一位最伟大的先生要介绍,那就是小孩子——我们所教的小学生。我们要跟小孩子学习,不愿向小孩学习的人,不配做小孩的先生。一个人不懂小孩的心理,小孩的问题,小孩的困难,小孩的愿望,小孩的脾气,如何能教小孩?如何能知道小孩的力量,而让他们发挥出小小的创造力?

唯独肯拜人民与小孩为老师的人,才能把自己造成民主的教师,也只有肯拜人民与小孩为老师的,那民主作风才自然而然的获得了。

其次,就是运用民主作风教学生,并与同事共同过民主生活,以造成民主的学校。教育方法要采用自动的方法,启发的方法,手脑并用的方法,教学做合一的方法,并且要使学生注重全面教育以克服片面教育;注重养成终身好学之习惯以克服短命教育。在现状下,尤须进行六大解放,把学习的基本自由还给学生:一、解放他的头脑,使他能想;二、解放他的双手,使他能干;三、解放他的眼睛,使他能看;四、解放他的嘴,使他能谈;五、解放他的空间,使他能到大自然大社会里去取得更丰富的学问;六、解放他的时间,不把他的功课表填满,不逼迫他赶考,不和家长联合起来在功课上夹攻,要给他一些空闲时间消化所学,并且学一点他自己渴望要学的学问,干一点他自己高兴干的事情,还要把工友当做平等的人和他们平等合作。只有校长教师学生工友团结起来共同努力,才能造成一个民主的学校。

再其次,要教学生为民主的小先生。我们不把小孩单单当作学生教。最重要的教育是"给的教育",教小孩拿出小小的力量来为社会服务。人生以服务为目的,不是毕业后才服务。在校时,就要在服务上学习服务。学生最好的服务是做小先生,拿学得的知识教给人。中华民国是一个公司,四万万五千万人联合起来做老板。男人是男老板,女人是女老板,大人是大老板,小孩是小老板,大家都是中华民国的老板,大家都是中华民国的主人。拿这种浅显而重要的意思由学生一面学,一面教给不能进学校的老百姓,他们变成了民主的小先生。一位先生教四十位学生,照老法子,他只是四十个学生的先生。如今把这四十个学生变成小先生,每位小先生平均帮助五个人,便能帮助二百人,连原来的四十人,便是一位二百四十人的先生,力量与贡献大得多了。这样,学校变成了发电机,学生变成了四十根电线,通到每一个家庭里去,使四十家,乃至二百四十家都发出民主的光辉来,这不能算是小学教师的重要任务吗?

再其次,要教民众自己成为民主的干部。小学教师应该是民主的酵母,使凡与他接触的人都发起酵来,发起民主的酵来。农人,工人,商人,军人,官吏,学生家属,只要一接触便或多或少,起一点变化,顶少要对民主运动减少一点阻碍,顶好是一经提醒便成了民主的斗士;乃至成为民主的干部,大家起来创造一个名副其实的中华民国。去年中秋,当我亲眼在四川看见一位老农拿出插在腰背后的旱烟管来，指挥他的七位学生，一连合唱了八个歌曲，我好像是看见了新中国的前途。这样可贵的，从人民中产生出来的民主干部，将来是要几十万几百万地产生出来。发现他们，培养他们，是小学教师不可放弃的天职。

最后争取民主以保障生存权利与教学自由。小学教师值得几文钱？是我这次到上海来看见从前乃英先生写的一首感动人的歌曲：

> 小学教师值几钱？五元钱一天，教一天，算一天。请假一天扣工钱。不管你喊哑喉咙，不管你绞尽脑汁，不管你坐弯背腰，不管你饿凶肚皮，预支不可以。小学教师值几钱？要求提高待遇，还没有这种福气。

这首歌的末一句，我提议修改为"争民主奋斗到底"。提高待遇，只有民主才有保障。现在的尊师运动，必须包含争取民主，才能将一时救急的办法，变成经常安定的办法。如不争取民主，使真正的民主政治、民主经济、民主文化全盘兑现，我们必定是一辈子陷在"吃不饱来饿不死"的地狱里。所以为着提高生活的待遇，我们必须参加在整个国家民主斗争里面去，实现天下为公，有我们自己的一份在内。

教师的职务是"千教万教，教人求真"。学生的职务是"千学万学，学做真人"。这教人求真和学做真人的教学自由，也只有真正的民主实现了才有可能。在不民主的政治下，说真话做真事的人是会打破饭碗，关进集中营，甚至于失掉生命。因此这教学自由,也是要在整个的人民基本自由中全盘解决。让我们和人民站在一条战线上,争取真正民主的实现,共同创造一个独立、自由、平等、进步、幸福的新中国。

1946 年

陶行知先生大事年表

清光绪十七年(1891 年)　旧历九月十六日,生于安徽省歙县西乡王墩源村。

清光绪三十二年(1906 年),十五岁　入徽州歙县城内耶稣堂内地会所设立之崇一学堂肄业。

清宣统三年(1911 年),十九岁　入南京金陵大学文学系肄业。

民国三年(1914 年),二十三岁　去美留学,先入伊利诺大学,得政治硕士。后入哥伦比亚大学研究教育,为名教育家杜威先生所器重。

民国五年(1916 年),二十五岁　回国,即应南京高等师范学校之聘而长教务,对于教学方面颇多革新。后南高改组成为东南大学,任教育系主任。

民国九年(1920 年),二十九岁　担任中华教育改进社总干事,并在《新教育》杂志上常常发表改进教育论文,为先生改进中国教育之嚆始。同时,又与朱其慧,晏阳初,朱经农,诸先生发起组织中华平民教育促进会,编平民千字课,亲往各省县推行平民教育工作，曾盛极一时。

民国十六年(1927年)，三十六岁 为着要去掉外国输入之教育方式，在中国土壤里产生适合中国向前发展之教育。乡村教育运动开始，受中华教育改进社之委托，与赵叔愚先生合力创办晓庄学校。提出“生活即教育”，“社会即学校”，“教学做合一”，及“在劳力上劳心”，“行是知之始”等生活教育基本理论之建立，为中国教育辟一新模径。

民国十七年(1928年)，三十七岁 艺友制师范教育理论之建立。晓庄生物室成立。

民国十八年(1929年)，三十八岁 乡村自卫团，晓庄剧社，新安小学创办。是年冬，接受圣约翰大学科学博士学位。

民国十九年(1930年)，三十九岁 晓庄学校被封。儿童科学丛书开始编辑。晓庄同志分布苏、浙、皖、豫、鲁、冀、甘、川、黔、桂、粤、闽、赣等省工作。

民国二十年(1931年)，四十岁 自然学园，儿童自动学校创立。开始科学下嫁运动——下嫁给儿童，下嫁给大众——把科学新知，深入显出，通俗化的介绍给儿童和大众，手脑联盟起来干，为社会人群创造幸福。

民国二十一年(1932年)，四十一岁 山海工学团，晨更工学团，大场工学团，晨光图书馆，儿童科学通讯学校创立。新安旅行团到沪，小先生制理论和实践同时进行。普及教育运动开始。自然运动原理开始探讨。编辑晓庄丛书，乡村教育丛书，儿童科学活页指导。

民国二十二年(1933年)，四十二岁 中国普及教育助成会成立。“即知即传”原则，普遍介绍到工人商人队伍里及偏僻乡村的每一个角落里去，推进普及教育运动。编辑山海工学团丛书。“生活教育”半月刊出版。

民国二十三年（1934 年），四十三岁 展开普及教育运动。

民国二十四年（1935 年），四十四岁 国难教育运动开始，起草国难教育方案。参加中国新文字研究会创立，起草中国新文字宣言。新安旅行团开始十省旅行教育。

民国二十五年（1936 年），四十五岁 受全国救国联合会之命，担任国民外交使节，遍游欧美二十八国，宣传中国人民救国主张，以正世人视听。介绍“小先生”“即知师傅”原则给反侵略运动。

民国二十六年（1937 年），四十六岁 战时教育运动开始。集体主义之自我教育理论发现。孩子剧团成立。介绍小先生运动给墨西哥及美国反侵略运动和华侨。《战时教育》旬刊出版。抗战教育研究会创立。

民国二十七年（1938 年），四十七岁 由欧美回国。参加中国战时教育协会之创立，起草战时教育方案。介绍小先生运动给爱尔兰及加拿大。应甘地先生之约写中国大众教育，介绍小先生运动给印度。晓庄研究所开办。生活教育开正式大会成立于桂林，被举为理事长。开始全面教育运动。

民国二十八年（1939 年），四十八岁 育才学校创立，作培养“人才幼苗”及分组学习之实验。任国民参政第一届参政员，提改造中国教育议案，议决后即搁置。晓庄研究所对教育本质，生活教育系统，地球基本运动原理等研究开始。

民国二十九年(1940年),四十九岁　专心一致,发展育才学校。

民国三十年(1941年),五十岁　物价益加暴涨,先生即日困于经费筹划之中,日日与"米价赛跑"与"一切飞涨物价赛跑",度其艰苦坚巨生活。"新武训"运动——"集体武训"运动开始。幸得《育才之友》及美国援华会所赞助,得以支持至七年之久。民主教育运动,战时教育实验,建设教育研究开始。连任国民参政会参政员。

民国三十一年(1942年),五十一岁　继续展开新武训运动,全力支持育才学校,冲破经济难关,奠定经济基础。

民国三十二年(1943年),五十二岁　生活教育社改选,连任理事长。全力发展育才学校。

民国三十三年(1944年),五十三岁　全力发展育才学校。同时,致力和平、团结、民主运动。

民国三十四年(1945年),五十四岁　全力发展育才学校,参加建立中国民主同盟,被选为中央委员常务委员兼任教育委员会主任委员。《民主教育》月刊,《民主》星期刊出版。

民国三十五年(1946年),五十五岁　全力发展育才学校。社会大学创立,为提高在业青年现代智识文化水准,作高等教育之补习。四月中旬,因复员迁校及展开民主教育运动,由川飞返京沪筹划,并赞助山海实验乡村学校及佘儿岗小学复校,日夜工作,不暇休息,以及时局激荡,竟激刺过甚,竟以脑充血症于七月二十五日十二时三十分病殁于上海。

编后记

本书精选了著名教育家陶行知先生1912－1946年生命巅峰期间所著经典之作88篇。全方位、多角度反映了陶行知先生“知行合一”的务实教育理念。这些精作充分展现陶行知先生的教育理论、教育实践、教育思想体系，以及陶行知先生的教育追求。对中国教育改革的探索具有答疑解惑之功效，对每位教育者和被教育者也是人生的引导和启示。

跋

在《民盟历史文献》丛书付梓之际，掩卷回首，民盟先贤们的音容笑貌挥之不去，不绝如缕，久久难忘。在编辑此丛书的过程中，我们每每被他们为信仰、为理想奋斗的坚定精神所感召和感动。

人不能没有理想和信仰，一个民族也不能没有自己的理想和信仰。我们的先辈们，正是怀揣民族富强、人民福祉的赤诚之心，身先士卒、鞠躬尽瘁；凭借自身高尚的人文品格和社会良知，与中国共产党团结合作，为中国社会的前途和命运探索了一条新的宪政之路；和平、民主是人类社会的两大主题，也是中国共产党人和各民主党派所共同追求的理想。

如今，面对着他们的拳拳之心和丰功伟绩，我们感叹！赞叹！怀念！更要继承！

《民盟历史文献》在整个创作和出版过程中，得到了来自社会各界人士的关注和厚爱。我们要特别感谢为此丛书孜孜不倦地考证、核实、梳理、完善的各位专家、学者，是他们的认真严谨，才使此丛书能够客观地展现历史的真貌；更要特别感谢中共中央统战部与民盟中央给予我们的鼎力支持和重视，没有他们的指导和帮助，我们不可能完成如此厚重的出版工作任务；还要感谢各省、市、地区的民盟组织，为搜集、挖掘、抢救民盟的历史文献资料做出的不懈努力和贡献；感谢每一本书的作者，是他们的辛勤笔耕和一点一滴的忠实记录，才集成了民盟历史的全貌；感谢为此丛书付出辛劳的编辑以及所有工作人员，感谢你们辛勤的劳动和无私的奉献。

谨以此丛书献给所有伟大的民主革命先驱者；献给为共和国诞生抛洒了智慧和热血的先贤们；献给那一段筚路蓝缕、以启山林的峥嵘岁月。

《民盟历史文献》编委会